やりすぎの経済学

中毒・不摂生と社会政策

The economics of excess:
addiction indulgence,
and social policy

著 ハロルド・ウィンター
訳 河越正明

大阪大学出版会

やりすぎの経済学

―中毒・不摂生と社会政策―

トーマス・マイケル・ウィンターへ

父親的態度という温情主義の真の意味を教えてくれたことに感謝する。
あなたの今後の「やりすぎ」に幸あれ！

目次

序文

タバコ税で喫煙者はより幸福になるのであろうか？　この妙な問いはある論文のタイトルなのだが（Gruber and Mullainathan, 2002）、このタイトルこそ、私がこの本を執筆するきっかけだった。この論文の執筆者達は皮肉を込めてこのタイトルをつけたのであり、彼ら自身のこの問に対する答えは明らかに「否」であろうと私は考えた。しかし、私は間違っていた。課税によって喫煙者がより幸福になるというアイデアは、消費者に関する伝統的な経済モデルの考え方とは明らかに異なる。課税すると消費者が支払わねばならない価格は上昇するので、通常は消費者の暮し向きは悪くなると考えられる。果たしてあなたは、自分が消費する財の価格が上昇した時に、より幸福を感じるだろうか。税金が重くなることを喫煙者が歓迎するという考え方には私はなかなか納得できなかった。さらに困ったことに、たとえ喫煙者が増税を歓迎していなくても、「実際のところ彼らは自分たちの行動がコントロールされて幸福になっているのであって、そう認識していないだけなのだ」と主張する経済学者がいるのだ。こうしたフレームの中では、人々を彼ら自身から守るために設計された社会政策を正当化することは、難しくない。

人々を彼ら自身の誤った考え・行動から守るということは、伝統的には経済学者のさしたる関心ではなかった。課税のような社会を規制する政策を正当化する理屈というのは、伝統的には、人々を他人から守ることであった。喫煙者は自分だけでなく、受動喫煙によって他人をも害する。飲酒運転は、他人を危険にさらすことになる。

喫煙や飲酒そして過食によって生じる健康上の障害は、医療保険の支出増によって、公的であれ私的であれ、同じ保険プールに属する他の人たちの負担となる。他人にとって費用負担となるような行動を抑制するために数多くある社会政策の選択肢について、数え切れないほど多くの研究論文や本が書かれ、賛否両論が闘わされてきた。本書はこれらとは異なり、人々を彼ら自身から守るという、もっと論議を呼ぶ（少なくとも経済学者の中にあっては）社会政策についての正当化について焦点を当てている。

行動経済学として知られる比較的新しい経済学の分野が挑んでいるのは、人々は完全に合理的だという標準的な経済学の前提である。行動経済学をさまざまな分野の経済学に応用した論文を集めた重要な論文集のイントロダクションでは以下のように簡潔に説明されている。

過去一〇年余にわたって、経済学者が世界を概念化する方法は行動経済学によって根本的に変えられてしまった。行動経済学は、標準的な経済学のフレームワークを拡張して、このフレームにはない特徴的な人間行動を説明しようとする包括的なアプローチである。典型的には、このことは他の隣接する社会科学から、特に心理学と社会学からの借用が必要となる。よく立証された実証的な事実が強調される。すなわち、行動経済学の核心にあるものは、経済的な動機により行動する人間（economic man）のモデルをより現実的にすることは、われわれの経済学に対する理解を改善することになり、それによって経済学をより有用なものにするという確信である。

要するに、行動経済学の主張は、人々は決して完全ではなく、そして文脈次第であるが、そうした不完全さこそ、人々を彼ら自身から守るという社会政策を正当化するのである。

本書では標準的な経済学と行動経済学の双方を応用して中毒や不摂生そして社会政策を論じる。第一章においては、中毒に関する経済モデルについて、標準的そして行動経済学の双方のモデルについて徹底した議論が行われる。私が詳細に展開するモデルは、両者のアプローチを考慮したものである。そしてこれは本書において最も挑戦的な題材であるが、それはきわめて教育的であって、特に学生諸君においてはそうである。軽い好奇心で読んでいる読者にとって幸いなことに、カギとなるコンセプトはすべてより単純な例によって示されている。したがって、それらが本書の後の方で言及される時に、容易に理解可能である。

続く三つの章においては、特定の不摂生が検討される。すなわち第二章においては喫煙、第三章においては飲酒、第四章においては過食である。これらのテーマに関する大多数の経済分析は、中毒または行動経済学のモデルについて明示的に考慮していないが、標準的なモデルも依然として、経済学者のこうした問題への取り組み方について興味深い洞察を与えてくれる。私はこれらの三章を通じて、提示する材料があまりに冗長にならないように努めた。喫煙についてある節を書いて、次の章でもまた同じ材料を使って、中の喫煙という言葉を飲酒という言葉に置き換えるのは手易いことだろう。例えば喫煙の章において、喫煙者が喫煙の健康に及ぼすリスクについてどのように認識しているかを論じた。カギとなるのは、経済学者がリスクに関する誤認にいかにアプローチするかという点であって、これはどんなリスクにも適用可能である。つまり、一度喫煙で議論してしまえば、同じことを繰り返す必要はなくなる。これらの章を適度に別々なものとして扱い、各章特有の問題に焦点を当てるよう努めた。必要に迫られて重複もあるが、多くはない。したがって、もし読者がある話題を知っていて、そして一つの章を読んだ場合には、私の取り上げ方が不十分だと感じるかもしれない。しかし私の目標は、これらの三つの章を全体として機能させて互いに補完し合うことにあるのであり、互いを代替関係にすることではない。

社会政策が第五章の焦点である。合理的な行動を提案する標準的なモデルは、人々を彼ら自身の行動から守るという社会政策を正当化するためにはあまり役に立たないので、この章は社会厚生分析への行動経済学的なアプローチを主として扱っている。私の目標は行動経済学を用いて社会的な規制政策を正当化することの賛否両論を注意深く、そして刺激的に提示することである。この章はまた、(神経科学の経済学への応用である)神経経済学に関しても簡潔に議論する。これは多くの行動経済学者が熱烈に信奉している刺激的な、そして物議をかもしている新たな分野である。そして最後に、第六章において、本書を通じて指摘した主要なポイントを要約し、社会政策を助言する際の経済分析の役割について議論する。

本書の読者として主に想定しているのはほとんど、あるいはまったく経済学の予備知識のない学部学生である。しかしここで取り上げた題材は、より広範な読者にとっても興味あるものかもしれない。数式は一切ないし、グラフや表もなく、あるのは議論の用に供するごく少数の数値例だけである。目的としているのは、膨大な学術的な文献を、そうした元の文献自体を読むトレーニングを受けていないか、読む時間のない人たちに対して、わかりやすく示すことである。とはいうものの、この本は当該分野の研究者の助けになるような広範な文献サーベイを行っているわけではない。ここではできるだけ多くの題材を取り扱っているものの、扱っていない問題も数多い。これらの題材をより深く研究したい読者の助けとなるよう、参照文献と文献案内を章末に付しておいた。

検討すべき題材の選択にあたっては、本書はほとんどすべて経済学的な研究に絞った。多くの研究分野が中毒、不摂生そして社会政策に関係し、そして多くの関連ある興味深い洞察を与えてくれるのだが、これら他のアプローチは本書の視野の外にある。私は決して、経済学による理屈付けがこうした問題を考える唯一の方法であるとか、最善の方法であると言いたいのではない。それが私がこれまでそうした問題について考えるよう訓練されてきた方法であるのだ。この本が、公共政策コースの学際的な文献リストに載ることはどのコースであっても大変喜ばしいことだが、この本自体は学際的であることを意図してはいない。

議論するにあたって選んだ論文の選択について言えば、古い（そしておそらくは影響力がある）研究より最近の研究を取り上げるというバイアスがある。ここで議論する論文の多くが実証的な研究であるものの、読者の統計学や計量経済学の予備知識を前提にしないで議論している。実証研究における重要な論議の問いとは、方法論的な問題に関するものであり、それらは多くの場合、研究結果に違いをもたらす。私が興味を持つのは大抵の場合、それらの研究において取り上げられた問いそのものであり、そしてそれに対する定性的な結果であり、時には定量的な結果にも興味を持つ。私はそれらの方法論的な問題にフォーマルに取り組もうとしているのではない。正式な統計学的な問題を議論するわけではないが、もしこれがテキストとして用いられ、生徒に適切な予備知識があれば、すべての原論文は参照文献として挙げられてあり、容易に入手できる。

最後に一つだけ。麻薬の経済学に関して一章設けることはしなかった。これは中毒や社会政策に関する本としては異例に見えるかもしれないが、これには理由がある。第一に、この本を通じて示される理論そして政策的な議論の多くは、中毒に関するものなら何にでも応用可能であり、そして喫煙、飲酒と過食を取り扱った後に残された麻薬に固有の題材というのは多くない。第二に、麻薬と他の話題の違いは、麻薬は非合法でありそして犯罪司法のシステムを通じてコントロールされていることである。したがって麻薬に関して適切に議論するには、ある程度、犯罪や刑罰に関する経済学を必要とし、このトピックは麻薬に関する一章を含む別の本で私は最近扱ったものである（Winter, 2008）。

謝辞

多くの理由により、本書を完成させるのは当初の予想をはるかに上回って困難であり、そして時間のかかるものとなった。この混乱を通じてずっと、スタンフォード大学出版会の私の編集者 Margo Beth Crouppen はとてつもなく辛抱強く、そして理解に富んでいた。彼に大変感謝している。またJessica Walsh, Rebecca Logan, Judith Hibbard, Mary Ann Short, そしてスタンフォード大学出版会とNewgem の名前は存じ上げないがすべての関係者の方々に感謝したい。

何人かの友人、同僚そして審査員が本書のさまざまな箇所について有益なコメントを寄せてくれた。Gwill Allen, Ariaster Chimeli, Joni Hersch, Jody Sindelar, そしてWilliam Neilson に対して、彼らの寄せてくれた示唆に感謝したい。

過去三年の間、多くの学生たちに、本書を完成させる多くの局面で手伝ってもらった。私は、Graham Bowman, Jessica Cherok, Nick Cobos, Todd Holbrook, Jane Krosse, Kair Lehmkuhl, Jonathan Leirer, David Plumb, Rebecca Schueller, そしてThomas Ruchti に感謝したい。そして特別の感謝を捧げたいのは、私の熱心な、そして信じられないくらい有益なリサーチアシスタントであるChris Matgouranis である。今回はBPW とHKPW に感謝するのを忘れない。しかしもし誰か挙げるのを忘れていたとしたら、その人たちに対してお詫びとともに感謝を捧げたい。

最後に、家族に感謝したい。この執筆中の難しい期間を通じて支え、励ましてくれた。誰よりも私に我慢をしてくれたJenn に最高の感謝を捧げたい。最後まで我慢してくれてありがとう。

文献案内

行動経済学に関する二つの素晴らしい論文集があり、それはLoewenstein and Rabin (2003) とDiamond and Vartiainen (2007) である。

第1章

中毒の経済学

中毒行動について議論する際には、中毒という用語を明確に定義する必要がある。中毒の定義を見つけるのは難しくない。本当に難しいのは、驚くほど類似しているが同一ではない定義のどれを提示すべきか、決めることである。ここに例を二つ挙げよう[1]。

＊習慣性物質への肉体的、心理的な衝動。極端な場合、中毒は圧倒的な強迫観念になるかもしれない。

＊強迫観念による薬物欲求や使用、そして脳における神経化学的および分子的変化によって特徴付けられる慢性再発性疾患。

定義に用いられる衝動、強迫観念、疾患、のような言葉により、中毒は有益な活動と考えられないことは確かである。運動やよい食事などの健康的な活動でさえ、度がすぎれば、運動マニア、健康マニアというレッテルを貼られる。

アメリカ精神医学会の定義は、以下のように、より綿密なものだ。

以下の七つの質問に「イエス」または「ノー」で答えなさい。ほとんどの質問は複数の部分からなっているが、これは中毒が皆少しずつ異なる症状を示すためである。「イエス」

と回答するには、当該質問の一部分を肯定するだけでよい。

一．許容性
薬物やアルコールの使用は時間とともに増加したか。

二．離脱
薬物やアルコールの使用をやめて、身体的または精神的な離脱症状を経験したことがあるか。過敏症、不安、震え、発汗、吐き気、嘔吐のいずれかの症状があったか。

三．使用管理の困難性
あなたは時々、自分が望むより大量に、またはより長時間、薬物やアルコールを使用しているか。時には酔うために飲んでしまうか。いつも数杯飲んでやめているか、それとも一杯飲んだらもう一杯と、もっと飲んでしまうか。

四．よくない結果
たとえ薬物やアルコールを使用した結果、あなたの気分、自尊心、健康、仕事、または家族によくないことが生じても、引き続き薬物やアルコールを使用したことがあるか。

訳注（1）以下の二つの例は、原文では引用元のウェッブサイトのＵＲＬが示されていたが、既に無効になっていたので削除している。

五．活動の無視や延期

あなたは、薬物やアルコールの使用のために、社会、娯楽、仕事、または家庭の活動を延期したり、減らしたりしたことがあるか。

六．時間または精神的エネルギーの大量使用

薬物やアルコールの入手、使用、隠蔽、計画、そして使用からの回復に、かなりの時間を費やしたか。使用について多くの時間を費やして考えたか。あなたは、使用を隠したり、最小限に抑えたりしたことはあるか。逮捕されないよう計画したことがあるか。

七．使用量抑制への願望

あなたは時々、薬物やアルコールの使用量を減らす、または管理することを考えたか。使用量を減らそう、または管理しようとして失敗したことがあるか。

これらの質問のうち少なくとも三つに「イエス」なら、あなたは中毒の医学的定義を満たすことになる。（https://www.addictionsandrecovery.org/what-is-addiction.htm）

前掲の定義よりも主観的ではないものの、今度のより完全な定義にもその根底には否定的な感覚が依然存在している。

対照的に、中毒の標準的な経済学的な定義には評価が含まれない。ここで**合理的**な中毒の経済学という独創的な研究から取った例を示そう（Becker and Murphy, 1988）。

> われわれの分析の基礎となる中毒の基本的な定義によれば、現在、ある財の消費を増やすことが、将来その財の消費の増加をもたらすならば、人は潜在的にその財の中毒になっているのである。（p.681）

これは緻密な定義ではないかもしれないが、いくつかの利点がある。中毒の他の多くの定義とは異なり、経済学の定義は行動を**描写**しており、**非難**しているのではない。簡単に言えば、中毒行動とは、ある期間の消費が別の期間の消費にどのように影響するか、に依存しているのである。もし今日たくさん喫煙すればするほど、明日もっと喫煙したくなるのであれば、喫煙には中毒性がある。しかし同様に、もし今日たくさん運動すればするほど、明日もっと運動したくなるのであれば、運動にも中毒性があることになる。この定義では、**どんな**財の消費についても、潜在的には中毒性があると考えることができる。さらに、身体的中毒と心理的中毒を識別したり、区別したりする理由はないのである。識別に当たって唯一重要な特性は、時間の経過から生まれるその人の消費パターンである。

中毒を消費の問題と考えることで、経済学者が専門的に研究している類の質問をすることが可能となる。価格の変化は、どのように中毒性をもつ財（中毒財）の消費に影響するのであろうか。収入の変化、情報の変化、そうした財の消費をやめるための費用は影響するだろうか。規制や刑法は、どのように消費に影響するのであろうか。より一般的にいえば、何らか中毒の「罠にはまっている」という推測に異議を申し立てられるのである。他の消費財と同様に、中毒者は合理的な選択をした上で、中毒財を消費しているのだと予測できる。言いかえれば、中毒者は短期的な便益（ハイになること）と長期的な費用（将来の健康問題）を比較検討して合理的に選択するのである。もし中毒者がこうした比較検討を行っているのであれば、まさしく彼らがどのように将来の費用と現在の便益を比較しているのか、検討しなければならない。この比較が中毒の経済理論の核心部分である。

主観的な時間選好率

次のような思考実験をしてみよう。次の二つの選択肢のいずれかを選ぶよう頼まれたとしよう。選択肢は、今日一〇〇ドルを受け取るか、それとも今日からちょうど一年後に一〇〇ドルを受け取るか、の二つ。正解や不正解がないことを念頭に置いて、あなたならどちらを選択するだろうか。断然一般的な選択は今日の一〇〇〇ドルであり、あなたもそれを選んだと仮定しよう。

では次の質問にどのように答えるだろうか。今日の一〇〇〇ドルと、今日から一年後の一一〇〇ドルのどちらがいいですか。まだ今日の一〇〇〇ドル？ では一年後に一二〇〇ドルではどうだろうか。まだ不十分？ 一三〇〇ドル、一四〇〇ドル、一五〇〇ドルならどうだろうか。いくらなら将来の金額の方を選択してくれるだろうか。最終的には、現在の一〇〇〇ドルよりもいいと思う将来の額を見つけることができるだろうが、この実験が示そうとしていることは、同じドルであれば、私たちは将来のドルよりも、現在のドルを好むということである。実際、将来支払いを受ける代わりに、現在支払いの受けることを諦めるのであれば、私たちの大半はプレミアム、おそらくは大きなプレミアムをもらわないと気がすまない。より簡潔に言えば、中毒者はしばしばものすごく**性急**だと考えられるのだが、ほとんどの人々にもある程度その傾向があるのである。

経済学者は、人の性急さの水準を数値で測定する簡単な道具を持っている——**割引ファクター**（通常、ギリシャ文字デルタδ（デルタ）で表される）である。上記の仮想例を使って、あなたが今日一〇〇〇ドルを受け取るのと、今日から一年後に一五〇〇ドルを受け取るのについて、**完全に無差別**であると仮定しよう。「完全に無差別」とは、もし今日から一年後に一四九九ドルもらうのであれば、今日の一〇〇〇ドルの方が厳密に好ましく、もし今日から一年後に一五〇一ドルもらうのであれば、将来の一五〇一ドルの方が厳密に好ましいと考えることである。今日から一年後の一五〇〇ドルで、あなたにとって現在の選択肢と将来の選択肢の違いが本当に無くなる。この場合、現在の一〇〇〇ドルは将来の一五〇〇ドルと同等であるため、あなたは将来の金額を三分の二（一〇〇〇÷一五〇〇）で割り引いているという。同様に、あなたの割引ファクターは三分の二、すなわちδ＝〇・六七程度だと言える。

　経済用語では、割引ファクターは人の時間選好率の尺度である。現在と将来を比較検討する場合、人間はどの程度性急であろうか。割引ファクターが大きくなるほど（一に近くなるほど）、人は性急でなくなる（またはより辛抱強くなる）。割引ファクターが小さくなるほど（ゼロに近くなるほど）、人間はより性急になる（または辛抱強くなくなる）。割引ファクターは性急さの主観的な尺度だと認識することが、非常に重要である。経済学者には、性急さの程度について、通常、正しいとか間違っている（または良いとか悪い）というものはない。時間の選好率とはまさにそういうものなのだ——選好なのである。しかし、学者が中毒行動を管理するための公共政策の正当性について議論するときには、中毒者にあると思われる近視眼的発想は、しばしば政策を正当化する理由を並べたリストの一番上にくる。

　性急さの概念は、中毒行動を議論する際に最も重要であり、われわれは詳しく慎重に検討する。典型的には、中毒者は非中毒者よりも性急なのだと考えられている。最も単純に言うと、中毒とは、喫煙、飲酒、薬物使用などから得る現在の便益と、それによって健康を害し、医療費が増加するという将来のコストとの比較検討である。近視眼的思考の人は、先々まで考える人と比較して、将来の成果にほとんど重きをおかない。そのため、将来の健康コストよりも、例えば薬物使用などの現在の便益を重視する。他方、先々まで考える人々は、将来の健康コストをより重視し、現在の不摂生を控える。

性急さは、中毒だけでなく、多くの種類の行動を議論するときに考慮すべき重要な資質である。テロとの戦いを考えてみよう。一部のテロリストが使用する最も恐ろしい武器の一つは、彼ら自身の身体である。自分の身体に爆弾を装着し、公共の場で爆発させようとしている人とどのように戦うのであろうか。自爆テロリストは、非常に小さな割引ファクターを持つ可能性が高い――将来の出来事をほとんど無価値と考えているのである。このことから、自爆テロを抑止することは非常に困難であるといえる。もし彼らが将来を気にせず、そしてもし明日すらも気にしないならば、将来罰を与えるという脅しは彼らにとっては何でもないのである。

同様に、犯罪者は非犯罪者よりもはるかに近視眼的だと考えられている。典型的な犯罪者は、罪を犯すことによる現在の便益を、不安、告白、懲罰という将来のコストと比較検討している。非常に近視眼的な犯罪者を、将来投獄するという脅しで阻止することは、容易ではない。三回目の違反を厳しく罰する三振法[2]や重労働、または死刑のような厳格な刑罰は、犯罪行為を阻止するために必要な制裁として正当化されることが多いのであるが。

これらの例に基づくと、近視眼的な選好が、社会の観点からだけでなく個人の観点からもしばしば悪い、または費用がかかるとみなされる行動と関連することは珍しくない。教育を受けたり、情報を得たりすれば、近視眼的な人々はより辛抱強くなるだろうと時々言われるし、それはおそらく本当なのであろう。しかし、経済学者は通常、近視眼的な考えを選好とみなしており、誰かの選好を変えることは簡単ではない。実際、経済学者は通常、選好は与件のものとするので、選好についてはそれらが存在するということしか言うことがない。私たちは、さまざまなレベルの辛抱強さに応じてさまざまな行動を予測できるかもしれないが、選好そのものを批判することはあまりしない。

合理的な中毒者

中毒を合理的な行動として記述することは、選好を与件として受け入れ、何の評価もしていないことの結果である。理性的な中毒者は、一体どのように行動するのだろうか。あなたは今日喫煙をするかどうか、決めているとしよう。あなたは、もし喫煙を始めると、それが将来どれくらい喫煙したいと思うかに影響するかを知っているのだ。また、どのような便益を喫煙から得たとしても、最終的には悪い影響が出てきて長期的には医療費がかかる事態に直面することも知っている。もし生涯を通じた喫煙のすべての便益と費用について十分な情報があなたにあるなら、今日から喫煙を始めることの生涯費用が、将来の便益を上回るのか、それとも下回るのか、決定することができる。

しかし、喫煙がもたらす将来の便益と費用を知ることは、出発点にすぎないのである。単にすべての便益を合計し、すべての費用を合計し、どちらが大きいかを比べるだけではだめなのだ。時間選好率も考慮しなければならない。将来あなたに発生する費用と便益は、現在の感覚で比較可能になるように適切に割り引かれる必要がある。今から一〇年後の一〇〇〇ドルの費用は、現在の感覚では、九年後の一〇〇〇ドルの費用と同じではなく、またそれも八年後の一〇〇〇ドルの費用とも同じではない、などなど。

便益や費用を受けると予想されるのがより遠い将来になればなるほど、今日のあなたにとっての価値はますます小さくなる。したがって、もし喫煙による便益が近い将来に生じ、そして大部分の費用が、たとえそれが大変大きなものであっても遠い将来に発生するのであれば、喫

訳注（2）アメリカの州および連邦で見られた立法であり、前科二犯の者が（三度目に）重罪を犯すと、罪状にかかわらず終身刑に処せられるというもの。

煙について将来の費用よりも現在の便益を重視するかもしれないのである。

すべての便益と費用を適切に合理的に計算するには、将来のすべての価値に主観的な割引ファクターを適用する必要がある。それでも、費用便益分析であなたがすることは基本的に同じである。今日の喫煙によるすべての便益と費用を現在価値で計算してしまえば、最善の行動計画を決めることができる。注意しなければならないのはこのような議論から言えることは、喫煙を開始するか、喫煙を控えるかという決定は、どちらも完全に合理的な行動であるということだ。喫煙が他のいかなる行動とも異なることはない。もしあなたが喫煙すると決めたのであれば、それがあなたの最善の利益になると信じているからである。喫煙コストがないわけではなく、単にその（適切に割り引かれた）コストを上回る（適切に割り引かれた）便益があるということなのである。

合理的な中毒者という概念は理論的構築物としては魅力的であるが、この単純な表現には問題がある。言うまでもなく、あなたの生涯において、中毒性のある製品を消費することによるすべての費用と便益について十分に理解できていると、どうして信じられるだろうか。便益はしばしば大いに主観的であるため、あなたが利益を理解していると信じるのは難しいことではないかもしれないが、果たしてどの程度、中毒行動の長期的な健康リスクを本当に認識しているであろうか。過剰な喫煙、飲酒、食事に関連する費用を十分に理解しているであろうか。

情報不足は、人々を自分自身から守るために社会が政策介入することを正当化する理由として重要であり、これについては後の章で論じることにしよう。しかし、それよりはるかに興味深いことは、たとえあなたが完全に情報を得ているとしても、合理的中毒モデルには欠点があることである。人生の中で経験するすべての費用と便益に正しく基づいて、喫煙を始めるという合理的で十分な情報に基づいた決定を下すとしても、それでもしかし決定を後悔するかもしれない。ここに行動経済学者が踏み込む余地があるのである。

プリンター、キャッシュバック[3]、そして時間的整合性

合理的な枠組みで中毒を考えることは、多くの人々にとって難しいことかもしれない。薬物やタバコなどの有害な中毒財を人々が自ら消費することを選択するというモデルに基づいて得られる経済学的な結果を受け入れることは、容易ではないだろう。時には、誰にも身近な製品を使った例で、重要な概念を明確に示すことができる。コンピューターのプリンターを購入す

訳注（3）原文は rebate であり文字通り訳せば「割り戻し」となり、事後的に受ける割引の形態は現金に限られないが、あえて分かりやすさのためにキャッシュバックとした。

るという意思決定を例に挙げよう。

時男、甘太、聡美の三人が、あるコンピューターのプリンターの購入を検討しているとしよう。[4] このプリンターは、彼らが望むすべての機能を備えているが、価格は少し高すぎると彼らは思っている。表示価格では、誰もプリンターを購入しようとしないが、幸いなことに、プリンター・メーカーが特別なキャッシュバックを提供していたとしよう。キャッシュバックを受けるためには、三つの期間にわたる対応が必要となる。第一期に、プリンターを購入するかどうかを決定する。もし購入するならば、第二期に、キャッシュバックを受ける資格を得るために必要な対応をとらねばならない。例えば、書類を記入し、郵便局に行き、オンラインまたは電話での顧客サービス調査に参加するといったことである。つまり、キャッシュバックを申請するためのコストを負担しなければならない。もしキャッシュバックを申請すれば、第三期にキャッシュバックを受け取ることになる。キャッシュバック取引にどのように対応するかは、あなたという人がどういう人なのかで異なることになる。

時男から始めよう。時男は、第二期にキャッシュバック申請を行うことを計画する場合にのみ、今期に高い対価を支払うであろう。彼は、将来キャッシュバックを申請する費用を負担するが、さらにその先には便益を受けることを理解している。意思決定に当たって、彼はこう自問する。もし今期プリンターを購入したら、次の期にキャッシュバックを申請するだろうか。

その質問に答えるために、時男は自分自身が第二期にいることを想像する能力を持っている。第二期の視点から見ると、現在は負担が発生するものの将来は便益を受けることになる。そして適切に現在価値を計算する（つまり将来の便益を割り引く）と、キャッシュバック申請を行うことが最も利益に適うと考えるのである。それから、キャッシュバックの申請をするということを知りつつ時男は、プリンターを購入し、キャッシュバックを申請して受け取ることの現在価値を（第一期に）計算するのである。彼は適切に割引された費用便益分析に基づいて、今期にプリンターを購入することを決定する。そして計画にしたがって次期にキャッシュバックを申請し、第三期にキャッシュバックを受け取るのである。

次は、甘太について検討しよう。甘太は時男と同じ意思決定に直面するが、少し違ったアプローチをする。甘太には将来を計画する能力がなく、自分を第二期にいると想像することができない。その代わりに、第一期の視点からのみ意思決定を行う。そこで甘太は、キャッシュバック申請を行う将来のコストと、キャッシュバックを受け取る将来の便益の両方を割り引いて、キャッシュバック申請を行うつもりでプリンターを購入することが最も自分の利益に適うと考える。しかし、ここからは一筋縄ではいかない。プリンターを購入して第二期になると、甘太

訳注（4）原文では Time Consistent Tim, Naïve Nate, そして Sophisticated Sophie というふうに三人の登場人物の名前とその性格付けが韻を踏んでいることから、訳文ではこれら三人をそれぞれ「時間的整合な時男」、「考えの甘い甘太」、「聡明な聡美」とした。

は今やキャッシュバック申請の費用を負担するかどうかを決めなければいけなくなる。そのために将来便益の現在価値（すなわち第三期の便益の第二期における価値）を計算し、それを現在の費用と比較すると、費用が便益を上回ると気づくのである。つまり、実際に第二期になってしまうと、甘太はキャッシュバック申請を行う価値があるとは思わなくなる。甘太は、プリンターを購入したもののキャッシュバック申請を行わず、キャッシュバックを受け取らずに終わることになるのである。このように、甘太は払う価格ほどの価値はないと考えているプリンターを購入して終わることになる。

最後に、聡美について考えてみよう。聡美はある意味で、時男と甘太の組み合わせである。甘太と同様に、第二期になると、キャッシュバック申請を行うコストを負担することは、彼女の最善の利益に適うとは思わなくなる。しかし時男と同様に、まだ第一期にいる時に第二期にいる自分を想像して、プリンターを購入した場合に自分が何をするか考えることができる。聡美は、第一期にプリンターを購入しても、当初計画した通りに第二期にキャッシュバック申請をすることはないとわかっている。こうして、彼女は第一期にプリンターを購入し**ない**と決意する。三者三様の結果。これらの違いはどこから生じたのであろうか。

三人の間の大きな違いは**時間的整合性**である。これは、現在価値に割り引く説明をした際に用いた例と同様の簡単な数値例を使うと、うまく説明することができる。次のような選択が与えられたとしよう。今日から一二か月後に一〇〇〇ドル受け取るか、または一三か月後に一一〇〇ドルを受け取るか。あなたならどちらを選択するだろうか。今日決めるのであれば、多くの人が一一〇〇ドルを選択するであろう。今日から一年後において一か月遅れることは、今日の観点からみて、追加的に一〇〇ドルの価値があるのである。しかし今、次のような選択を検討してみよう。あなたは今日一〇〇〇ドル受けとるか、または今日から一か月後に一一〇〇ドルを受け取ることができる。どちらを選択するであろうか。遅れが遠い将来の場合は一か月の遅れの方を好んだ多くの人が、今度は一〇〇〇ドルのオプションを選択する。現時点で、追加的に得られる一〇〇ドルを一か月待つことを考える際には、性急さの程度はかなり高くなる。しかし、今から一二か月後と一三か月後という二つの将来の期間の間では、性急さの程度は非常に低いのである。

人々に時間的整合性がある場合には、将来の二つの結果の間で選ばれた選択肢が、一方の将来の結果が現在の選択となった際にも依然として選ばれることとなる。今から一二か月と一三か月の選択肢の間でどちらを選ぶかを時男に質問すれば、彼は一一〇〇ドルを選ぶであろう。一年後にその選択を行う場合にも、彼は依然として一一〇〇ドルを選ぶので、彼には時間的整合性があるのである。甘太と聡美はどちらも、今日の時点では一一〇〇ドルを選択するが、一年がすぎ選択をしなければならないその時になると、一〇〇〇ドルを選択するのである。甘太と聡美は時間的非整合である。二つの金額に対する彼らの選好は、時間の経過とともに変化している。

時間的非整合な行動をとる理由は、甘太（および聡美）が将来の期間をどのように割り引いて考えるか、まさにそのことと関連している。甘太は将来の二期間の間については相対的に辛抱強いが、現在と将来の間については相対的に性急である。最終的に将来の二期間が現在とその次の期となると、甘太は二期間の間について相対的に辛抱強い状態から性急な状態へと変化する。この変化によって、両方の期間が将来である場合には一〇〇〇ドルの選択肢よりも一一〇〇ドルの選択肢を好むけれども、一〇〇〇ドルが現在の選択肢で一一〇〇ドルのみが将来の選択肢である場合には、一〇〇〇ドルの選択肢を好むことが説明される。他方時男は、二つの隣り合わせの期の間では、両者が将来のことであっても、一方が現在でもう一方が将来であっても、同じように辛抱強いことに変わりはない。

プリンターとキャッシュバックの例では、第一期においてはキャッシュバック申請をするコストとキャッシュバックの便益は共に将来の選択である。時男と甘太はどちらもこれらの選択について比較的辛抱強く、将来のコストに比べて将来の便益をかなり重視している。しかし第二期になると、キャッシュバック申請の費用は現在のものだが、便益は将来のものである。時男はこの二つについてまだ相当辛抱強く便益を重視しているが、甘太は比較的性急になり便益をそれほど重視しなくなっている。こうしたわけで時男はキャッシュバックを申請する意思を完徹できるが、甘太はできないのである。

もう一つの大きな違いは、甘太と聡美が自分の時間的非整合な行動をどのように認識しているかに関連している。甘太は自分が時間的非整合であることを認識していないが、聡美は認識している。経済用語を使用すると、甘太は考えが甘く（ナイーブ）、聡美は聡明である（ソフィスティケートされている）と考えられる。つまり、聡美は当初の計画通りにキャッシュバック申請を行うことはないと予想し、そもそもプリンターを購入することを避ける。しかしながら、甘太は自分には時間的整合性があると思い、キャッシュバック申請を行うと思い込んでいるが、その時になるとそれは自分の最善の利益に適わないと考えるのだ。このように、時間的非整合性とその理解について差があるために、時男、甘太、および聡美は、キャッシュバック契約を含むプリンターの購入を検討した結果、それぞれ別の選択をするのである。

これらの行動は、中毒シナリオの中で簡単に解釈できる。三人がそれぞれ、今日から一〇年後にはやめるつもりで今日から喫煙を始めるかどうか、考えているとしよう。もし時男が喫煙を始めて、それからやめることが、最も自分の利益に適うと判断するならば、時男はその通り行動するだろう。甘太はやめる意思を持ちながら喫煙を開始しても、一〇年後にもはや禁煙を望んではいない。彼は喫煙を始めると決めたとき、自分の時間的非整合性に気づいていなかった。聡美の場合は、自分の時間的非整合性の問題に気づいており、一〇年以内にやめることができないだろうと思うので、喫煙しないと決めるのだ。

もう一度述べると、三者三様の行動がとられている。時間的整合性のある時男は、ある消費計画を選択すると、それをずっと守る。考えの甘い甘太は時男と同じ消費計画を選択するが、彼はそれに固執しない。そして聡明な聡美は、他の二人とは異なる消費計画を選択する。これは単純な中毒の話でしかないが、いかに中毒行動が多くの要因に依存しているのかをうまく示している。すべての中毒者が同じではなく、その結果、中毒者を自身から守るよう意図された公共政策の役割が複雑になっている。

ここまで読んだあなたには中毒の経済学の基本が身についたので、後の章、特に第五章でこれらの概念を適用することができるだろう。しかし、中毒の経済モデルははるかに複雑となる可能性があり、こうした複雑な問題のいくつかに取り組むことは挑戦的ではあるが、どのように経済学者が複雑な中毒行動をモデル化しているのか理解しようとすることは、十分やる価値があることである。

中毒の経済モデル

中毒行動を正式にモデル化するには、多くの方法がある。一つの中毒モデル（O'Donoghue and Rabin, 1999b）は、プリンターのキャッシュバックの例で見たように、消費者の選択が三期間にわたるものである。各期に二つの選択肢がある。打つ、すなわち、その期に中毒製品をいくらか消費すること、または控える、すなわち、その期に中毒製品を消費しないことである。さらにその上、彼は各期に直面する条件には以下の二つがある。中毒製品に病みつきになっている（つまり、前の期に使用した）か、または病みつきでない（つまり、前の期に控えた）か。ここから考慮すべき状況は四つあり、それぞれの状況から関連する利得が生じる。複雑な数値例を解くことはしないが（すべての結果は、ここには示さないがきちんと計算に基づいている）、いくつかの簡単な数値を当てはめることで議論が容易になるだろう。

任意の数字を割り当てて、四つの状況を最善から最悪まで順位付けしよう。最善の結果は、中毒製品に病みつきになっていないところで打つことである。この場合の利得を、例えば35としよう。次善の結果は、病みつきになっていないところで、打たないことである。この場合の利得を25としよう。三番目は、病みつきになった上で、打つことである。これで17の利得が得られるとしよう。最後に最悪の結果というのは、病みつきになった上で、打たないことである。この場合の利得はゼロである。これらの数値は、四つの結果を比較するための参考値であって、数値の絶対値は何の意味もなく、重要なのはその相対的な大きさである。しかし、これらの数字から、非常に具体的かつ適度に複雑なストーリーが生まれる。

　このストーリーの最初の部分はほとんどの人にはしっくりこないだろうが、打つことで得られる便益に関する話しである。注目すべきは、もし人は病みつきでない状態で打つと、控える場合の利得（25）よりも高い報酬（35）が得られるのである。そして、もし病みつきになると、控えること（ゼロ）より、打つ（17）ことでより高い利得を得る。言い換えれば、一期の意思決定のみを行うのであれば、何があっても常に打つことを選択するであろう。たちどころにこのモデルがバカげて見える人もいるだろう。なぜ打つことが常に人の最善の利益に適うと想定するのだろうか。中毒財については、打つことは誰かの最善の利益には適わ**ない**と想定するのが、より現実的ではないだろうか。われわれがこのようにモデルを設定するのは、以下の二つの基本的な理由によるものである。

　まず、われわれが行っているのは中毒者の行動をモデル化することなのであるが、もし中毒財を決して消費しないことをベースラインとするならば、一体何をモデル化しようとしているのかわからなくなってしまう。さまざまな人々がさまざまな量の財を消費する状況下ではじめて、中毒者間の行動を比較することができる。打つことが中毒者の最善の利益に適うとする第二の理由は、**自己管理**が重要になることである。もし打つことが中毒者の最善の利益ではないならば、自己管理に何の意味があろうか。もし中毒者がまず中毒財に魅力を感じないのであれば、自分の行動を管理する理由がない。しかし、もし少なくとも一期ごとの意思決定ではその財を消費したいのならば、そして現在の消費が将来の消費に与える影響を認識しているのならば、将来のコストを避けるためにただちに満足を得ることを控えるかもしれない。もし打つことが彼の最善の利益であるにもかかわらず第一期で控えるのであれば、それは自己管理の例示として有意義である。

中毒財は通常、習慣性があると見なされている。つまり、中毒者が過去により多くの消費を行えば行うほど、現在の消費への誘惑がますます大きくなることを意味している。例えば、もし当初は病みつきになっていなければ、使用を控えると25、そして打ったら35を得るので、利得は10だけ大きくなる。しかし、最初から病みつきになっている場合、打つのを控えるとゼロ、打つと17となり、その差が17となる。病みつきになっていること、すなわち前の期にその財を消費することで、現在打った場合には、病みつきになっていない時に得るよりも、より大きな興奮が得られるのである。

しかし中毒財は、中毒者の幸福度を減少させると考えられる。つまり、過去の消費が多い中毒者ほど、現在の幸福度の水準が低くなっている。この例では、病みつきになっていない状態で打った中毒者は35の利得を得るが、既に病みつきになっている場合はたった17である。病みつきでない状態で打つのを控えていた場合の利得は25であるが、病みつきになっている場合にはゼロとなる。病みつきになっている状態では、そうでない場合と比較して、現在の行動にかかわらず幸福度が低くなる。

このモデルは、中毒財に関する相当複雑な消費の選択に直面する人を描写するものである。その人には、第一期だけの選択であれば打つ誘因が存在するが、打ってしまえば次の期に病みつきとなり、将来の厚生を減らし、当初の誘因を打ち消してしまう。しかし、もし彼が病みつきになると、中毒財によって相当大きな興奮が得られ、打ち続けないでいるのが難しくなる。このように、中毒者が経験しているのは、打つのか控えるのかという期間をまたいだ選択なのであり、そしてこうした葛藤が三期間の消費を通じてどのように展開していくのかは、彼が将来期間をどのように割り引くのか次第なのである。これからみていくように、時間的整合性のある人とない人では、消費計画は異なるだろう。その上、時間的非整合な行動も、自分が時間の経過とともに非整合的な意思決定をする可能性があると認識しているかどうかで、違ってくる。時男、甘太と聡美の行動の検討に戻ろう。

時間的整合性のある時男

このモデルで時男が示しているのは、完全に合理的な中毒者の行動である。時間的整合性があるので、時男は将来の隣り合う二期間についての選択についても、そして今期と次期の間の選択についても、同じように辛抱強い。彼は三期間にわたる消費計画を決定するに際し、次のような自問から始まる。もし自分が第三期にいるならば、打つべきだろうか、それとも控えるべきだろうか。前項の数値例からわかるように、時男は控えるよりも打つ方が大きな便益が得られることを知っている。病みつきになっていようといまいと、この設定においては打つことの利得が控えることの利得を上回っている。そして消費の意思決定をしているのは最後の期なので、今打つことによる将来の影響は考慮しなくてよいのである。そのため、第三期の意思決定は容易だ。時男は常に打つだろう。

時男の意思決定過程の次の段階では、前と同様の質問をする。「第三期には常に打つとわかった上でもし私が第二期にいたら、打つべきだろうか、それとも控えるべきだろうか」。この意思決定は以前のものより少し複雑である。まず、時男は第三期の利得が、第二期の行動によって、どのように影響されるかを考慮する必要がある。確かに彼は第三期に打つことを知っているとしても、彼が得る利得は、彼が最終期に入るときに病みつきになっているか（つまり、第二期に打ったか）、それともいないのか（つまり、第二期に控えたか）に依存している。さらに、第二期に受け取る利得は、彼の過去の行動に依存している。彼は第二期に病みつきの状態で入ってくるのだろうか、それともそうではないのであろうか。

時男は第三期に打つことを知った上で第二期に何をすべきか。もし彼が第二期に病みつきになっていない状態で入ってくれれば、打つことにより最大の利得（35）を得ることができ、そして病みつきの状態で第三期に入り、そして常に第三期には常に打つので三番目に大きな報酬（17）を得ることができる。もし（病みつきになっていなくて）第二期に控えると、二番目に大きな利得（25）を得て、病みつきにならないまま第三期に入り、それから打って最も大きな利益（35）を得るのである。つまり彼の選択は、今打ってすぐに最大の利得を得た上で将来は三番目に大きな利得を得るのか、それとも今は控えてすぐに得るものは二番目に大きな利得であるけれども将来は最大の利得を得ることにするのか、というものである。時男は第二期と第三期の間の選択については相当辛抱強いので、病みつきでなく第二期に入り、そして控えることを選択する。彼は将来について充分注意深いので、病みつきではない状態で第三期に入り、それが彼の最善の利益に適うのである。

では、時男が第二期に病みつきの状態で入ってくると、どうなるのであろうか。推論の筋立ては同じだが、利得が違っている。もし彼が第二期に打つならば、彼は三番目に大きな利得（17）を得て、第三期に病みつきの状態で入り、そして再び三番目に大きな利得（17）を得る。もし彼が第二期に控えるならば、彼は最悪の利得（ゼロ）を得て、第三期には病みつきではない状態で入り、そして打って、最大の利得（35）を得る。これらの二期間の間については相当辛抱強いので、これは病みつきの状態である第二期に控えることを選択する。時男は第二期に病みつきの状態であろうとなかろうと、それは大したことではない——その時期には控えることが彼の最善の利益に適うのだ。なぜなら彼は十分辛抱強くて、第三期に病みつきでない状態で入っていって打つことで最大の利得を得ることを、待つことができるからである。

さあこれから最後の、そして最も重要な意思決定を行おう。これまでのところ時男の意思決定はすべて仮想的なものであった。つまり、「将来、何をしようか？」というものだった。しかし今度は、彼は自分にこう尋ねなければならない。「第二期には控えて第三期に打つと知った上で、第一期に何をしようか？」。彼は第一期にどう行動するかが第二期の利得に影響することを認識している。もし彼が第一期に打てば（第一期には病みつきになっていないと仮定して）、すぐに最大の利得（35）を獲得するが、第二期に病みつきの状態で入って控えると、利得は最低（ゼロ）となる。もし彼が第一期に控えれば二番目に大きな利得（25）を得て、第二期に病みつきでない状態で入り、控えて二番目に大きな利得（25）を再び得る。明らかになったように、彼は期間の間の選択について相当辛抱強いので、第一期に控えるのが最善の利益に適うことであり、その結果第二期には病みつきでない状態で入ることになる。

実際にわれわれが行っているのは、時男のあり得るすべての消費計画について、利得の（適切に割り引かれた）割引現在価値をみることである。彼は現在の行動が将来の利得に影響することを知っており、そしてあらゆる消費計画を与件とした上で、将来どのように行動するかを正確に知っている。この例においては、時男にとって最善の消費計画は、第一期と第二期に控えて、第三期に打つことである。これは第一期の視点から見て合理的な意思決定であるだけでなく、時男には時間的整合性があることからこの計画をやり遂げ、現在時点で計画した消費の選択を将来においても行うこととなる。各期を別々に考えれば常に打つことが最善の利益に適うという場合であっても、最初の二期において自己管理に成功している。時間を通じた行動のつながりにより、時男は、少なくとも早い時期においては、中毒の衝動を抑制できているのだ。

考えの甘い甘太

甘太は時間的非整合である。つまり彼は将来の二期間の間の選択については辛抱強いが、現在の期間と次の期間との間の選択についてはそれほどでもない。しかしこれが甘太と時男の唯一の違いではない。将来の消費計画について考える際に、甘太が自問する最初の問いは、時男とは異なる。甘太の問いは以下のようなものだ。「第一期の視点からみて、第三期に打つべきだろうか、それとも控えるべきだろうか？」。時男の問いと甘太の問いの違いを認識することは重要である。時男には、自分が第三期にいるとみなして、何をすべきかを決める能力がある。彼は消費計画の最後からスタートし、逆算するのだ。甘太には、この能力が欠けている。甘太は確かに将来何をすべきかを考えてはいるが、しかしそれは第一期の視点なのだ。したがって甘太が第二期と第三期を比べる時、それらは彼にとってはどちらも将来の期間なのである。時男が第二期と第三期を比べる時、彼は第二期を現在の期間とみなし、第三期だけを将来の期間とみなすことができる。自分の消費計画についての彼らの考え方の違いから、彼らの行動の違いが生まれるのである。

甘太が第一期の観点から第三期について考えると、この設例の性質上、どのような場合でも打ちたいと思うことを認識する。それで現時点においては、自分は第三期になれば打つだろうと予期している。そこで彼は、第二期に何をすべきかと考える必要が出てくる。この時点で彼が行わねばならない計算は、時男が行ったのとほぼ同じである。先程と同様の利得の計算を再びやらなくても、われわれは甘太が第二期と第三期の間の選択に関しては相当辛抱強いことを知っている。なぜなら彼はそれらの期間を、二つの将来の期間として考えているからだ。時男の場合と同様、辛抱強さ故に、第二期においては控えて第三期に病みつきでない状態で入り、そして打つことで最大の利得（35）を獲得する。

ここで甘太は第一期の意思決定をすることになる。自分の計算から、第二期では控えて第三期で打つだろうと信じている。そして彼は第一期と第二期の間の選択については相当性急ではあるけれども、もし第二期に病みつきの状態で入れば、そこで控えることで最低の利得（ゼロ）しか得ることができない。そこで、第一期では控えることが甘太の最善の利益に適うこととなるだろう。話をまとめると、甘太は第一期で控えて、第二期においても控えて、そして第三期で打つのが自分にとって最善の消費計画と信じるのである。

第一期の視点から、甘太は時男と同じ消費計画を実行すると信じている。そう、現時点のストーリーでは、時男と甘太の消費の選択は同じである。しかし大きな違いがある。時男には時間的整合性があるので、自分の計画にしたがってその通りの選択を行うと**正しく**信じている。他方、甘太が自分の計画した通りの選択を行うと信じているのは、**正しくない**のだ。彼は時間的非整合な人間なので、将来が現時点になった時に自分の計画を変更することに残念ながら気づくだろう。

甘太は第一期に控えて第二期に病みつきでない状態で入っていく。もし彼が再び控えれば、二番目に大きな利得（25）を第二期に得て、そして第三期に打って最大の利得（35）を得ることになる。もし彼が第二期に打てば、その時に最大の利得（35）を得て、第三期には病みつきの状態で入り、そして打って三番目に大きな利得（17）を得ることになる。しかし実際に第二期になると、第三期は今や彼にとっては次の期となり、彼は今期とその次の期の間の選択については次期を大きく割り引くのである。この場合では、第二期に打つことによって即座に得られる満足が、第三期に病みつきでない状態で入り、そして最大の利得を得るという将来の満足を、上回ってしまう。甘太は第二期で打つことが自分の最善の利益に適うと気づくので、当初立てた消費計画にしたがうことはない。

第三期に甘太は、(この例では皆そうなのだが)何であれ打つ。つまり甘太が実行する消費計画は、第一期に控え、第二期で打ち、そして第三期でも打つというものである。結果的には、第三期にしか打たない時男よりも、頻繁に打つことになる。第二期になって甘太は、自分が第一期に立てた計画に固執することは最善の利益に適わないと認識するのだ。

聡明な聡美

聡美には、時男と甘太の両者の要素が少しずつある。甘太と同様、彼女も時間的非整合である。時男と同様、彼女は将来の選択について将来の視点から考えることができ、その結果、自分の時間的非整合性の問題を認識できている。しかし聡明だからといって、甘太よりも中毒製品の消費が少ないわけではない。実際、彼女はこの三人の中で一番のヘビーユーザーになるだろう。

聡美の意思決定過程は、時男と同じように始まる。彼女は自分が第三期にいるとみなして、打つべきか控えるべきかを自問する。そしてお分かりのように、彼女は第三期で打つことで最大の利得を得る。次に、第三期で打つということを知りつつ、第二期にいることを考える。彼女はこの時点で、甘太が第二期に至って行ったのと同じ意思決定を行う。次期を大きく割り引くので、第二期において控えるという誘因を欠いているのである。控えることなく打って、第三期に病みつきの状態で入り、そしてもう一度打つことになる。彼女が第二期において即座に得られる満足の方が、第三期に病みつきでない状態で入った場合に得られるであろう将来の満足を上回るのである。

　第二期に打ち、そして第三期に再度打つと知りながら、聡美は第一期にどのように行動するであろうか。第二期に控えると誤って信じていた甘太とは違い、聡美は自分が第二期に打つことを**知っている**のだ。もし彼女が第一期に控えるならば、二番目に大きな利得（25）を得て病みつきでない状態で第二期に入り、そこで打って最大の利得を得る。しかし彼女は時間的非整合なので、第一期の意思決定の際に第二期の利得を大きく割り引いている。もし聡美が第一期に打つならば、彼女は大きな利得（35）を直ちに得て、第二期の利得は小さくなる。しかし直ちに得られる満足が、彼女にとっては重要である。その上、中毒財は習慣性があるので、彼女が第一期に控える理由は一層なくなる。もし彼女が第二期に病みつきでない状態で入っても、打つことで得られる利得はほんの少ししか大きくならない。しかしもし彼女が第二期に病みつきで入れば、打つことは彼女にとっては一層魅力的なのだ。そして彼女はいずれにせよ自分が第二期に打つことを知っている。聡美の消費計画は、第一期に打ち、第二期に打ち、そして第三期にも打つというものだ。この例に出てくる三者の中で、彼女がどの期にもまったく自制しない唯一の人物となる。

ではどうして聡明な場合の方が、考えが甘い場合よりも、中毒行動が増加してしまうのであろうか。その理由は、聡明な中毒者は悲観的な考え方をすることに関連している。中毒財を消費することで得られる利得は、他の期間の行動に依存しており、聡美は将来打つのだから現在においても打つことが最も利益に適うと認識するのだ。これは異例なことと思うかもしれない。何も将来を悲観するには及ぶまい。どうして彼女は将来打つことを避けられないのだろうか。思い起こさねばならないのは、このモデルにおいては、個々人が（適切に割り引かれた）現在価値の利得を最大化する行動を選択するという意味において、合理的だということである。この数値例では、第二期と第三期に打つことが聡美の最善の利益に適うことであり、それ故第一期でも打つことが彼女にとって最善の利益になるのだ。自分の将来の行動を理解すると、彼女の現在の最適な選択は中毒性のある財を消費することなのである。他方甘太は、自分は第二期に控えると誤って信じているので、第一期からみれば彼は将来について悲観的ではない。彼は第一期に控えることが、たとえ誤りだと事後的に判明することになっても、自分の最善の利益に適うと信じている。甘太の考えの甘さが、聡美の聡明さよりも、中毒財の消費を少なく抑えることになるのである。

今までのところ、中毒性のある財の消費量が最も少ないのは時男で、甘太はそれより多く、一番多いのは聡美である。時間的整合性のない行動は、それがある行動に比べ、中毒性のある財の使用を増やすように見えるかもしれない。この例では確かにそうだが、その他にも多くのシナリオを考えることができる。しかしながら一般に、甘太は時男より多くの中毒財を消費する傾向がある。将来良い行動をとるだろうという甘太が抱く甘い考えから、彼はしばしば早い期間にたくさん消費することになる。しかし聡美は時男と同様に、使用量の少ないユーザーで終わるかもしれない。プリンターのキャッシュバックの例のように、彼女は自分の時間的非整合性を認識し、将来の悪い結果を回避するため現時点で自己管理をするかもしれないが、いつもそうとは限らない。

聡明な聡美は、期間をまたぐ大変複雑なトレード・オフに直面している。合理的な中毒という定義からわかるように、中毒財においては、現在と将来の消費が互いに補完する関係にある。聡美は二つの相矛盾するパターンを認識している。一方において、中毒財を将来消費してしまうのであれば、これは現在の消費を増やすことになるかもしれない。これは上述の悲観主義効果である。他方、現在の消費の減少は将来の消費の減少につながるかもしれず、これは彼女に自己管理の誘因を与える。どちらの効果が強く出るかは一概には言えず、どちらもありえる。それにもかかわらず結論として言えることは、中毒行動は中毒者によって大きく異なる可能性があり、これが公共政策に重要な含意をもたらすということだ。

その他の中毒理論

中毒の経済モデルにおいては、時間的整合性のある合理的な中毒者が、より精緻な行動モデルへの出発点としてしばしば用いられる。時間的非整合性は、標準的な合理的中毒モデルに対する挑戦としてしばしば用いられるが、これが唯一のものではない。こうした代替的なモデルのいくつかについて議論し、本章を終えよう。

学習と後悔

中毒の別のモデル（Orphanides and Zervos, 1995）は、時間的整合性のある中毒者が経験する後悔を説明するものである。合理的な中毒者は、現在そして将来における彼らの行動のすべての費用と便益について、しばしば十分な情報を持っている。しかし、その完全予見の前提が満たされない場合はどうなるであろうか。例えば経験の浅い喫煙者や薬物使用者は、自分たちの現在の行動が将来の健康に及ぼす本当の影響を、十分理解していないかもしれない。彼らはそれらの財を消費しながら、その財の消費が自分たちに及ぼす影響への理解を深めているのかもしれない。彼らはそれらの財を使えば使うほど、その潜在的な害についてより多くを学ぶのである。

このモデルにおいては、ある財の消費量がある閾値に達するまでは、それに中毒になることはない。例えば、もし喫煙が一日一本であれば、例え長年吸っても、中毒財にはよくあるように、習慣化して幸福度を低下させる性質も見られない。しかしもし一日一箱かそれ以上吸うようになれば、そうした中毒財に共通の性質が見られるようになるだろう。その上、このモデルは中毒を厳密に有害な活動だとみなしている。

この論文の著者達は、この枠組みで三つのタイプを考察している。最初のタイプはその財の中毒的な性質や、そうした性質を引き起こす閾値の水準について、十分知っている人である。このタイプは軽い使用者になることを選び、決して閾値水準を超えて消費することはない。二番目のタイプは、当初、この財の中毒的な性質にもその閾値水準にも気づいていない。しかし閾値水準に達しない程度の継続的な使用から徐々に学び、そのうちにこの財の消費の増加を抑えたり、減らしたりするようになる人である。三番目のタイプは、この財の中毒的な性質について何も学ぶことなく、使用量が閾値水準を超えてしまう人である。知らないうちに有害な財の中毒になってしまい、過去の消費の意思決定について後悔するのである。

予測バイアス

前のモデルにおいて確実にはわからないのは、中毒財の持つ有害な影響がどの程度なのか、そして中毒的な性質を起こす消費の閾値がどの程度なのか、ということである。しかし、これが唯一の不確実性ではない。別のモデルにおいては (Loewenstein, O'Donoghue, and Rabin, 2003)、人々の選好が時間とともに変化することがきわめて普通に起こり、しかもそれは長期だけでなく、ごく短期間でも起こる。人々はそうした選好の変化を予測するだろうが、しかしそうした予測はどの程度正確なのであろうか。この点を以下の例で示そう。

あなたは家族を素敵なレストランに連れて行くとしよう。どれくらい料理を注文しようか考えている時に、あなた達は全員ものすごく空腹だったとしよう。食事をするにつれて空腹感がおさまってくることはわかっている。だから食事に対する選好は、食事の間にも変化するし、そしてその変化の方向も認識している。しかし予めわからないのは、その変化の大きさである。現在とても空腹なので、将来について実際よりずっと空腹だと思い込んでしまうかもしれない。将来の選好がどの程度現在の選好と似ているのか、その程度を過剰に考える傾向がある。これは**予測バイアス**として知られている。この設定におけるこのバイアスの含意は、食べ残してしまうくらいたくさんの食べ物を、スタート時点で注文してしまうかもしれない、ということである。

中毒の文脈において、予測バイアスは二つの重要な効果をもたらす。第一に、中毒者はその財の消費を続けると自分の将来の幸福度が低下するとわかっているけれども、その低下幅を過小評価している可能性がある。第二に、中毒者は中毒財の消費には習慣性があることを理解しているが、その効果の強さを過小評価している可能性がある。どちらのバイアスも、中毒財を過剰に消費する結果を招く。

中毒に関する予測バイアスは、中毒財の使用をやめようとするのが難しい一因かもしれない。喫煙に対する選好が短期間に変化したとしよう。ストレスの多い出来事を経験し、喫煙量を増やす。中毒の経済学的な定義により、この現在の喫煙量の増加は、そのストレスの多い出来事がすぎ去ったずいぶん先の将来まで喫煙量を増加させる。しかし予測バイアスは、この効果を強めるかもしれない。というのは、あなたはかつてない大きな欲求を現在経験しているので、将来の欲求も、たとえ実際はそうでないとしても、より大きなものだと思い込んでしまうかもしれないのだ。この悲観主義効果があるので、将来の欲求に関するバイアスのかかった予想から、喫煙の増加を抑えたり、禁煙するのに今から熱心に取り組もうとは思わないだろう。

このバイアス効果はまた、逆方向に働く可能性がある。もし現在、中毒財に対して低い欲求しか感じていないのならば、将来についても実際よりも低い欲求しか感じないと思い込むかもしれない。このバイアスは、その財の消費をやめる取り組みを促すかもしれないが、他方で、予想した以上に高い欲求であることが将来分かった場合には、再び始める機会を増やすことになる。概して、予測バイアスによって中毒者の中毒財に関する消費計画は大きく変更される可能性があるのである。

誘惑と自己管理

標準的な合理的中毒者のモデルにおいては、時間的整合性のある中毒者は、中毒財の消費を自制する特段の方策をとる必要はない。タバコをトイレに流す必要もなければ、タバコを売る店に入るのを避ける必要もない。もし喫煙することが自分の最善の利益に適うのだと思えば、彼は吸うだろう。もし自分の最善の利益に適わないと思えば、吸わないだろう。これまで見たように、たとえ一期ごとにみれば、打つことの利得が控えることの利得を上回る場合であっても、時間整合性のある中毒者は毎期打つわけではない。なぜなら彼は病みつきになることが将来の利得を減らすことを認識しているからである。自分の将来の幸福度を向上させるために現在控えるという意味において、自己管理を行っているのである。

標準的なモデルを精緻化したものにおいては(Gul and Pesendorfer, 2001)、時間的整合性のある人は、早い時期に約束してしまう(コミットする)ことで将来の誘惑を避けるという、自己管理を行うのである。別のレストランの例が、この概念を説明するのに役立つだろう。どこで昼食をとるかを決めるという二期間の話を考えよう。あなたは朝起きて（第一期）、そしてその日の昼（第二期）にどこに昼食を食べに行くか、その時点で約束してしまう。あなたには三つの選択肢があって、すべてベジタリアン・メニューのレストラン、すべてハンバーガー・メニューのレストラン、そして両方のメニューがあるレストランの三つである。あなたの選好で三つのレストランをランキングしよう。あなたは健康志向で体重を気にしているので、ハンバーガーのレストランよりはベジタリアンのレストランの方がよい。さらに、両方のメニューを提供しているレストランは、健康志向であることを許容しつつ、ハンバーガーを食べなくてもすむので、あなたはそのレストランの方がハンバーガー・レストランよりもよいだろう。興味深いのは、ベジタリアン・レストランと両方のメニューを持つ店との間の選択である。もしあなたがベジタリアン・メニューをどちらのレストランでも食べることができるならば（食べ物は同じ値段で、かつ、同じように健康的であると仮定する）、あなたの選択を制約する店の方を好む理由があるだろうか。では、この二つについて無差別なのだろうか。

典型的な経済学のモデルにおいては、無関係な選択肢を加えることは選好に影響しないはずである。あなたはベジタリアン・メニューを食べたいわけだから、ベジタリアン・メニューでない選択肢があったとして、それがどうして重要なのであろうか。そんなはずはない。しかしこの話においては、ハンバーガーはあなたへの誘惑となる。朝どこに昼食に行こうかと考えている時には、あなたはベジタリアン・メニューを食べるつもりでいるかもしれない。しかしレストランで食事をする昼食の時点では、メニューにあるハンバーガーに誘惑されて、ベジタリアン・メニューを選ばないかもしれない。この設定において、あなたは二種類の自己管理を行うことができる。

最初のタイプの自己管理は第二期に行うものである。もし両方の食事のメニューがあるレストランに行くならば、誘惑に抵抗してベジタリアンの食事をとることになるだろう。しかし誘惑に抵抗することは、難しい選択を強いられるのでコストがかかる。その代わり、すべてベジタリアン・メニューのレストランに行くことを約束しておけば、ハンバーガーの誘惑を受けることもない。この形の自己管理は第一期に行うものである。もし第一期に約束することを選んで両方のメニューを提供するレストランに行くのを避けるならば、ベジタリアン・メニューのみという選択肢の狭いメニューの方が、ハンバーガーを含むより幅広い選択肢をもつメニューよりもよいということをあなたは示しているのである。言い換えれば、あなたが明らかにしたことは、ハンバーガーをメニューに加えると、たとえそれを注文しない選択ができるとしても、あなたの厚生を引き下げてしまうということだ。

第一期に約束して第二期の誘惑を避けるということは、聡美のような聡明で時間的非整合な人だったら行いそうなことに思われる。コンピューター・プリンターのキャッシュバックの例を振り返ってみよう。聡美は自分が計画通りに行動せず、キャッシュバックの申請をしないことを認識していた。それでその問題を回避するために、そもそもプリンターを買わないことにしたのだ。このレストランの例だったら、もしハンバーガーの選択肢のあるレストランに行けば、朝考えた時にはしない方がいいと思っていたにもかかわらず、誘惑に負けてしまうかもしれないということを、聡美は認識するであろう。すべてベジタリアン・メニューのレストランに行くと約束することで、彼女はそうした誘惑に直面することを避ける。甘太の場合は、朝考えた時にはたとえ両方の選択肢があるレストランに行っても誘惑に抵抗できると信じているかもしれないが、結局のところ彼は誘惑に負けてしまう。甘太はすべてベジタリアン・メニューのレストランに行く約束はしない。どうしてしないのか。単純に自分には時間的整合性があると信じているのだ。

　しかしながらこの誘惑のモデルは、第一期に約束を行う動機づけに、時間的非整合性の仮定には依存していない。もしあなたに時間的整合性があり、そして朝、すべてベジタリアン・メニューのレストランで昼食を取ろうと決心するならば、そこがあなたの昼食の場所なのである。もしあなたが両方の選択肢を持つレストランに行き、そしてベジタリアンの食事を注文しようと決心するならば、まさしくその通りあなたは実行するだろう。このストーリーのキーポイントは、**たとえあなたが一貫して第二期に誘惑を避ける時にも**、第二期ではなく第一期に自己管理を実行したいと思うかもしれないことである。これは異例な結果であり、繰り返し指摘する価値があろう。著者たち自身の言葉を引用すれば、以下の通りである。

自制心を持つ意思決定者はリソースを使ってでも魅惑的な代替的選択肢を、たとえ将来その誘惑に屈することはないと思っていても、選択肢の候補から外すであろう。

このように魅惑的ではあるが無関係な選択肢を除くと、あなたの厚生は改善する可能性がある。この場合に自己管理を行うのは、誘惑自身を避けるためではなく、誘惑を避けるという意思決定をせねばならぬコストを避けるためである。

中毒ときっかけ

中毒に関するまた別の理論においては(Laibson, 2001)、環境的なきっかけが中毒財を使用したいという欲求の引き金となる。例えば、回復しつつあるヘロイン中毒者が、薬物使用の誘惑にうまく闘っているところに、ある日一緒にクスリをやっていた旧友に出くわす。そうした友人たちとのやりとりや、彼らが思い出させる記憶が、再び薬物をやりたいという欲望の引き金となる。この設定においては、きっかけと現在の消費とが互いに補完する関係にある。過去の使用に関連する何らかのきっかけが引き金となって、現在の消費に影響する選好や行動の変化を引き起こすかもしれない。開封したタバコ一箱を見てしまうこと、ビール一本を開ける音が聞こえること、レストランに入る時にデザートのトレイを見てしまうこと。これらは、喫煙したい、飲酒したい、甘いものを食べたいというそれぞれの願望を強める引き金になるかもしれない。

この設定においては、明示的な自己管理が一定の役割を果たすと期待されている。自己管理によりきっかけを避ければ、中毒者は中毒財に対する欲求を減らすことができる。中毒製品が利用可能であるような社会的な状況を避けることや、意図的にタバコやアルコールやジャンク・フードを家に置かないことは、たとえそうした財を適度に消費することが可能であるとしても、自己管理のやり方の例である。これと対照的なのが、標準的な合理的な中毒の話である。この場合、時間的整合性のある中毒者が、消費するかしないか、常に最適な選択を行っている。この中毒者にとっては、欲求の引き金となるきっかけを避けることによって、自分の消費計画から逸脱する理由は存在しない。中毒財に対するどんな欲求も予期されており、そしてそれに基づき合理的に行動がとられるのである。

間違いとしての中毒

きっかけモデルの興味深い拡張（Bernheim and Rangel, 2004）には、三つの前提がある。その第一は、中毒者による使用は、しばしば誤って行われるというものである。第二には、中毒財の過去の使用により、中毒者は、誤った使用の引き金を引くことになりかねない環境的なきっかけに対して、敏感になる。そして第三は、中毒者はある意味で一定程度聡明であり、きっかけが引き金となって犯した誤りを理解して、自己管理を行おうと試みる。こうしたことは、既述のきっかけに関する予備的な議論と同様に聞こえるけれども、一つ重要な違いがある。

もともとのきっかけモデルにおいては、中毒者は過りを犯さない。その場合のきっかけというのは、選好または行動の変化の引き金となるけれども、しかしその変化は、欲求の増加によって引き起こされた、以前とは異なるけれども合理的な行動であり、誤った行動ではない。著者たちの言によれば、以下の通りである。

これらの前提が心理学、神経科学、そして臨床診療の証拠から強い支持を得ていることを指摘しておこう。特に、研究が明らかにしていることによれば、脳が短期の快楽の報酬を予測する際に用いる重要な過程が、中毒物質によって系統的に妨害されて、適切に作用しなくなるのである。この結果、きっかけに条件づけられた、強烈だけれども誤って導かれた衝動につながるのであり、しばしば高度な認知の制御を打ち負かしてしまう。

ここでの誤り・・とは、選択と選好との間の乖離のことである。自分たちのモデルの説明の助けとして、著者たちは次のようなアナロジーを持ち出す。イギリスを訪れるアメリカ人が、自動車事故に遭うことは珍しくない。というのは、イギリスでは車は右からやってくると知りながらも、近くに来る車を注意するときには左を見てしまいがちだからだ。彼らは、右を見ることを明らかに好んでいるにもかかわらず、左を見ることを選んでしまった。このような左を見る意思決定は、間違いである。基本的には脳は自動制御で動いているのであり、これまでの生涯における条件付けによって左を見ることが安全な選択となっているのだ。この場合、意思決定は信じられないくらい素早く行われるが、おそらく致命的な間違いである。

中毒者が過去の消費決定を後悔することになるという意味で、多くの中毒モデルが誤りについて考慮している。時間的整合性のない中毒者、または中毒財の有害な効果について十分に予見していなかった中毒者が、将来いずれかの時点で後悔することは十分ありえる。しかし既に論じたすべてのモデルにおいて、意思決定の根底に常にあるのは合理的な行動である。時間的非整合な人々は、打つか、控えるかという意思決定をする際にはいつでも利得の割引現在価値を最大化する。彼らは早い時期には最適な意思決定を行うが、時間の経過とともに当初の消費計画から逸れた別の最適な選択を行う。完全予見ではない中毒者は、考慮している情報が不完全であることを与件として、最適な選択を行う。

この中毒モデルにおいては、誤りという概念はもっと強力である。

> 中毒者はしばしば過去の使用を非常に強い意味において誤りだと述べる。彼らが考えるには、もし別の行動をとっていたら、現在だけでなく過去においてももっと幸せだっただろうというのだ。将来同様の誤りを犯しそうであり、そのことが控えたいという気持ちを弱めていることを認識している。彼らが欲求に屈した時には、その中毒財の使用中であっても、そうした選択を誤りだと考えている。(Bernheim and Rangel, 2004, p.1560; 傍点は原文のまま)

中毒者の誤った行動に関するこの描写は、標準的な合理的な中毒モデルのみならず、合理的な行動の概念をその核にもつ中毒に関するすべての経済モデルに対する強力な挑戦である。

このストーリーにおいて聡明な中毒者は、自分が中毒財を消費しないように強力な対策を講じる。われわれの聡明な中毒者聡美は、自分の時間的非整合性の問題を認識しており、場合によっては、その財を消費しないという自己管理を行っている。このストーリーでは、しかしながら、聡明な中毒者はもっと前向きに行動している。欲求を避けるためにきっかけを回避する対策をとっているが、その欲求は避けがたいことを認識している。この場合に自己管理を行うとは、長期滞在治療プログラムに参加して中毒財にアクセスできなくするとか、家族や友人にその財を使用するのを物理的に抑制してもらうということである。欲求を避けるための自己管理と、起きた欲求に対処するための自己管理との違いは、時には些細なことであり、程度問題であるかもしれない。

本章で議論したさまざまな経済モデル（そして議論していない多くのモデル）が存在することにより、公共政策へのアドバイスはしばしば複雑で、互いに対立するものとなる。依然として標準的な合理的中毒モデルに依拠している経済学者もいるが、その標準モデルを多くの有用な方法で洗練し、そして（彼らの意見では）改善しようとしている経済学者もいる。そして、ますます多くの経済学者にとって、この真に革新的なモデルは合理性の核心において経済学的な論理に対して挑戦し、中毒の経済分析へまさに革命的なアプローチを提供してくれているのだ。次の三つの章において、われわれは特定の不摂生の行為――喫煙、飲酒、そして過食――について詳細に検討する。そしてそれから第五章において、中毒の経済理論が、人々を自分自身から守ることを意図した現実世界の政策介入を正当化するために、どのように使うことができるか検討する。

文献案内

合理的な中毒に関する影響力の大きな論文は、Becker and Murphy(1988) である。詳細に提示した中毒の経済モデルは、O'Donoghue and Rabin (1999b) からとられた。この最後の二人の著者達は、中毒やその関連する行動に関するいくつかの正式なモデルを開発するにあたり、影響力があった。O'Donoghue and Rabin (1999a, 2000, 2001, 2001b, 2002) を参照されたい。

追加的に議論された中毒の経済モデルや、関連するいくつかの材料については、Orprhanides and Zervos (1995, 1998), Loewenstein, O'Donoghue and Rabin (2003), Loewenstein (2003), Gul and Pesendorfer (2001, 2007), Laibson (2001) や Bernheim and Rangel (2004) を参照されたい。

ここで議論されていないモデルの例としては、Dockner and Feichtinger (1993), Quiggin (2001), Carrillo (2005), Alamar and Glantz (2006), Beshears et al. (2006), Fudenberg and Levine (2006), Manzini and Mariotti (2006), Rasmusen (2008b), Wang (2007) や Glazer and Weiss (2007) を参照されたい。

中毒の経済学に関する他の興味深い論文としては、Skog (1999), Ferguson (2000), Gruber and Koszegi (2001), Rogeberg (2004) や Yuengert (2006) を参照されたい。

時間的非整合性とキャッシュバックに関する議論は、Gilpatric（2009）で見ることができる。

第2章

喫煙であなたは死ぬかも

有名人による商品の宣伝は非常に一般的だが、今の時代、タバコを宣伝する有名人はあまり見かけない。しかし一九五〇年代には、タバコの雑誌広告から消費者に向かって笑いかけている大スターを見ることは珍しくなかった。一九五五年六月二七日付けのライフ誌の中の広告を見てみよう。美しい映画スター、モーリン・オハラ（ノートルダムのせむし男、わが谷は緑なりき、三四丁目の奇蹟、静かなる男、その他多くの映画に出演）が火のついたタバコを手に、満面の笑みで、リラックスして横たわっている。その広告文はこう言っている。

今日の気分はいかがですか？　とても機嫌が悪いですか？　細かな煩わしいことが溜まれば当然です。しかし心理学的に言えば、快楽はあなたの気分を助けてくれます。だからこそ、毎日の快楽、例えば喫煙のような快楽が重要なのです。もしあなたが喫煙者ならば、あなたは賢明にも最大の快楽を与えてくれるタバコを選んだのです。つまりキャメル（Camel）なのです。美しいモーリン・オハラが知っているように、快楽を求めてタバコを選ぶことは賢明です。

しかし、美しいモーリン・オハラは、彼女に快楽をもたらすタバコに、どのような化学物質が含まれているのか、正確に知っていただろうか？

タバコには何百もの化学物質が含まれているが、より印象的なもののいくつかを取り上げよう。酢酸、アコニット酸、アンモニア、アミルアルコール、アスコルビン酸、ベンズアルデヒド、ベンジルアルコール、酪酸、カフェイン、二酸化炭素、セルロース繊維、クミンアルデヒド、デカン酸、マロン酸ジエチル、オレイン酸エチル、サリチル酸エチル、酢酸ゲラニル、グリセロール、ヘキサン酸、ヘキシルアルコール、安息香酸イソアミル、イソブチルアルコール、乳酸、リナロールオキシド、リンゴ酸、酢酸メンチル、イソ酪酸オクチル、パルミチン酸、フェネチルアルコール、フェニルアセトアルデヒド、ソルビン酸カリウム、ピリジン、塩化ナトリウム、水酸化ナトリウム、タンニン酸、酢酸テルピニル、バレルアルデヒドなどが含まれている。[1]

これらの化学物質のほとんどが何なのか、またタバコに含まれる量でどのくらい危険なのか、わからないかもしれないが、そのほとんどは特に魅力的には聞こえない。しかし、燃えているタバコから放出される四〇〇〇以上の化合物のうち六九種は、がんを引き起こすことが知られている。タバコは今日（合法的に）販売されている製品の中で最も悪名高いものかもしれない。反喫煙を唱える者は非常に声高で、喫煙制限は日々増えているように思える。でもこれはなぜ驚くべきことなのだろうか。それは、喫煙は喫煙者だけでなく受動喫煙者の健康にも悪影響を

訳注（1）原文には情報の引用元となるＵＲＬが示されていたが、既に無効になっていたので削除した。

及ぼすからである。もっと簡潔に言えば、喫煙は喫煙者や他の人々に多大なコストを負わせるからなのだ。しかし喫煙のコストに関するこうした話や懸念にもかかわらず、もう一方の話が聞こえてくることはあまりない――喫煙の便益の話である。

便益はどうなっているのか？

経済学者にとっては、**費用**と**便益**という言葉は、ホットドッグとホットドッグ・バンズのように対になっている。つまり、一方を考える際に他方を考えずにはいられない。公共政策の観点からは、費用便益分析は、提案された政策のすべての費用と便益を比べて、最終的にその有効性を決定するものである。依頼されて、多くの人々が喫煙の便益を特定する困難を経験している。しかし世界の成人人口のおよそ二一％は喫煙しているが、この率はアメリカにおける喫煙率とほぼ同じである（Naurath and Jones, 2007）。喫煙率が最も高い国々はキューバ（四〇％）、クウェート、チリ、ロシア、ベラルーシ、バングラデシュ（すべて三七％）、エストニア、ラトヴィア、アゼルバイジャン、インドネシア（すべて三六％）である。喫煙率の最も低い国々は、ナイジェリア（六％）、エルサルバドル、ガーナ（共に八％）、アフガニスタン、エチオピア（共に九％）である。こうしたデータだけでも、こんなに多くの人々が行う活動に**何の**便益も**ない**と主張するのは難しいことだとわかるのである。

私たちは便益が何かを正確に理解しようとすることもできたであろう——それは喫煙者が経験する肉体的な満足、心理的な満足、または喫煙者がタバコで格好よく見えることかもしれない。しかし経済学者にとっては、喫煙者がなぜ喫煙するのかを知るのは主要な関心事ではない。喫煙の便益を正確に知らなくとも、ある単純な事実から疑いなく便益があるとわかる。喫煙者はタバコを購入するのだ。

もしディックが一箱のタバコに四ドル支払うならば、彼はその一箱を最低四ドルで評価しているはずである。ディックはタバコ一箱をもっと高く評価しているかもしれず、おそらくはずっと高い価値かもしれない。しかし四ドルより低い価値であることはありえない。もしそうなら、彼は四ドルを支払わないだろう。何の便益も得られないものに対してなぜお金を支払うのかを説明することは、無益な作業である。もしそれを購入するのならば、理由はさておきそれを評価しているのだ。そして価値は、これまでもそしてこれからも常にそうなのだが、主観的な概念なのだ。ジェーンは四ドルでタバコ一箱を評価しないかもしれない。彼女は一セントでもタバコを評価しないかもしれないが。しかしわれわれの今の関心は、ジェーンの評価ではなく、ディックの評価なのだ。他の人が買うのを見て、その購入物を批判するのはよくあることだが、しかし唯一重要な価値は、実際に購入している人にとっての価値なのである。

費用便益の観点から、喫煙を管理するための政策的介入を正当化する適切な方法がある。第一に、できるだけ多くの費用と便益を特定して測定した後に、喫煙コストが便益を上回っているので、社会政策の観点から規制が正当であると主張することができる。費用と便益をどのように測定するかは、必ずしも重要ではない。それは非常に洗練された統計的手法によるかもしれないし、非常に素朴な方法によるのかもしれない。しかし、もし費用と便益を比べて差し引きでコストが生じているならば、介入を容易に正当化することができる。

第二に、あなたは喫煙の便益には関心がなく、費用便益分析の計算に含めないかもしれない。費用と便益を特定することと、どの費用と便益があなたにとって重要であるかを決めることは、まったく別のことである。社会政策の観点から見て重要なことは、主観である。世の中の見方は、見る人それぞれ独自のものである。経済学者は包括的にしようとする傾向があって、どんな社会政策評価においても、しばしば特定可能で測定可能な費用と便益はすべて計算にいれてしまう。しかし、ある特定の分野の便益や特定の分野の費用が社会政策の決定に無関係だと思うのであれば、含めなくても差し支えない。正しい政策目標のようなものは存在しない。もしあなたが喫煙者の便益を気にしなければ、喫煙制限を支持する可能性がはるかに高くなることは明らかであろう。しかし注意すべきは、喫煙者の便益を気にかけないことと、そのような利点があるとは信じていないことの二つは、まったく別物である。もしあなたが喫煙に便益がないと主張するならば、あなたは事実について間違っている。喫煙の経済学に関する文献のどこにも喫煙は健康的な活動だと主張している者がいないということは、強調すべき重要なことである。ところがまったく逆に多くの経済学者が主張していることは、喫煙は喫煙者にとっては便益をもたらしているのであり、これらの便益は費用を相殺して余りあるものであろうということだ。

それはあなたしかわからない

なぜ人々は喫煙するのだろう？　喫煙の個人的便益が費用を上回ると信じているに違いない。タバコにお金を費やすことに価値を認めているのである。しかし、この単純な説明に対する一つの反論は、どんな便益があるにしろ、喫煙者は喫煙の真の費用を**誤認**しているので喫煙しているのではないか、というものである。もし喫煙者が実際よりも危険性が小さいと信じているならば、各自が行っている費用便益計算は不完全な情報で行われていることになる。この完全情報の欠如は、喫煙を制限する社会政策の介入を正当化するためによく使われるものである。したがって、喫煙者のリスク認識を調べることが重要である。彼らは平均的にみて、喫煙のリスクを過小評価する傾向があるのだろうか。

喫煙者が喫煙のリスクをまったく認識していないとは考えにくい。州や民間機関が資金提供を行う禁煙キャンペーンは、いたるところで行われている。社会の大多数が非喫煙者であるため、喫煙者は日常的に深刻な社会的不名誉に直面し、喫煙のリスクを常に思い起こさせられることになる。タバコ包装さえ、喫煙者にリスクを知らせている。アメリカではタバコ包装に、喫煙の危険性に関する公衆衛生局長官の四つの警告のうちの一つが印刷されている。

- 喫煙は肺がん、心臓病、肺気腫を引き起こし、妊娠を難しくする可能性があります。
- 今、喫煙をやめれば、健康への重大なリスクが大幅に軽減されます。
- 妊娠中の女性が喫煙すると、胎児損傷、早産および低出生体重をもたらす可能性があります。
- タバコの煙は一酸化炭素を含んでいます。

これらの警告の前には大文字で目立つように、SURGEON GENERAL'S WARNING（公衆衛生局長官の警告）と書かれている。

カナダで販売されているタバコにはずっと多くの警告があり、アメリカの警告よりもっと目立つようにタバコ包装に表示されている。この章のタイトルは、カナダのタバコ包装に大きな文字で印刷されている警告の一つである。現在、カナダには以下に挙げるもののほか、さらにいくつかの警告がある。

・喫煙は口腔内の疾患をもたらします。
・毎年、喫煙により、小さな都市に相当する人数の人が死亡しています。
・タバコは脳卒中を引き起こします。
・喫煙であなたは性的不能になるかもしれません。

これらの警告ラベルに加えて、カナダの包装には画像が表示され、喫煙の健康リスクをさらに警告している。前記の最初の警告とともに表示されるのは、病気の口の画像である。最後の警告には、ぐにゃぐにゃに萎れたタバコの画像が一緒に表示される。そのほか画像の多くは衝撃的で、罹患した脳や心臓、タバコの吸いさしが溢れている汚れた灰皿などである。パッケージの五〇％は、画像と警告ラベルで覆われている。

他の多くの国々でも、タバコ包装に同様の強制的な警告を使用している。いくつかの例を示そう。

・喫煙は失明を引き起こします。（オーストラリア）

・喫煙はあなたの人生を短くします。（クロアチア）
・喫煙であなたの肌は老化します（ドイツ）
・喫煙により、ゆっくりした苦しい死を迎える可能性があります。（チェコ共和国）
・喫煙は精子を傷つけ、出生率を低下させる可能性があります。（フィンランド）
・タバコにはベンゼン、ニトロソアミン、ホルムアルデヒド、青酸が含まれています。（イタリア）

これは世界中のタバコ包装に表示されている警告のごくわずかな例にすぎない。

これらの警告にかんがみても、喫煙者は喫煙の健康コストについて少なくとも何らかの知識を持っているに違いない。しかし何らかの知識を持っていても、喫煙の本当の健康リスクを依然として過小評価している可能性は否定できない。そして、リスクの過小評価が意味することは非常に深刻である。

タバコ一箱を買おうと決めると、明示されている金銭的な価格だけでなく、明示されていない健康リスクの価格も支払うことになる。タバコの一箱が店舗で四ドルかかるとしよう。さらに、タバコ各一箱はあなたに追加的な健康リスクを二ドル課すと仮定しよう。つまり、もしタバコがあなたの健康コストを上昇させるならば、その健康コストは平均すると一箱二ドルになるということだ。あなたが負担するタバコ一箱のフルコストは六ドルであり、金銭的コストと明示されていない健康コストで構成されている。もし十分に情報が与えられるならば、最低六ドルの価値があると思う時に限ってタバコ一箱を買うことになろう。これがあなたにとって十分な情報を得た場合の合理的な決定となろう。

ところが、真の健康コストを本当は二ドルであるのに一ドルだと信じて、過小評価しているとしよう。あなたの見方では、フルコストはわずか五ドルである。例えば、もしタバコ一箱を五・五〇ドルで評価しているならば、その評価は本当のフルコスト六ドルより小さいにもかかわらず、購入するであろう。あなたはリスクを過小評価しているがために購入しているのだ。この類の行動こそ、喫煙妨止のために政策介入することを正当化するのである。残念ながら、不完全情報の問題には裏がある。もし本当の喫煙リスクを過大評価すると、どうなるのであろうか。

あなたが本当は一箱二ドルの健康リスクを、一箱三ドルと考えているとしてみよう。あなたの見方では、タバコのフルコストは一箱七ドルである。もしあなたが一箱を例えば六・五〇ドルで評価しているならば、購入しない。もし本当のフルコストが六ドルだと理解していたら購入するところであったが。このようにリスクの過大評価は、タバコの購入を防いでいることになる。この場合、経済学者は妙な質問をするかもしれない。社会政策の観点から、タバコの購入を促進するべきであろうか。

喫煙を妨げることを意図した公共政策は一般的だが、喫煙促進を意図した政策は存在しない。しかし、もし介入の正当性が完全情報の欠如であるならば、この非対称的な政策スタンスにはあまり意味がないかもしれない。もし、あなたが誤った情報を得ていて、かつ、目的があなたに完全に情報が与えられた場合のように行動してもらうことであるならば、なすべき唯一のことは、あなたの情報がどのように誤っているのかを正確に決めることである。もしあなたが喫煙のリスクを過小評価しているのであれば、完全な情報が与えられると喫煙は減るであろう。もし過大評価しているならば、完全な情報によって喫煙は増加するであろう。喫煙促進を意図した政策は見あたらないので、これは次の二つの理由のうちの一方が妥当するに違いない。すなわち、喫煙リスクを過大評価することは決してないということか、または目的は完全に情報が与えられた場合の行動を実現するのではなく、いつも喫煙の減少を促すことにあるのか、のどちらかだ。したがって、カギとなる質問は次の通りである。喫煙者は喫煙の真のリスクについて過小評価と過大評価、どちらの傾向があるのだろうか。

喫煙とリスク認識

喫煙者のリスク認識を評価する初期の研究（Viscusi, 1990）は、サーベイ・データを使って、リスク認識を真のリスク水準と比較する好例である。三〇〇〇人超の調査対象者に対し、次のような質問を行う。「一〇〇人の喫煙者のうち、喫煙が原因で何人が肺がんに罹患すると思いますか？」この質問に対する回答は平均四二・六人であり、つまり認識されている肺がん罹患率は四二・六％であった。調査時における真の肺がん罹患率は五〜一〇％であったので、この研究に基づくと、人々は真の喫煙リスクを過大評価する傾向があり、少なくとも肺がんに罹患する危険性に関してはそうである。

同様の結果は、少し違ったリスクを評価する場合についても見られる。喫煙の全体的な死亡リスク（肺がん、心臓病、喉頭がん、および喫煙に伴う他の致命的な病気による死亡）について尋ねられると、人々は真の喫煙リスクよりも過大評価する傾向がある。また、喫煙による平均余命の損失について質問されると、人々は、利用可能な科学的証拠が示すよりも大きく認識する傾向がある。さらに、喫煙のリスクを過大評価する傾向は、喫煙者にも非喫煙者にも当てはまるのである。そして若年喫煙者（一六〜二一歳）にも当てはまり、彼らは高齢者よりも喫煙のリスクを過大評価する傾向が著しいようにみえる（Viscusi, 1991）。非喫煙者がリスクを過大評価することは、だからこそ非喫煙者であるのかもしれないので、驚くことではないかもしれないが、喫煙者自身がリスクを過大評価していることから、彼らが喫煙を高く評価していることがわかる。彼らはタバコのフル価格を真のフル価格よりも高く認識しているが、それでもまだ彼らは購入するのである。

こうしたリスク認識の評価は、これまで真剣に、特にある一人の学者の論文（Slovic, 1998, 2000a, 2000b）において検討された。彼は先行研究の分析に四つの欠陥を見つけた。一つは、リスク評価について喫煙者の生涯における肺がん罹患確率で説明できるのは、ごく一部にすぎないということである。喫煙者が認識しなければならないのは、直面するリスクの確率だけでなく、その重大さについてもなのである。例えば、平均的な喫煙者が一生の間に肺がんになるリスクを大幅に過大評価していることを事実として受け入れることとしよう。この事実が示唆するのは、喫煙者は仮に真のリスクを理解している場合と比べ喫煙が少なすぎるということだけである。しかし、もし平均的な喫煙者が、肺がんにかかる本当のコストも大幅に過小評価しているならばどうだろうか。それだけで、もし肺がんの本当の深刻さを理解していた場合と比べて、あまりにも多く喫煙していることになるのかもしれない。言い換えれば、肺がんのリスクを過大に評価しながらその深刻さを過小評価している場合には、喫煙で肺がんになることのフルコストの評価について、過大にも過小にも、そして正しい場合のいずれもありえるのである。

二番目の欠陥は楽観バイアスと関係している。上記のサーベイ調査では、一〇〇人の喫煙者のうちの何人が肺がんになるのかを質問している。質問された本人が喫煙によって肺がんになる確率を尋ねているわけではない。自分の個人的なリスクは同じ状況に直面している他人のリスクよりも低いと考えている場合、それは楽観バイアスとして知られているものである。生涯喫煙者なら一〇〇人中五〇人が肺がんになると信じている一方で、あなたは自分自身については五％の確率と思っているかもしれない。楽観バイアスが作用している時は、喫煙の一般的なリスクは過大評価される一方、自分の個人的なリスクは過小評価されるのである。

　三番目の欠陥は四つのうちで最も手の込んだものである。たとえ喫煙者は自分の人生のある時点で喫煙のリスクを過大に見積もっていたとしても、生涯にわたって喫煙のリスクがどのように累積していくか気づかないような時期が、喫煙者の人生の早いうち（つまり思春期など）にあるのではないだろうか。喫煙は一連の行動から成り立っていると見ることができ、一回一本の喫煙が積み重なって生涯では文字通り何十万回もの喫煙となるのである。累積的な効果が及んでくる長期になる以前に、この喫煙の短期的なリスクについて若い喫煙者はどのように認識しているのだろうか。

　オレゴン州で行われた高校生を対象としたサーベイ調査の結果について考えてみよう。学生達は、非喫煙者、ちょっとした喫煙者（一日に五本以下）、ヘビースモーカー（一日六本以上）の三つのグループに分けられた。一日タバコ一箱を吸うと最終的に人の健康に悪影響が及ぶかと問われると、各グループのほぼすべての回答者が肯定した。一本のタバコで「少しの害がある」かどうかを問われると、再び各グループのほぼ全員が肯定した。しかし、短期のリスクについて問われると、反応はグループで異なったのである。

最初の数年間に喫煙にはリスクが本当にないかどうか、その次の一本のタバコだけだとおそらく害がないのかどうか、あるいは何年間も吸うまで喫煙の有害な影響はほとんど起きないのかどうか。こうした質問をされると、非喫煙者よりも喫煙者（ヘビースモーカーかどうかを問わず）において、これらを肯定する人の割合が高いのである。このように、すべての回答者が喫煙に関する長期のリスクを認識しているけれども、若年の喫煙者は非喫煙者に比べて、短期のリスクをより否定する傾向があるのである。

若い喫煙者が短期の喫煙リスクを認識できない可能性があることから、四番目となる最後の欠陥が生じる。第一章で論じた学習と後悔のモデル（Orphanides and Zervos, 1995）を思い出そう。間違った情報に基づいて行動していた喫煙者が、年月を経て閾値のタバコ量に達してタバコ中毒になってしまい、気づいた時には時すでに遅しという可能性がある。中毒になってしまうとしばしば後悔することになり、それはたとえ喫煙リスクを過大評価しがちな喫煙者であってもありえるのである。

しかし、ここで議論は終わらない。これらの懸念には反応があった（Viscusi, 2000）。リスク認識を研究する際に確率と深刻さを評価することは確かに重要だが、人々には一般的に、肺がんまたは他の喫煙関連疾患の深刻さについて、（たとえ明示的ではないとしても）暗黙の理解がある。肺がんなどの病気の本当の深刻さに関する評価が過大なのか過小なのかは結論の出ない問題だが、多くの人が肺がんを軽度疾患と分類してしまうことはなさそうである。

次に、楽観バイアスの概念は興味深いもので、多くの設定において多大な実証的な支持を得ているのだが、ここでの重要な問題は、認識された喫煙リスクを評価する際にそれが作用しているかどうかである。五〇〜七〇歳の熟年喫煙者のリスク認識について調べた興味深い研究（Khwaja et al, 2009）がある。その研究で検討された問題のうちで以下のものは、われわれの研究目的からするととても興味深いものである。喫煙の死亡率、疾病、および障がいリスクに関する喫煙者の考えは、非喫煙者と比べてどの程度正確だろうか。熟年者の喫煙行動の違いは、リスク認識の違いに帰因できるのであろうか。

この研究の結果によれば、熟年喫煙者は将来の健康リスクについて過度に楽観的ではない。この年齢層では、喫煙者も非喫煙者も、七五歳までの生存確率や遭遇する身体的困難について、かなり正確なリスク認識を持っている。その上、肺がん、脳卒中や心臓病などの深刻な慢性疾患の可能性については、非常に悲観的である。この研究の結論によれば、熟年喫煙者は、彼らの行動についてかなり客観的なリスク認識を持ち、そしてそれはしばしば悲観的な認識であることから、彼らが喫煙を続けているのは、リスクを過小評価しているからではないことが示唆される。もちろん、これは楽観バイアスの可能性を排除するものではなく、特に若い喫煙者についてはそうである。しかし、そうしたバイアスが必ずしも喫煙者によって示されるとは限らないことが、示唆されているのである。

他方、もう一つの研究（Khwaja, Sloan, and Chung, 2006）では、喫煙者がどのようにして喫煙についてのリスク認識を持つにいたったのかを検討している。熟年（一九九二年の時点で五一～六一歳）の現在喫煙しているまたは過去に喫煙していた者で、配偶者の年齢は問わないが有配偶者のサンプルを使用して、彼らあるいは配偶者が健康を害した場合に、彼らが自分の将来の生存期待をどのように評価しているのかを究明しているのである。興味深いことに、配偶者が健康を害した時には、彼ら喫煙者は生存期待へのリスクが以前と変わったとは認識せず、喫煙をやめる可能性が高まることはない。しかし、喫煙者自身の健康が損なわれると、喫煙の健康リスクを再考し、禁煙する可能性が高くなるのである。ある意味で、これは楽観バイアスの存在を確認しているのである。すなわち、健康上の悪い出来事が他の人に起こっても驚かないかもしれないが、自分自身でそれを経験すると、あなたの楽観は崩壊するのである。

先行研究の著者達は、自分達の結果がもつ政策的な含意を示唆している。彼らの信じるところによれば、禁煙のメッセージは、喫煙者が自分にとてもよくあてはまると解釈するような方法で提示されない限り、喫煙を減らすのに有効ではない。しかし、台湾の社会政策を検討した研究（Hsieh et al., 1996）によれば、喫煙の健康に及ぼす害に対する警告を大幅に増加させる政策によって喫煙率は低下した。著者達が注意深く指摘するように、調査時点における台湾の男性喫煙率は世界で最も高い部類に属しており（彼らのサンプルでは五〇％以上）、禁煙のメッセージをより一層活用するだけでも、喫煙率は多くの先進国並み（二〇％程度）までは低下したかもしれない。つまり、禁煙キャンペーンの効果は限定的であった可能性が高い。

もう一つの研究（Hammar and Johansson-Stenman, 2004）では、まったく違う方法でリスク認識にアプローチしている。このスウェーデンの研究では実験的な手法を用いて、喫煙者がリスクのないタバコに対していくら支払う意思があるのかを調べている。各被験者は、次のようなシナリオを提示される。

あなたは、スウェーデンの研究者によって開発された新しいタイプのタバコを試用するために無作為に選ばれたとしよう。他の人は皆普通のタバコを続けていて、もしあなたが望むのであれば、誰もあなたが今新しいリスクのないタバコを吸っていることを知らない。リスクのないタバコは、通常吸っているタバコと同じ味である。見た目も同じで、あなたを同じように満足させる。あなたも周りの人も、普通のタバコと区別できない。さらに、通常のタバコと同じように中毒性があり、煙、匂い、目の刺激などに関して周囲の人々から同じように認識される。しかし、その新しいタバコはあなたと周囲の人にまったく害を与えないのである。新しいタバコはまったく無害であることが証明されている。もしこれが現実的ではないと思っても、あたかもこれを事実として受け入れたかのように答えなさい。新しいタバコの唯一の問題点は、それが普通のタバコよりも高価だということなのである。

それから回答者は、リスクのないタバコにどれくらい余分にお金を払おうとするか、質問されるのである。

この研究には二つの主要な結論がある。一つ目は、実験に参加した喫煙者には、喫煙リスクを過小評価する傾向があることである。これは、吸うタバコを切り替えることで生じる健康上の便益を得るために、リスクのないタバコに対してお金を払おうとする意欲が低いことからわかる。言い換えると、喫煙者はおそらく喫煙の本当のリスクを認識していないのである。なぜなら、もし認識しているのならば、リスクのないタバコに対してもっと喜んでお金を払おうとしたであろう。二つ目は、喫煙を始めようと決めた時点では楽観バイアスが存在していたようだ、ということである。これは、次のような質問に対する回答から判明する。あなたは喫煙を始めた時、今日まで吸っていると思いましたか？　回答者の八六％の答が「ノー」であった。

リスク評価についての累積的リスク批判に関しては、これは考え方次第である。研究者が合意しているのは何であろうか。喫煙には長期的には大きな健康コストがあるかもしれないことを喫煙者はよく理解している、という点についてはある程度の合意がある。しかし実際はより複雑なのである。オレゴン州の高校生に戻って考えてみよう。彼らは、タバコを一本吸うたびに「少しの害がある」ことにほぼ全員が同意していた。これは喫煙リスクの正確な認識なのだろうか。何が正しい科学的な評価基準なのだろうか。四〇年間一日一箱吸っている喫煙者を対象に得られた推計値によれば、タバコ一本当たりの平均死亡率は一〇〇万分の一を下回る。これは小さな被害であろうか、それとも大きいであろうか。吸ったタバコの一本々々は少ししか害を及ぼさないことに同意しているオレゴン州の生徒は、長期にわたる喫煙リスクを過大に評価していることになるのであろうか、それとも過小に評価しているであろうか。ある活動が有害であると単に信じるだけでは、リスク評価の誤認にはならない。認識されたリスクと真のリスクとの比較をしなければならないのである。

しかし、たとえ長期にわたる喫煙リスクを理解していても、喫煙者、特に青年は、喫煙の短期のリスクを過小評価しているが故に累積リスクについても過小評価しているのであろうか。喫煙による短期の健康コストの存在を否定しているように見えるオレゴン州の学生喫煙者については どうだろうか。彼らの信ずるところでは、長年にわたって喫煙している人のみ健康が損なわれるのであり、数年間の喫煙とか、次の一本を吸うことについては、健康上のコストはほとんどまたはまったくない。しかしこのことは、これらの学生が短期的なリスクを過小評価していることを示しているのであろうか。まったくそんなことはない。もし、われわれが真の短期のリスクが何であるか知らないのであれば。若い健康な身体が数年間の喫煙を許容し、長期的にも健康が損なわれないということは大いにありえることである。それでもあなたは一本だけ余計に吸うことで健康が損なわれると信じるであろうか。もし次の一本、また次の一本となって結局多くの本数を吸ってしまうのであれば、これは実際意味のある質問であろうか。喫煙によってほとんど、またはまったく短期のコストは生じないと信じることから、一つ深刻な問題が起こる可能性がある。喫煙によって、特に若者は、中毒になってしまいかねないのではないか。

もし若い喫煙者が、正しく認識しているのであれ過小評価しているのであれ、喫煙のリスクはほとんどないと信じるならば、最初にタバコを吸うことに対して、より抵抗を感じなくなるだろう。しかし、何が原因で最初の一本から、中毒にまでなってしまうのであろうか。既述のように、そして第一章で論じたように、いったん到達すると有害な中毒をもたらす重大な閾値のリスクについて、喫煙者は誤認している可能性がある。しばしば指摘されるように、サーベイ調査によれば、多くの若い喫煙者は一度喫煙をしてしまうと、禁煙することが難しいことをよく認識している。しかしこれは、どれくらいの喫煙で中毒になってしまうか、正確に認識していることを意味しているわけではない。したがって、中毒になるリスクの誤認から中毒になってしまう可能性があり、これは喫煙の健康コストの誤認とは異なる可能性があるのである。ところが、リスクの認識とは関係のないもう一つの説明がある。若い喫煙者が時間的非整合で考えが甘い傾向にあるとしたら、どうだろうか。

考えが甘くて時間的整合性がないことから、若い喫煙者は、喫煙の現在および将来のすべての健康コストを完全に理解した上で喫煙を始めるが、しかしそれでも中毒になって喫煙を始めた最初の意思決定を後悔する可能性がある。第一章の考えの甘い甘太は、本気で数年後にやめるつもりで喫煙を始めたのかもしれない。彼は将来の二期間の間の選択には辛抱強いが、現在と将来の間の選択には性急になることを思い出そう。タバコをやめることは初期の視点からは合理的な選択であるが、時間がたってそれが次期のことになってしまうと、性急になってタバコをやめる気が無くなるのである。したがって、将来やめるつもりで若いときに喫煙を始めることには、何らかのリスク誤認を伴うだろうが、しかし時間的非整合性を伴っているかもしれない。そしてこれらは二つのまったく異なる説明であり、特に社会政策の観点ではそうなる。

もし喫煙リスクを誤解することから喫煙を開始したり、頻繁に吸いすぎたり、中毒になったりするのであれば、社会政策としては情報を提供して喫煙者がリスクを考え直すのに役立ててもらうことが考えられる。しかしもし時間的非整合性が問題なのであれば、喫煙リスクの情報提供は役に立たないであろう。喫煙者には三種類いて、喫煙リスクを過小評価する者、過大評価する者、十分な情報を得ている者の三者である。中毒者にもさまざまな種類がいて、時間的整合性のある者、考えが甘く時間的整合性がない者、聡明で時間整合性のない者、そして喫煙時の意思決定を誤った者である。社会政策は、行動がかなり似ている人のみを対象に考える場合でも十分に難しいわけだが、喫煙者にきわめて大きな違いがあることは、社会政策をはるかに入り組んだ複雑なものにするのである。

合理的な課税？

アメリカでは、五〇州すべてがタバコに物品税を適用している。ロードアイランド州が、一箱三・四六ドルという最も高い税率を課している（二〇〇九年九月現在）。サウスカロライナ州の税率が最も低く、一箱七セントである。これは、サウスカロライナ州が主要なタバコ生産州であることと何か関係があるのだろうか。多分あるだろう。というのは、主要タバコ州（ジョージア州、ケンタッキー州、ノースカロライナ州、サウスカロライナ州、テネシー州、バージニア州）は一箱平均四〇セントの税率だが、これを他の州と比較すると他の州では平均税率が一箱あたり一・四七ドルなのだ。[2] しかし、タバコの税率に基づいてどの州に住もうかと決める前に、他の地方税を調べたいと思うだろう。例えばニューヨーク市では、二・七五ドルのニューヨーク州税に一・五〇ドルの税を加算し、州税と地方税合計で最も高い税率となる一箱四・二五ドルの税を課している。[3] また、高いタバコ税を避けようとしてアメリカ国内を移動する時には、一箱一・〇一ドルの課税が連邦レベルであることを忘れてはいけない。これは二〇〇九年にバラク・オバマ大統領によって一箱三九セントから引き上げられたものである（タバコ税に関する情報については http://tobaccofreekids.org）。

タバコ物品税は、世界の各国政府が使用する共通の政策ツールであり、税率が比較的低い国々においては、税率引き上げの政治的および社会的圧力がしばしば存在する。例えば、中国は喫煙率が世界で最も高い国の一つで、一五歳以上人口の三六％が喫煙者である。中国のタバコの実質（インフレ調整後の）価格は一九九〇年以来大幅に低下し、喫煙が増加し、死亡率と健康コストの増加につながった。中国のタバコ税率は小売価格の四〇％であるが（二〇〇八年

訳注（2）州税の情報を二〇一九年七月時点で更新すると、最高税率はＤＣの一箱四・五〇ドル、最低税率はミズーリ州の同一七セントである。主要タバコ州では一箱平均五七セントであるのに対し他の州では同一・九八ドルとなる。
訳注（3）二〇一九年七月時点で州税と地方税合計をみると、シカゴが一箱七・一六ドルで一番高くなり、ニューヨーク市は五・八五ドルで二番目となる。

現在)、これはシンガポール(小売価格の六九%)、フィリピン、タイ(六二%)香港、韓国(六〇%)などの近隣諸国と比較すると、最も低い税率である。禁煙活動家はしばしば、喫煙に対して最も効果的でない政策を講じている国は中国だと指摘している(http://tobaccofreecenter.org 参照)。

経済的な観点からみて、課税には伝統的に二つの主要な政策目標がある。第一に、国家が統治機構を維持し、実施したい政策を実施するための収入を生み出すことである。第二は、社会的コストを伴う民間活動が行われる場合に、その被害から他の人を守ることである。例えばタバコ税は確かに収入を生み出すが、非喫煙者を受動喫煙による健康被害から守ることからも正当化することが可能である。さらに三番目の伝統的ではないタバコ課税の目標というのは、この本のテーマと一致するのだが、税は人々を自分自身から守るのに役立つということである。

中毒行動を管理する方法としての課税に関して、一つ興味深く奇妙な点は、中毒者は一般的に中毒の罠にはまっていて、合理的な消費の意思決定ができないと考えられることである。しかし、もしこれが本当なら、どうやって税は彼らの行動に影響を及ぼすことができるのであろうか。もし中毒喫煙者が、タバコの価格にかかわらず喫煙を必要としているならば、租税政策により行動を管理することは非常に困難であろう。皮肉なことに、タバコの消費を抑制する合理的な租税政策は、必ず喫煙者にある程度の合理性を必要とするのである。消費と価格が逆相関であること――価格が高いほど消費量が少なくなる――はよく知られているが、重要な問いは価格の上昇に対して中毒財の消費はどれほど敏感なのか、ということである。経済学者にとって、この質問は次のように言い換えることができる。中毒財の需要の価格弾力性はいくつだろうか。

需要の価格弾力性は、消費が価格に対してどれくらい敏感かを直接測定するものである。例えば、タバコ一箱の価格が五％上昇するとしよう。消費の減少が予想されるが、その減少率は五％よりも大きいだろうか、それとも小さいだろうか（減少はちょうど五％かもしれないが、議論を簡単にするために、この可能性を無視する）。もし消費の減少が五％より大きければ、タバコの需要は弾力的だと言う。これが意味することは、小さな価格変化によって大きな消費の変化が生じるということである。もし消費の減少が五％より小さければ、タバコの需要は非弾力的だと言う。これは、小さな価格変更によって生じる消費の変化は、より一層小さなものとなることを意味するのである。

さらに詳しく説明すると、もし価格が五％上昇すると、消費は一〇％減少すると仮定しよう。これは消費への効果が価格の効果の二倍、すなわち需要の価格弾力性がマイナス二・〇であることを意味する（マイナス符号は価格と消費の逆相関を表す）。もし消費が二・五％しか減少しなければ、これは消費への効果が価格の効果の半分であるので、需要の価格弾力性がマイナス〇・五であることを意味する。もし需要の弾力性がマイナス一より小さければ（マイナス二・〇など）、需要は弾力的である。もし需要の価格弾力性がマイナス一とゼロの間（マイナス〇・五など）であるならば、需要は非弾力的である。喫煙をコントロールするために増税をすることは、タバコの消費が価格に対してより敏感になるほど、より効果的になるであろう。それでは、タバコの需要の価格弾力性はどれ位の大きさなのだろうか。

経済研究においては、三つの基本的な種類の喫煙行動を調べ、タバコの需要の価格弾力性の推計を試みている。第一に、タバコの価格変化は喫煙開始にどのように影響するのか。例えば、タバコ税の増税は、潜在的喫煙者が実際の喫煙者になるのを防ぐかもしれない。これは青少年の喫煙行動を議論するときに重要である。第二に、価格の変化は喫煙の中断にどのように影響するのか。価格の上昇により、完全にタバコをやめてしまう喫煙者もいるであろう。最後に、価格変化はどのようにタバコ消費に影響するのか。現在の喫煙者は価格変更後も吸い続けているわけだが、タバコの消費を減らしているかもしれない。このようにこれらの研究では、喫煙率（喫煙参加率）と消費率（喫煙消費率）とを区別するのである。

方法論とデータが異なるさまざまな研究から幅広い結果が得られているが、結論として言えることは、喫煙者は価格の変化に応じてタバコの消費量を変えるということである。概して、需要の価格弾力性の大まかな範囲は、マイナス〇・一四とマイナス一・二三の間と推計されているので、弾力的でも非弾力的でもありえることを意味している。しかしもう少し幅を狭めると、多くの研究が見つけている需要の価格弾力性はマイナス〇・三とマイナス〇・五の間にあり、明確に非弾力的である。これらの研究に依拠して、一般に研究者の間ではタバコの需要の価格弾力性はマイナス〇・四だといわれている。つまり平均的には、タバコの価格が一〇％上昇すると消費が四％減少する。

弾力性の推計値を手直しするために、多くの研究者が重視してきたのは、データをより細かい人口グループに分割することである。さまざまな研究があって多少矛盾する結果もあるが、最も一般的ないくつかの結果を簡単にまとめると、タバコの価格変化に対して誰もが同じように反応するわけではないということである。

さまざまな人口グループ

ある研究（Farrelly et al., 2001）は、主要な人口グループの多くを対象としている。彼らによれば、タバコ価格の上昇に対応して、喫煙をやめる可能性が高いのは女性であるが、吸う本数を減らす可能性が高いのは男性である。低所得層の成人は、高所得層の成人よりも、価格に対して敏感に反応する。若年成人（一八～二四歳）の方が高齢者よりもよく反応し、そしてアフリカ系アメリカ人およびヒスパニック系は、白人よりも価格によく反応する。

別の研究（Harsch, 2000）によれば、所得は喫煙する本数よりも喫煙するかしないかに影響する。高所得層の方が喫煙しない傾向があり、著者は、裕福になるほど人はリスクを負いたがらなくなるという共通の認識に、この原因を求めている。教育を受けている人ほど、喫煙率は低くなる。そして、雇用状況も喫煙に影響する。労働市場を退出している人に比べると、ホワイトカラー労働者はより喫煙しない傾向がある一方、ブルーカラー労働者はより喫煙する傾向があり、そして一番タバコを吸うのは失業者である。

もう一つの研究（Czart et al., 2001）では、大学生の喫煙行動に焦点を当てている。大学生は人生で初めて自宅から離れ、喫煙、飲酒、麻薬に試みに手を出しやすいので、彼らの行動を管理することを意図している政策に対してそれほど反応しないのかもしれない。しかしこの研究によれば、タバコ価格の上昇は、タバコの喫煙本数と喫煙率の両方を減らすという両面で大学生に影響するのである。

大学生の喫煙行動に関連した問いは、教育はどのように喫煙行動に影響するのか、というものである。少し言及したように、より教育を受けた人々は喫煙しない傾向がある。しかし、これは一体何故なのであろうか。より多くの教育を受けて、喫煙の健康に与える影響についてより正確に知ることができ、不健康な行動をしなくなるからであろうか。それとも、より多くの教育を受けさせるようにするその要因が、喫煙を妨げるように作用するからであろうか。例えば、もし人が比較的辛抱強いならば、そうした将来の成果に対する強い関心から、将来の健康を促進し、教育機会を増やす選択をする可能性があるだろう。もしそうならば、教育それ自体が喫煙を妨げているわけではない。喫煙を妨げている別の要因と単に相関しているだけである。

この外見上同じに見える問題を区別するために、ある興味深い研究（Grimard and Parent, 2007）は教育と喫煙行動を直接結び付けようと試みている。その策略は、喫煙行動には影響を及ぼさ**ない**要因から生じた教育の増加を観察することである。そのような要因の一つは、徴兵を延期するために大学にいくことである。ベトナム戦争中、若者は大学に通うことで徴兵を避けることができ、多くの若い男性が実際そうした。徴兵の対象ではない若い女性と比較すると、これらの男性は、喫煙に対する選好とはほとんど関係がないと思われる理由で、より多くの教育を受けたことになる。したがって、これらの二つのグループは、この徴兵適格期間の間に異なる教育達成レベルに直面したので、彼らの喫煙行動は、徴兵がなかった場合の喫煙行動とは異なる可能性があるのである。この研究によれば、教育が増えると喫煙者になる確率は低下したが、それ以前に喫煙していた人が喫煙をやめる確率は上昇しなかった。このように、この研究は教育の増加と喫煙率の低下との直接的な関連を見つけたのである。

青少年

多くの研究は、青少年の喫煙行動に焦点を当てる傾向がある。青少年のうちに喫煙すると、将来成人してからも喫煙する可能性が高いと考えられるので、青少年の喫煙開始とタバコ消費を管理する政策は、大きな長期的便益をもたらす可能性がある。ある研究（Carpenter and Cook, 2008）によれば、タバコ税の引き上げは青少年（九〜一二学年[4]が対象）の喫煙者率を低下させる。彼らのデータを分析した結果によれば、タバコ一箱一ドルの増税は、青少年の喫煙率（過去三〇日間に少なくとも一回の喫煙）を一〇〜二〇％低下させるのである。またその増税は、頻繁に喫煙している（過去三〇日間のうち少なくとも二〇日間喫煙した）青少年の数を減少させるのである。彼らはまた、増税が若者の喫煙を減らすメカニズムについても簡単ながらも検討している。

高校生の喫煙者は、一般的には若すぎてタバコを合法的に購入できない。もしタバコを買えないのであれば、彼らはどのようにタバコの値上がりに対応しているのであろうか。もちろん、青少年への販売を禁止する法律が十分に施行されていないので、多くの青少年が大人と同じ小売価格に直面していると考えられる。しかし、たとえ年齢を制限する法律が厳しく施行されたとしても、年上の友人や家族にタバコを買ってもらい、それを値上り後の価格で購入するであろう。たとえタバコが少年に無料で渡されるのであっても、増税により共有できる本数は減ると考えられる。

また、重要なピア効果があると思われる。つまり、年上の友人や家族の喫煙頻度が（例えば増税のために）低下すると、社会的な相互作用の観点から見て、青少年の喫煙頻度もまた低下するであろう。アメリカの高校生を対象に一九九六年に行われたサーベイ調査に基づく豊富なデータセットを利用した研究がある（Powell, Tauras and Ross, 2005）。データには、個々の喫煙行動、学生および親の人口学的特徴、学校識別子（公立学校、私立学校、教区学校の別）など詳細な情報が含まれている。このサーベイ・データと、タバコの価格と政策変数のデータとを接合するのである。この研究の結果は、ピア効果が青少年の喫煙行動に影響することを強く支持している。例えば、誰も喫煙しない学校から二五％が喫煙する学校に転校すると、喫煙する確率が約一四％高まるのである。したがって著者達は、タバコ価格の上昇は（価格効果を通じて）直接的に、そして（ピア効果を通じて）間接的に、青少年の喫煙率を低下させると結論づけている。

別の研究（Powell and Chaloupka, 2005）では、親の管理と青少年の喫煙行動を検討している。税金やタバコに対するアクセス制限などの政策の他に、青少年の喫煙行動を管理する上で大きな影響力をもつ親というものが存在するのである。さらにこの研究によれば、親子のコミュニケーションの改善、家庭における喫煙ルール、そして親の喫煙行動、これらすべてのことが青少年の喫煙率に影響する可能性がある。

訳注（4）アメリカでは日本の小中高の併せて一二年の期間を通して一〜一二の学年（grade）で呼ぶのが通常であり、ここでは中学三年から高校三年に相当する学年を指す。

喫煙率を測定するために、調査は過去三〇日間に少なくともタバコを一本吸ったかどうかを尋ね、もし回答が「イエス」なら回答者は喫煙者に識別される。この手法は質問項目をできるだけ直截にする上で現実的な方法であるが、喫煙行動の他の重要な側面、特に青少年が喫煙行動を始める初期段階については把握できない恐れがある。

青少年の喫煙開始というのは非常に複雑な状態かもしれない。タバコを吸い始めたばかりの青少年は、喫煙を試しているだけかもしれない。しかし、将来喫煙常習者になるつもりかどうか尋ねられて、「イエス」と答えた者は、「ノー」と答えた者よりも、喫煙を始める過程でより進んでしまっているであろう。青少年が喫煙を始める過程では、その初期における異なる水準を区別する必要がある。将来の喫煙意図に加え、実際の過去の喫煙行動もまた将来の喫煙行動の予測に役立つのである。友人からタバコの勧めを、仲間からのプレッシャーに直面しながらも拒否できる能力についても、同様のことがいえる。このように、喫煙意図、過去の行動、そして社会的相互作用を制御する能力すべてが、若者の喫煙を始める過程に関わってくるのである。

タバコの価格が喫煙開始過程のさまざまな段階にいる青少年喫煙者にどのように影響するかを調べた研究がある（Ross, Chaloupka, and Wakefield, 2006）。この研究で得られた主な知見は、タバコの価格を高くすると、その若者が喫煙開始過程のより進んだ段階に行ってしまっていればいるほど喫煙削減効果が大きくなるということである。喫煙を始める過程の早い段階で、つまり喫煙者が試しに吸っているだけなのであれば、喫煙の意思決定に価格はあまり影響しない。しかし、喫煙者がより持続的な喫煙者へと進むにつれて、価格の影響はより重要になってくるのである。もう一つの知見は、年齢を制限する法律には、喫煙開始過程のより進んだ段階に行くのを強く阻止する効果があるということである。このように、青少年の喫煙を管理する政策の有効性は、青少年が過去三〇日間に喫煙をしたかどうか、というだけでなく、喫煙開始過程のどの段階にいるのかにも依存しているのである。

別の研究（Fletcher, Deb, and Sindelar, 2009）では、青少年を二つの基本的なタイプ、すなわちタバコの値上がりに反応する者と、そうでない者に分ける。前者のグループの方が多数であるが、反応しないグループが存在することは、タバコ課税が青少年の行動を管理する最善の方法ではない可能性を示唆するものである。この研究で興味深いのは、著者達が自己管理と時間選好という二つの属性によって二つのグループを区別しようとしていることである。この研究では、質問を用いてこれらの属性を測定している。ある質問では、「意思決定を行う際に、代替的な選択肢を選んだ時にどうなるかをあまり考えることなく、通常は本能的な感情にしたがう」というコメントに対して、回答者に「強く同意する」から「強く同意しない」（その間に三つの段階）までのどこにあるかを尋ねている。この回答は、自己管理を示すものである。他の質問では、「あなたは三五歳まで生きる可能性についてどう思いますか？」という問いに対して、「ほぼ見込みなし」から「ほぼ確実」までの選択肢（これらの間に三つの選択肢）から選ぶよう求めている。この質問は時間選好を測定するものである。本研究の結果から、タバコの値上げに対して最も反応しないのは、最も衝動的で最も辛抱強くない（将来の余命に多くを期待しないという意味で）青少年だということが明らかになったのである。

将来の平均余命と喫煙行動の影響をさらに調べたものとして、スウェーデンのデータを活用した研究がある（Adda and Lechene, 2001）。この研究では、青少年と成人の両方に対して、平均余命が喫煙に関する意思決定にどのように影響するかを質問している。基本的な比較検討事項は、長い人生を送ることを予想する人々にとっては、（長生きを期待しない人に比べて）今喫煙すると決めると将来の健康コストに悪影響が及んで失うものが多いということである。著者達は、異なる青少年グループを区別しないなど青少年の行動に特に関心を払ってはいないが、若年期における喫煙行動は平均寿命に依存しないことを見出している。しかし高齢期においては、平均余命は喫煙行動の重要な決定要因なのである。より長寿を予想する人は喫煙する可能性が低く、喫煙していても早い時期にやめる可能性が高く、たとえ喫煙する場合でもタバコの本数は少ない傾向がある。実際著者達は、平均余命は喫煙行動の違いを説明する主要な要因であると結論づけている。

精神病

精神病を患っている、またはかつて患っていた人々は、その重症度に比例して中毒物質を使用しているようである。ある研究（Saffer and Dave, 2005）によれば、精神病の病歴を持つ人々は、そうでない人に比べて、喫煙する確率が八九％高い（アルコールを消費する確率は二六％、コカインを消費する確率は六六％高い）と報告している。この研究では、精神病の人々が、タバコの価格変動にどれくらい反応するかを検討している。

明らかに、このような研究の第一歩は、精神病とは何を意味するのかを明確に定義することである。詳しい説明はされていないが、詳細な質問項目に対して、以下の一二の精神障害――全般性不安障害、対人恐怖症、単純恐怖症、パニック発作、パニック障害、広場恐怖症、外傷後ストレス障害、大うつ病、気分変調、双極性障害、躁病、または非感情性精神病――のいずれかを示すと回答した場合、回答者は精神疾患を有すると分類される（定義についてはSaffer and Dave（2005）のp.245にある付録Bを参照）。（薬物乱用やアルコール乱用に関連する障害も存在するが、非常に偏ったサンプルを扱わねばならないことを避けるために、この研究には含まれていない）。この調査のサンプルでは、二四％の回答者がこの一年で精神病を経験しており、四％が生涯のどこかの時点で精神病を経験したとしている。

この研究によると、精神病を示す喫煙者は、精神病を発症していない喫煙者と同じように、タバコの価格変化に対応している。両グループとも価格弾力性はマイナス〇・五とマイナス〇・七の間にあり、これは、タバコ需要の価格弾力性を推定する標準的な研究の多くと一致している。別の研究（Tekin, Mocan, and Liang, 2009）はこの結果を確認し、特に青少年（七～一二学年の学生）[5]について検討している。この青少年の中には精神病に罹患していることがわかっている者とわかっていない者の双方が含まれていた。これらの学生はタバコの価格変化には感応的であり、その反応は、精神病に罹患していない青少年と同様であった。以上のように、課税は、社会政策が精神障害者の喫煙を管理できる一つの方法かもしれないが、精神病自体が喫煙の予測因子であるので、病気を治療することが喫煙を管理するもう一つの方法であろう。

途上国

タバコ税は、アメリカなどの先進国よりも、途上国（LDCs）での喫煙減少により効果的だという仮説が立てられている。より積極的なタバコ税政策を採用してはどうかという、途上国の政策担当者に対する初期の要請（Warner, 1990）が示唆するのは、価格の感応性がより大きいことには主に二つの理由があるということである。第一に、途上国の喫煙者の場合はより懐具合が苦しい可能性が高いため、タバコ価格の上昇がより抑制的に作用する。第二に、本当に途上国の一日当たりの喫煙量が、例えばアメリカ人よりも少ないのであれば、ニコチン中毒に苦しむ可能性がより低いので、おそらくより簡単に喫煙量を減らすことができる。

途上国におけるタバコ価格効果の初期の研究（Chapman and Richardson, 1990）では、オーストラリア東部のちょうど北に位置する小さな国（人口四〇〇万人）であるパプアニューギニアのデータが使用された。一九八七年、世界銀行による貧困国ランキングで、パプアニューギニアは四八位だった。その当時存在していたわずかな手がかりによれば、同国のある地方では男女ともきわめて高い喫煙率であった（男性八五％、女性八〇％）[6]。タバコ製品は家計支出の中では家賃、ビール、米、交通費に次ぐ五位にランクされた。この研究でわかったことは、少なくとも一つの途上国において、アメリカよりも喫煙者が価格上昇に感応的であるという仮説は支持されるということだ。

最近の研究（Kostova et al., 2010）は、タバコ価格と青少年の喫煙との関係をいくつかの途上国（一人当たり所得が低から中所得の国）で検討した。二〇か国（南アフリカ、エジプト、ヨルダン、クウェート、モロッコ、パキスタン、アラブ首長国連邦、ポーランド、ロシア、ブラジル、チリ、

訳注（５）中学一年生から高校三年生に相当。訳注３も参照されたい。
訳注（６）ＷＨＯの二〇一五年時点の推計値によれば、男五〇・三％、女二四・一％であるので、現在でも低下したとはいえ高い水準にある。（https://www.who.int/tobacco/global_report/2017/en/）

コスタリカ、メキシコ、ペルー、ベネズエラ、インド、インドネシア、スリランカ、中国、フィリピン）のデータと、九～一九歳の回答者（平均年齢は約一四歳）に対するサーベイ調査結果を用いて、タバコ価格が喫煙率と喫煙の強度に与える影響を調べた。回答者は、喫煙するかしないか、喫煙した場合の強度に関する質問に加え、嫌煙感情のレベル、タバコ広告や禁煙メッセージの浸透度、年齢制限を行うタバコ政策の有効性に関する認識に関する質問に回答している。

この結果によれば、喫煙率と喫煙の強度の両方について価格の効果が認められる。喫煙率への効果は強度への効果よりも小さいが、どちらの効果もアメリカの青少年データを用いて通常得られる結果よりも大きかった。そこで著者達は、途上国における青少年喫煙の価格の感応度はアメリカより大きく、その理由はおそらく貧困国においては所得の制約がより厳しく、過去の青少年喫煙に関する調査と比較して、本調査の回答者の平均年齢が低いためだと結論付けている。さらに、著者達が見つけたことは、これらの途上国における青少年の喫煙率は、嫌煙感情、タバコ広告、年齢制限の政策によって影響を受けているが、喫煙の強度はこれら三つの要因の影響を受けていないということである。しかし、彼らは反タバコのメディアキャンペーンにより喫煙率と喫煙強度の両方が低下することを見つけた。

もう一つの研究（Lance et al., 2004）は、中国とロシアにおけるタバコ需要の価格弾力性を推定している。この二国では特に男性で喫煙率が高く、喫煙を管理する社会政策はかなり緩い。

この研究の関心は、それぞれの国でより積極的なタバコ課税政策を行った場合の有効性が潜在的にどれくらいあるかである。これまでの研究とは対照的に、両国においては、タバコ需要の価格弾力性が小さく、ほとんどゼロと変わらないことを見出した。このことから、課税による価格上昇は、中国やロシアのタバコ消費にほとんど影響を与えそうにないことがわかる。

この結果に関する著者達の説明は次の通りだ。両国とも一三歳以上の男性のサンプルが使用されており、その喫煙率は中国では五五％、ロシアでは五八％と非常に高い(7)。これらの高い喫煙率を、おそらく高い中毒率を示すものと解釈している。さらに両国のタバコの中毒性は、ニコチンレベルを一般的に規制していないことにより、高まっている可能性がある。また、アメリカなどの国々とは文化的、制度的に違っていて、それが中国やロシアにおいて価格に反応しないことの原因だと指摘している。例えば、これらの国では嫌煙感情がずっと乏しく、断煙を促進するための社会政策（助成金による断煙補助、政府の禁煙キャンペーンなど）の支援も少ない可能性がある。

訳注（７）ＷＨＯの二〇一五年時点の推計値（一五歳以上の男性）によれば中国四八・七％、ロシア五八・九％である。（https://www.who.int/tobacco/global_report/2017/en/）

タバコ税と副作用

タバコ税増税の副作用の一つは、喫煙者が価格の上昇に反応してタバコの本数を減らす、もしくは完全にやめられたら、今度は他の中毒財に耽るようになるかもしれないということである。例えば食事である（タバコ税と肥満との関係については第四章で検討する）。もし増税によって、喫煙が減少する一方で肥満率が上昇するのであれば、喫煙者の健康を改善するという最初の目標は、食行動の変化によって部分的あるいは完全に相殺されることとなる。同様に、タバコ税増税が喫煙を減らすものの、無煙タバコ製品の使用を増やすのであればどうなるだろうか。

無煙タバコには、噛みタバコと嗅ぎタバコの主に二種類がある。噛みタバコは、ばらばらの葉であったり、詰め物状、またはよじった形状をしている。嗅ぎタバコは細かく挽いたタバコで、乾燥したもの、湿ったもの、袋に入ったものがある。どのような形のものであれ、喫煙する場合は無煙タバコを頬と歯茎との間にはさむ。アメリカ疾病管理予防センター（CDC）は、無煙タバコには二八の発がん物質が含まれていると報告している。白斑症（口腔内の前がん病変）、歯肉の後退、歯肉疾患、および虫歯に関連する。さらに、ニコチン中毒につながる可能性がある。二〇〇九年時点でアメリカでは、成人（一八歳以上）の三・五％、高校生の六・一％、中学生の二・六%が無煙タバコ使用者であった（CDC, 2011）。

タバコの価格が無煙タバコの使用に及ぼす影響についての研究は多くなく、はっきりした結果は出ていない。ある研究（Oshfeldt, Boyle, and Capilouto, 1997）では、タバコ価格の上昇により、嗅ぎタバコの消費をわずかに増やし、噛みタバコの使用もさらにわずかながら増やす効果を見出した。別の研究（Tauras et al., 2007）は、男子高校生にとってタバコ価格の上昇は、無煙タバコ製品の使用の減少につながると結論づけている。著者達は、この結果と以前の研究の結果との差は、彼らのサンプルがより若い学生であったことに起因するとしている。若い喫煙者や無煙タバコのユーザーはまだこれらの製品を試しているところであるため、ふつうのタバコの代わりではなく補完するものとして使用される傾向があるのかもしれない。いずれにしても、ある政策目標を追求する際に、相反する影響を考慮することは重要である。

もう一つの潜在的な相殺効果は、タバコの喫煙本数を減らす健康上の利点を減殺するように作用する。税によって喫煙により費用がかかるため、喫煙者はタバコの本数は確かに減らすだろうが、タールやニコチンを多く含むタバコのブランドに切り替えるかもしれない。確かに二つの研究（Evans and Farrelly, 1998, 1Farrelly et al., 2004）では、タバコの価格が上昇すると、喫煙者はタールとニコチンの濃度の高いブランドに切り替えることを見つけている。彼らは、喫煙を抑制するために税を高くすることは、たとえ喫煙本数を減らしても、より有害なタバコの喫煙を促す逆効果をもたらす可能性があると結論している。彼らの提案は、タバコ税はタバコのタールとニコチンの水準に比例させるべきというものだ。

しかし、たとえ喫煙者がタバコのブランドを変更せず、増税によって喫煙本数を減らしたとしても、喫煙者がより強度の高い喫煙を行えば、依然として思わしくない結果が生じる可能性がある。例えば、喫煙者はフィルターラインに達する前にタバコの火を消すが、吸うタバコの本数が少なくなると、フィルターの直前まで吸うようになるかもしれない。このような吸い方をすると、タバコ一本当たりの健康への悪影響が増加し、タバコの喫煙本数の減少による健康上の利益をおそらく上回る害悪となるであろう。

ある研究（Adda and Cornaglia, 2006）では、喫煙強度に与える税の効果を調べ、喫煙者の健康改善を意図した政策目標が、喫煙者の相殺行動によって妨げられるかを検討した。著者達は、**コチニン**濃度に関する情報を含む興味深いデータセットを有している。コチニンは、タバコの煙に含まれるニコチンから身体によって作られた化学物質である。人のコチニン水準（例えば唾液中）を測定することで、その人がどれほどの強度で喫煙しているかがわかる。この方法でニコチン摂取量を測定することにより、単に喫煙者に一日に何本タバコを吸うかを尋ねたり、あるいはどれくらいの強度の喫煙をするかを尋ねたりするよりも、はるかに正確に喫煙状態を知ることができる。なぜならば、アンケートの回答は必ずしも正直なものではないかもしれず、記憶は完全ではないからである。たとえ正確に回答してもらえるとしても、喫煙強度のレベルの重要な違いについては、質問で取り上げられないこともある。

例えばサーベイ調査で、一日に何本のタバコを吸いますか、と質問したとしよう。一日一箱と同じ回答をする二名を考えてみよう。この質問だけでは、彼らは同じ強さの喫煙をしていると考えられる。しかし、仮に一名がフィルターなしのタバコを、しかも一服ごとに煙を深く吸い込んでいるのに対し、もう一人はフィルター付きのタバコを、煙を深く吸い込まず、しかも吸うのはタバコの半分だけならばどうなるであろうか。彼らは毎日同じ本数のタバコを吸うかもしれないが、最初の人の方が強度の高い喫煙者であり、これはコチニン検査をすればはっきりわかるだろう。

コチニンは約二四時間の生体内半減期を有するが、ニコチンの半減期は約三〇分と短い。コチニン水準は、睡眠中の喫煙曝露がないために朝に最も低くなるが、喫煙常習者の場合は定常状態に達しており、一日を通して約一五～二〇％しか変化しない。このように、コチニンテストは、喫煙行動に対する公共政策の効果を検討するための非常に有用な尺度を提供するものである。

著者達は、タバコ課税の強化により、喫煙の強度が増加することを見出している。量的には、タバコ税が一％増加すると、強度が約〇・四％増加するとしている。したがって、喫煙を減らすこと、喫煙の開始を減らすこと、あるいはその両方を減らすことを目的とした課税政策は、これまで信じられていたほどは健康上の利益をもたらさないかもしれない。もし喫煙者が喫煙の減少を、より強度の高い喫煙によって相殺すれば、課税によって彼らの健康が損なわれることとなる。より厄介なことに課税のもたらす健康効果は、差し引きでマイナスになる可能性があるのだ。少なくとも著者達が示していることは、禁煙政策を立案する上で、喫煙者がどのようにタバコを吸うのかは考慮すべき重要な事項だということだ。

税金と嫌煙感情

大部分の人が喫煙しないので公衆の嫌煙感情は大変大きく、これが喫煙者の行動に影響を与える可能性がある。嫌煙感情は、それ自体が喫煙を減らすだけでなく、価格上昇が喫煙行動にどのように影響するかを究明しようとする際に交絡因子になる可能性もある。例えば、嫌煙感情が適切に考慮されていない場合、タバコ価格が喫煙に及ぼす影響は過大評価されることがある。つまり一体、喫煙を減少させているのは、タバコ価格の上昇なのだろうかそれとも嫌煙感情なのであろうか。それとも――もっともこの可能性が高いのかもしれないが――両方なのだろうか。

嫌煙感情を測定するため、ある研究（DeCicca et al., 2008）では一連の質問を用いている。最初の六つの質問は、レストラン、病院、屋内作業場、バーとカクテルラウンジ、屋内スポーツイベント、屋内ショッピングモールといった公共の場での喫煙に対する考え方を測定するものである。次の二つの質問では、無料サンプルの提供や宣伝など、タバコ産業のビジネスのやり方についての考え方を測定する。最後の質問では、自宅での喫煙ルールについて尋ねている。データは一九九二〜一九九九年にかけて行なわれた三回の調査から収集されている。

嫌煙態度がどれくらい広まっているのかを知るには、このうち一九九九年の結果からいくつか提示することが有用であろう。回答者の約五一％がレストランでは喫煙は全面禁止にすべきと考え、この割合は病院で八二％、屋内作業領域では六七％、バーとカクテルラウンジでは二八％、屋内スポーツイベントでは七二％、そして屋内ショッピングモールでは六九％である。回答者の約六〇％は、タバコ会社による無料サンプルの配布は許されるべきではないと信じており、四一％は自社製品の広告を許可すべきではないと考えていた。最後に、回答者の六〇％が、居宅を禁煙にしていた。興味深いことに、すべての質問について、三回の調査を通じて時間の経過とともに、嫌煙意識が高まっていた。

この情報を基に、著者達は各州（とワシントンＤＣ）の嫌煙感情の指標を作成するという意欲的な取り組みを行った。この指標と州間のタバコ価格のバラツキにより、一〇代（この研究では八年生)[8]の喫煙行動に対する嫌煙感情とタバコ価格の相互作用について調べることができた。全州にわたる指標は、喫煙に関する見方の政治学をはっきり示している。嫌煙感情が最も低い州は、タバコ生産国であるケンタッキー州、ノースカロライナ州、サウスカロライナ州、テネシー州、バージニア州であり、嫌煙感情はカリフォルニアとユタの二州で最も高くなっている。

著者達によれば、嫌煙感情を考慮すれば、青少年の喫煙率に対してタバコ価格の影響はほとんどないものの、喫煙の強度をある程度減らす効果がある。したがって、彼らが見つけたのは、価格の変化はタバコの毎日の消費を変化させるが、喫煙開始段階の青少年は価格の変化に感応的ではないということである。しかし、嫌煙感情は青少年の喫煙率にマイナスの影響を与えており、ピア効果と世論が初期段階にある若い喫煙者に重要な影響を及ぼしていることを示唆している。おそらく、嫌煙感情の高い州においては、既に強力な嫌煙感情があるというまさにその理由から、喫煙を減らすためにタバコ税を引き上げる政策はほとんど効果がないという、皮肉な状況になっているのである。

喜んで管理される喫煙者

聡明な聡美を覚えているだろうか。第一章に登場した時間的非整合な中毒者である。彼女は、自己管理に問題があることを認識している。彼女は近い将来タバコをやめるつもりで、短期間だけ喫煙するつもりかもしれない。しかしその将来が到来して今になると、時間的非整合性であるが故に心変りして、タバコをやめる意志は貫かないのである。ともに将来にある二時点間については辛抱強いのではあるが、現在時点と将来時点の二時点間については相当性急なので、彼女は当初の意図にかかわらず決して喫煙をやめることができない。

彼女は聡明な中毒者であるため、聡美は自分の喫煙を管理する行動をとろうと決意するかもしれない。しかし、自己管理しようとしても、結局は無駄かもしれない。ある日タバコを買うまいと決意しても、欲望に負けて店に走ってしまうだろう。あるいは、彼女は喫煙するたびに一ドルの罰金を払うことにしても、年末までに新車を十分購入できる額が貯まるだけである。自己管理に問題があると認識することと、その問題にうまく対処できることとは、別物なのであ

訳注（8）中学二年生に相当する。

る。こうしたわけで聡美のような聡明な中毒者は、喫煙を管理するために公的な政策介入が行われるならば、それを支持しようと決意するであろう。

聡美は、喫煙をした場合に自分自身に罰金を課すことは可能であるが、しっかりやりそうにない。もし喫煙しても罰金は払わないと決めた場合、誰が彼女に払わせられるであろうか。しかし課税により、政府がより高いタバコ価格を彼女に強制してくれるのである。喫煙行動を制限する社会政策によって喫煙者がより幸せになるという考えは、人を当惑させるかもしれない。しかしある研究（Gruber and Mullainathan, 2005）によれば、タバコ税の増税により喫煙者はより幸せになったのである。通常、経済学者は課税を、その税金を支払う納税者が好む政策選択肢とは見なさない。タバコの価格が上昇すると、喫煙者は自分が楽しんでいる活動と引き換えにより多くの代金を支払わねばならないので、幸福度は悪化すると考えられる。確かに、時間的整合性がある喫煙者の場合は、課税によって必然的に彼らの幸福度が悪化する。したがって、喫煙者自身がタバコ課税によってより幸せになることを示す研究は、これらの喫煙者には時間的整合性がないことを意味しているのである。

残念なことに、喫煙者がタバコの増税をより好んでいることを直接測定するデータに、著者達がアクセスしているわけではない。その代わりに彼らが利用したのは、全国的で代表的なアメリカのサーベイ調査である。これは「総合的社会調査」と呼ばれるもので、約二〇〇〇世帯の回答者に毎年質問を行っている。著者達は一九七三〜一九九八年までのデータを持っているが、多くの質問の中で重要な質問はこれだ——全体として、最近いかがですか。あなたはとても幸せか、結構幸せか、それともあまり幸せではないか。

データの感じをもっとよくつかむために、もう少し記述的な情報が有用だろう。例えば、回答者のうち喫煙者は約三五％、白人は八四％、既婚者は五七％、大学卒は一九％、常勤者は四九％、失業者は三％をそれぞれ占める。幸福に関する変数については、三二％がとても幸せ、五六％は結構幸せ、一二％はあまり幸せではないと回答している。幸福度のデータは社会科学で一般的になりつつあるが、その利用は多くの学者にとってはまだ珍しいものである。それでも特定の問題に取り組む際には、興味深くそして活用するのが妥当なデータセットとなっている。

税が幸福度に及ぼす影響を説明するために、著者達は州のタバコ物品税に関するデータを使用している。タバコ税はサンプル期間中に、各州の間で異なるだけでなく、州の中でも大きく異なる。こうしたタバコ税の違いを利用して、著者達は増税と喫煙者が自己申告する幸福度レベルに関する仮説の検証を行った。その結果は、彼らの言によれば、特筆すべきものである。タバコ税が上がると、なんと喫煙者はより幸せになることが判明したのだ。その上さらに、同様の幸福度の尺度を使用したカナダのデータセットでこの結果を確認している。さらにまた、彼らは他の税の増加（例えばビール、ガス、売上税）は喫煙者をより幸せにはしないことを示している。つまり喫煙者が望んでいるのは、税そのものではなく、タバコ税なのだ。

著者達の解釈によれば、こうした結果は、聡明な中毒者の存在を支持するものである。そうした喫煙者は、自己管理の問題を認識しているが、自分に約束を守らせるうまいやり方を見つけられないので、タバコの消費を減らす州の政策を評価している。著者達の結果は、時間的整合性を排除するだけでなく、誤って中毒者になったというモデルについても疑念を投げかけるものである。もし喫煙者がタバコを衝動的に摂取するならば、つまり喫煙するという選択が彼らの選好と異なるならば、価格の変化に大して感応的ではないはずである。

政府によるもう一つの政策選択肢は、喫煙を禁じることだ。たとえ完全にではなくても、レストラン、バー、職場などの公共の場所では禁止することである。こうした禁止はまた、自己管理の欠如を認識している喫煙者によって歓迎されるかもしれない。ある研究で用いたのは(Hersch, 2005)、レストラン、病院、屋内作業場、バーとカクテルラウンジ、屋内スポーツイベント、屋内ショッピングモールなど、いくつかの場所での喫煙禁止について人々がどれくらい支持するかを測定したサーベイ・データである（これは先に述べた研究で、嫌煙感情を測定したデータと同じものである）。調査対象者は、それぞれ次の質問を受ける。「（各設問で一つずつ場所が示され）その場所で、全区域で喫煙を許すべきであると思いますか。それともある区域に限って許しますか。それとも全面的に禁止としますか」。この調査には二〇万人以上が回答しており、概してこれらすべての区域での完全禁煙が支持されていた。この研究はいくつかの興味深い結果を見出している。

第一に、回答者は喫煙行動によって、非喫煙者、元喫煙者、および現在の喫煙者に分類された。非喫煙者は元喫煙者より、そして元喫煙者は現在の喫煙者より、禁止を好む傾向があった。例えば、二〇〇二年に非喫煙者の六九・四％がレストランでも禁煙を支持したのに対し、元喫煙者では五七％、現在の喫煙者では二五・九％の支持だった。これは喫煙行動に関して六つのすべての場所に関しての一般的な傾向であり、それほど驚くべきことではない。

第二に、異なる場所は、三つのグループの回答者からそれぞれ異なる回答を得た。禁煙が最も支持されたところは、病院である。二〇〇二年には非喫煙者の九一・四％、元喫煙者の八六・三％、現在の喫煙者の七四・二％が病院での禁煙を支持した。最も支持が少ない場所はバーとカクテルラウンジで、支持は非喫煙者では四三％、元喫煙者三〇・八％、現在の喫煙者八・九％にとどまっていた。

第三に、一九九二〜二〇〇二年の間に三グループの回答者すべてで、そしてすべての場所について、完全禁煙を支持する傾向が着実に高まった。例えば一九九二年には、非喫煙者の六五％、元喫煙者の五六％、現在の喫煙者の三一・四％が屋内ショッピングモールでの禁煙を支持していた。しかし、二〇〇二年にはそれぞれの割合が八二・八％、七六・三％、五九・八％となった。

禁煙に対する一般の人の支持はかなり拡がっていて、特に非喫煙者や元喫煙者の間ではそうだが、現在の喫煙者が喫煙禁止を一体どのように考えているかについて、さらに検討した。現在の喫煙者が公共の場での完全な禁煙を支持する場合には、二つの可能性がある。まず、中毒モデルのテーマに沿って、そして既述のように、聡明だが時間的整合性のない喫煙者は、自分の喫煙を制限する助けとなるので公衆の場での禁煙を歓迎するかもしれない。第二に、喫煙者自身が受動喫煙を好まない可能性がある。たぶん聡美は、他人に自分の煙を吸い込ませたくないだろうし、喫煙しない家族や友人を受動喫煙にさらすことを望まないだろう。もし後者の理由から現在の喫煙者が禁煙を支持しているならば、この結果は実際には自己管理とほとんど関係がなくなる。

二つの理由を区別するために、この研究は現在の喫煙者をさらに分割する。過去に禁煙を試みて禁煙に再チャレンジする予定の喫煙者と、初めて禁煙を試みる喫煙者、そして禁煙を計画していない喫煙者に分けるのである。禁煙挫折者の場合、そしてそれほどではないが禁煙しようと考えている者の場合、自己管理の助けとなるので禁煙する気のない喫煙者よりも禁煙を支持する可能性が高いと考えられる。これは、喫煙者が自己管理の問題を認識しているかどうかを知る巧妙な方法である。なぜなら、過去に禁煙に失敗したことがある人は、失敗した何らかの要因を認識しているに違いないからである。

レストランでの禁煙を支持する調査結果について考えよう。過去にタバコをやめようとして再び試みようとしている喫煙者のうち、二四・四%が完全な禁煙を支持した。初めてタバコをやめることを計画している者では、二一・四%が禁煙を支持していた。しかし、タバコをやめる気がない者では、一二・四%しか禁煙支持がいなかった。これらの結果からある程度示されるのは、禁煙に関心のある喫煙者の方が、禁煙に関心のない喫煙者よりも、レストランにおける禁止を支持していることである。同様の結果は、他の場所についても得られている。このように、自己管理の問題を認識し、かつ懸念しているので、政府の介入を支持する喫煙者がいるというアイデアを支持する実証結果も存在するのである。

タバコ広告の禁止

マーケティングツールとしての広告には、批評がつきものである。確かに、多くの人々が迷惑だと思う広告や、そうでなくても適切でない、あるいは単にバカげていると思う広告がある。しかし、製品を販売する方法としての広告は、過度に説得力がある、催眠的ですらあると批判される。何人がこの章の冒頭の美しいモーリン・オハラの広告に誘惑されて、喫煙したであろうか。何人の十代の若者が人気のジョー・キャメルの広告を見て、すぐに吸い始めてそれが一生涯続くことになったであろうか。

広告への批判を考えると、どの広告にも当てはまる批判として、欲しくない、または必要としないものを購入させるというものがある。何はさておき、誤解を一つ解いておこう。経済学的な観点からすると、広告のために人々が欲しない、必要ともしないものを購入しているのだと信じることは、不可能ではないとしてもきわめて難しい。あなたが望んでもいないものを購入するということは一体どういうことなのであろうか。もし欲しないならば、なぜそれを買うのであろうか。あまりにも単純すぎるように聞こえるかもしれないが、非常に答えにくい質問である。何かを買ってから、買わなければよかったと思うかもしれない。それは、製品を使い続けて後悔するようになることとは、別の問題なのである。しかし、あなたがそれを購入した瞬間に、それを欲しくないと実際に主張することは可能なのであろうか。

広告の役割は、これまで存在していなかった欲求を作り出すこと、あるいは存在していた欲求を高めることである。タバコの広告は、初めてタバコを吸う者を市場に連れてくるかもしれないし、現在の喫煙者の喫煙量を増やすかもしれない。それは、喫煙を望まない人に喫煙させるわけではない。先に論じたように、喫煙者がタバコの支払いを喜んでしているということは必然的に喫煙から便益を得ていることを意味している。広告は、単に何人かの人々にタバコのためにより多くを進んで支払わせているだけかもしれない。もちろん、もし広告が虚偽または誤解を招くものであれば、それはまったく別の話である。しかしながら、執行は困難で費用がかかるものの、広告の誤用を阻む法律が存在している。それでももし公共政策の目標が喫煙を妨げることであって、もし広告が人々に喫煙の開始や、より頻繁な喫煙を促すのであれば、タバコ広告の量を減らすための政策は、その目標を達成するために効果的な方法であろう。ここには取り組むべき重要な実証的な課題が残されている。タバコ広告はより多くの喫煙につながるのであろうか。

　タバコ広告と喫煙行動との関連性については、多くの研究が検討している。一言で言えば、これらの研究を全体としてみると、結論は非常に不確定である。さまざまなデータセットと統計的手法が用いられているために、タバコの広告と喫煙との間に正の相関関係を見出した研究もあれば、見出さないものもあった。しかし、これらの相矛盾する結果となるのは、タバコの広告が喫煙に及ぼすと通常考えられる効果は、理論的には期待しがたいことも一因かもしれない。

　広告がある製品への需要を増やすのは、次のような二つの基本的なチャネルによる。一つは、その製品の一般的需要を増やすことであり、もう一つは特定のブランドの製品に対する需要を競合するブランドを犠牲にして増やすことである。例えば、キャンベルのスープは、「スープはおいしい食べ物」というスローガンを導入していた。このスローガンは、キャンベルの製品に対する需要を高める一方、ライバルのスープの需要を減らすかもしれないし、または、すべてのスープの需要を高めるかもしれない。牛乳業界が広告スローガン「牛乳ある？（Got Milk?）」を使う場合、ブランドは言及されていない。この広告は、牛乳に対する需要全体を増加させることを目的としているのである。タバコ広告が、もし大抵はブランド競争のために使われているならば、タバコの需要全体を増やすにはほとんど役に立たないだろう。他方タバコの広告が、特に数多くの禁煙対策のメッセージと戦っている場合は、タバコに対する需要全体を増加させる可能性がある。喫煙に対する広告の効果について研究はどちらの見方も支持しており、需要全体への効果を見出した研究も多いが、そのような効果を見出さなかった研究も多数ある。

需要効果を見ることに加えて、二つの研究（Gallet, 2003; Iwasaki, Tremblay and Tremblay, 2006）では、広告規制がタバコ消費に及ぼす潜在的供給効果に焦点を当てている。もしタバコ広告を制限することが、タバコ産業の市場支配力を高めるならば（すなわち、業界における競争を減らすならば）、この市場の供給側への影響のために、タバコの価格は上昇するかもしれない。これらの研究は異なるアプローチをとっているが、どちらも広告はタバコ消費を減らす可能性があることを見出した。もし市場支配力を持つ企業が社会的コストに関連する製品を販売しているならば、独占価格による割高な価格の結果、皮肉なことに製品の使用が減少する。タバコ広告の制限で喫煙者に影響が及ぶ可能性があるが、それは広告の減少によって説得力が弱まるからではなく、政策が市場支配力に及ぼす影響によってタバコ企業が利益を得るからである。

広告と喫煙行動との関連を調べる際に、異なるアプローチをとっている興味深い研究方法がある。タバコの広告量がタバコの需要にどのように影響するかを見るかわりに、政府のタバコ広告の規制が、どのように喫煙に影響を与えるかについて調べるのである（Saffer and Chaloupka, 2000）。具体的には、政府が追求していた一つの政策選択肢は、一部またはすべてのメディアでタバコ広告を禁止することである。一九七一年にアメリカ政府は、テレビとラジオでタバコの広告を禁止した。放送メディアは、当時のタバコ広告の主要な媒体であったが、確かにそれが唯一のものではなかった。テレビ・ラジオ広告に加えて、印刷広告、屋外広告、購入時点広告、映画広告、スポンサーシップ広告（スポーツイベントなど）が存在していた。この研究では、禁煙政策の包括性の程度がタバコの消費にどのように影響するかを究明するために、さまざまな程度の広告禁止について検討している。

著者達は、経済協力開発機構（ＯＥＣＤ）の全加盟国二二か国における広告禁止の程度を考慮した変数を作成している。三つの変数のうち一つが、各ＯＥＣＤ加盟国に適用されている。

前述の七つの広告媒体のうち、二つ以下の媒体でのタバコ広告を禁止する国は、弱い禁止国とみなされる。三つまたは四つの媒体で禁止する国は、限定的な禁止国とみなされる。最後に、五つ以上の媒体で禁止されている場合、その国は包括的な禁止国とされる。

データは一九七〇～一九九二年をカバーしており、その期間中に広告禁止とされる媒体数が増えていくのは明らかである。一九七〇年には一九か国が弱い禁止国に、三か国が限定的な禁止国に属していたが、包括的な禁止国に属す国はなかった。一九八〇年に一三か国が弱い禁止国に属し、五か国が限定的な禁止国に属し、四か国が包括的な禁止国に属していた。そして一九九二年に弱い禁止国に入ったのは七か国のみで、限定的な禁止国には九か国、包括的な禁止国には六か国が属していた。このように、いくつかの国では、時間の経過とともに積極的にタバコ広告を管理していった。

この研究からもう一つわかることは、広告禁止の度合いが異なる国の間でどのようにタバコの消費量が異なるのか、ということである。例えば一九九二年には、弱い禁止国では一人当たり消費量が二・五九九本だったが、限定的な禁止国では二・〇〇四本、包括的な禁止国では一・六五四本であった。これは典型的に見られる傾向であり、禁止されている広告媒体の数が多いほど、一人当たりタバコ消費量は少なくなるのである。政策選択肢として研究が出した結論は、包括的ではない広告禁止は、タバコ消費を減らさないということであった。包括的な広告禁止はタバコの消費を減らすように見えることから、この結果が示唆することは、タバコ広告と喫煙の間には正の相関があるということである。

同じ方法論を適用したもう一つの研究（Blecher, 2008）では、上述の高所得国に関する研究結果を確認するだけでなく、途上国（または低所得国）の三〇か国も検討している。この研究は、開発途上国についても時間の経過とともに同様の傾向があることを認めた。一九九〇年には、二八か国が弱い禁止国、一か国が限定的な禁止国、そして一か国が包括的禁止国に分類された。これが二〇〇五年までにそれぞれ一九か国、ゼロ、一一か国となった。つまり調査期間を通じて、開発途上国の数か国は、広告政策を弱い禁止から限定的禁止、包括的禁止へと変更したのである。これらの広告規制が喫煙行動に及ぼす影響については、高所得国では包括的な広告禁止のみが、途上国では限定的および包括的禁止の双方がタバコ消費を減少させることが見出された。既述のように、タバコ税政策に関して、喫煙を抑制するための広告規制の有効性は多くの要因に依存することが、これらの結果からさらに確認された。

喫煙と経済的不安定

新たな研究の方向性は、喫煙行動を全般的な経済状況に結びつけようというものである。その基本的な考えは、喫煙は経済的不安定に対するセルフメディケーション（自主服薬）の一形態であるということである。ある研究（Barnes and Smith, 2009）がこうした行動に対する興味深い説明をしているが、喫煙ではなく将来の食糧供給に対する懸念から説明が始まるのである。

季節性の情動障害（ＳＡＤ）として知られているうつ病の一形態の説明では、これは一種の冬眠反応であると推測されている。すなわち、ＳＡＤ患者は、すぐに食糧供給が乏しくなり、これに対する準備が必要であると信じているというのだ。ＳＡＤは、食欲増進、体重増加、そして過剰な睡眠を特徴としている。抗うつ薬のブプロピオンは、脳のドーパミンとノルエピネフリンのレベルを操作し、食欲抑制、体重減少、そして不眠症を引き起こすことによってＳＡＤの症状を抑えている。しかし予期せぬ副作用として、ブプロピオンはまた、喫煙への衝動を抑え、現在ではニコチン非依存性の禁煙薬物では一番の薬となっている。もしブプロピオンが喫煙の代用品となるのであれば、喫煙に抗うつ効果がある可能性がある。したがって、経済的不安定に起因するストレスは、喫煙行動を説明する上で重要な要因であるかもしれない。

自分自身の経済的不安感を測る正確な尺度を提示することは難しいかもしれないが、著者達は三つの妥当と思われる代理指標を示している。第一は、失業することについての主観的確率に関するものである。第二は、家計所得が貧困ラインを下回ることについての主観的確率に関するものである。第三の指標は、調査期間中（一九八三〜一九九八年）に一〇％を上回る年間（実質）収入の低下を経験した回数である。研究のデータセットではこれら三つの指標の各々でみて、喫煙者は非喫煙者よりも高いレベルの不安を経験していることがわかった。失業確率の平均は喫煙者で〇・〇五であるのに対し、非喫煙者では〇・〇二八である。貧困ラインを下回る平均確率は喫煙者で〇・〇五二、非喫煙者で〇・〇四四である。そして、大きな所得低下の平均回数は喫煙者で三・一二、非喫煙者で二・八三であった。この研究は、経済的不安定の三つの尺度がすべての喫煙確率に正の影響を及ぼしていることを明らかにし、「ニコチン中毒は、病気というよりも、（病気によって引き起こされている）症状と見なした方がより生産的であろう」と結論づけている（Barnes and Smith, 2009）。

同様にもう一つの研究（Ayyagari and Sindelar, 2010）では、喫煙行動と職場ストレスとを特に高齢者（五〇〜六四歳）について、関連づけている。サーベイ・データを用いて、著者達は喫煙の二つの尺度、すなわち喫煙の有無と一日の喫煙本数を求めた。職場のストレスを測定するために、ある質問において「私の仕事には多くのストレスが伴う」というコメントについて「強く同意する」から「強く反対する」までランク付けするよう依頼している。仕事のストレスが、喫煙するかしないかの意思決定や一日の喫煙本数と正の相関があることを、この研究は見出したのである。

人生の早い時期における喫煙とその後

ある興味深い研究（Eisenberg and Rowe, 2009）が、若年成人期の喫煙がその後の喫煙行動にどのように影響するかという問題に巧みに取り組んでいる。共通に信じられており、またそれを支持する証拠も多くあるのだが、人生の早い時期での喫煙は、後の人生での喫煙と高い相関があるということである。しかしこのことは、人生の早い時期の喫煙が後の人生での喫煙の原因になるかどうかとは別である。喫煙には多くの理由がある。例えば、喫煙している友人や家族に関連するピア効果により、人生の早い時期に喫煙をしてしまい、そしてその後は仕事のストレスから喫煙していることもある。どちらも以前議論したありそうな説明である。それでは再度、以前議論したもう一つありそうな説明をあげれば、タバコは中毒性があり、人生の早い時期に喫煙を始めることが、後の人生でも喫煙する原因になるのである。

この研究で著者達は、ベトナム戦争で徴兵される兵士が抽選で選ばれていたことを利用し、若者を軍隊に登録された者と、されなかった者の二つのグループに分けた。一九六九～一九七二年の間にベトナム徴兵の抽選が行われ、男性の適格者が無作為に選抜された。この研究で使用されたデータについては、抽選により徴兵の対象となった男性は一九歳または二〇歳であり、従軍した場合の典型的な従軍期間は二年間であった。
ベトナムで従軍した男性の場合、タバコへの暴露が増加した要因は複数ある。第一に、従軍した男性は、タバコを無税かつ卸売価格で軍事基地や販売部で購入できた。第二に、戦闘中の食糧配給を受けたベトナム軍男性は、配給の一部として無料でタバコを受け取っていた。第三に、喫煙は軍人に共通してみられるため、ピア効果が非常に強く作用しそうである。最後に、軍隊の男性は大量のストレスの下におかれているが、ストレスは喫煙増加の予測因子の一つである。

この調査は、従軍した男性としていない男性の喫煙率を比較している。これらの男性が二五～三〇歳となった時期（一九七八～一九八〇年）をみると、従軍経験者は非経験者よりも喫煙率が三五％高かった。そこで筆者達は、従軍経験は喫煙者になる確率を高めると結論付けている。しかし、この喫煙を増やした効果は、その後の彼らの人生における喫煙につながったのであろうか。男性が四五～五五歳となったかなり後の時期（一九九七～二〇〇五年）をみると、従軍経験者と非経験者の間に喫煙率の有意な差は認められなかった。

この研究結果が示唆していることは、人生の早い時期での喫煙は、必ずしも後の人生における喫煙の増加につながるとは限らないということである。その上さらに四五～五五歳の男性の健康状態（自己健康評価と発がん率によって測定）を見ると、人生のその段階においては従軍経験者が非経験者より劣るようには見えなかった。以上から、著者達が結論した強いコメントは以下のようなものだ。

健康に関する政策担当者や一般の消費者に対してわれわれの研究結果が示すことは、若年成人期に喫煙しても一生喫煙することにはならず、若年期に喫煙をやめれば、その後の長期の健康結果に与える負の影響を大きく緩和できると確認したことだ（Eisenberg and Rowe, 2009, P.29）。

間違いなくこの結論は、若年期の喫煙の影響に関する一般的な通念とは相反するものであるが、このこと自体、本章を通じて展開されたテーマを再び示すものである――喫煙行動は複雑だ。

文献案内

喫煙者のリスク認識に関する主な相反する観点は、Viscusi（1990, 1991, 2000），とSlovic（1998, 2000a, 2000b）で見ることができる。喫煙やリスク認識に関する他の論文としては、Hsieh et al.（1996）, Sloan, Smith, and Taylor（2002）, Clark and Etile（2002）, Hammar and Johansson-Stenman

(2004), Carbone, Kverndokk, and Rogeberg (2005), Khwaja, Sloan, and Chung (2006), Khwaja, Sloan, and Salm (2006), Lundborg and Andersson (2008), そして Khwaja et al. (2009) がある。また、Hammit and Graham (1999) も参照されたい。

価格の変化がどのようにタバコ消費に影響するのかを検討した論文は数多い。焦点を（主に）成人の行動に絞っている論文は、Becker, Grossman, and Murphy (1991), Chaloupka (1991), Townsend, Roderick, and Cooper (1994), Hersch (2000), DeCicca, Kenkel, and Mathios (2000), Czart et al. (2001), Farrelly et al. (2001), Gruber and Koszegi (2004), Gruber and Mullainathan (2005), Tauras (2005b, 2006), Stehr (2007), そして DeCicca and McLeod (2008) である。価格の効果と精神疾患に関する論文は、Saffer and Dave (2005) と Tekin, Mocan, and Liang (2009) である。焦点を（主に）青少年の行動に絞っている論文は、Chaloupka and Wechsler (1997), Gruber (2001), Emery, White, and Pierce (2001), DeCicca, Kenkel, and Mathios (2002, 2008), Tauras (2005a), Powell, Tauras, and Ross (2005), Powell and Chaloupka (2005), Ross, Chaloupka, and Wakefield (2006), DeCicca et al. (2008), Carpenter and Cook (2008), そして Fletcher, Deb, and Sindelar (2009) である。国際的な動向に注目した論文としては、Warner (1990), Chapman and Richardson (1990), Lance et al. (2004), Wan (2006), そして Kostova et at. (2010) がある。

ベトナム戦争での徴兵回避に関するデータを用いて、教育が喫煙行動に及ぼす影響を調べた二つの関連する論文は、de Walque (2007) と Grimard and Parent (2007) である。また、徴兵が大学に進学する意思決定にどのように影響したかに関して Card and Lemieux (2001) も参照されたい。同様のデータを用いて、若年期の喫煙が老年期の喫煙にどのように影響したかを検討したのは、Eisenberg and Rowe (2009) である。

タバコ価格の変化が無煙タバコの使用に与える影響に関して調べた論文は、Ohsfeldt, Boyle, and Capilouto (1997), Chaloupka, Tauras, and Grossman (1997), そして Tauras et al. (2007) である。タールとニコチンの消費や喫煙強度に対する価格効果については、Evans and Farrelly (1998), Farrelly et al. (2004), そして Adda and Cornaglia (2006) がある。

禁煙や自己管理に関する論文には、Keeler, Marciniak, and Hu (1999), Hersch, Del Rossi, and Viscusi (2004), Hersch (2005), Hammar and Carlsson (2005), Kan (2007), そして Jehiel and Lilico (2010) がある。

Nelson (2006b) は、広告がタバコ消費に与える影響を簡潔に要約している。また、Goel (2009) も参照されたい。供給面への影響については、Gallet (2003) と Iwasaki, Tremblay, and Tremblay (2006) を参照のこと。広告禁止がタバコ消費に与える影響については、Saffer and Chaloupka (2000) と Blecher (2008) を参照されたい。

ストレスや経済的な不安定からくる喫煙についての論文には、Ayyagari and Sindelar (2010)

と Barnes and Smith（2009）がある。

喫煙に関しては広範な問題があるが、Showalter（1999）は中毒性のある商品の市場における企業行動を、Decker and Schwartz（2000）はタバコとアルコールの関係を、Adda and Lechene（2001）は喫煙行動と寿命について、Fenn, Antonovitz, and Schroeter（2001）はタバコ中毒と情報について、Cutler and Glaeser（2005）は喫煙（および飲酒）行動における違いについて、Stehr（2005）はタバコ税の回避行動について、Cook and Hutchinson（2007）は喫煙と学業の継続について、Viscusi and Hersch（2008）は喫煙者の死亡率上昇のコストについて、Bitler, Carpenter, and Zavodny（2010）は屋内空気汚染防止法と喫煙行動について、それぞれ検討している。また、Heckman, Flyer, and Loughlin（2008）, Weimer, Vining, and Thomas（2009）, そして Raptou, Mattas, and Katrakilidis（2009）を参照されたい。

喫煙の経済学に関する包括的な展望としては、Chaloupka and Warner（2000）を参照されたい。タバコ規制に関する議論は、Viscusi（1998）, Laux（2000）, そして Goel and Nelson（2006）を参照されたい。

第3章

あなたの健康に乾杯

あなたは飲酒の問題を抱えており、その飲み方は健康に害を及ぼす可能性がある。心臓発作や脳卒中のリスクが高まり、高血圧症や高血圧、パーキンソン病、そしてただの風邪にさえ罹患しやすくなる。もしそれでも不十分というならば、医学的研究が示すところによれば、問題のある飲酒によって糖尿病、関節リウマチ、骨粗鬆症、腎臓結石、消化器疾患、ストレスや抑うつ、認知機能低下、A型肝炎、膵がん、加齢黄斑変性（失明の主な原因である）、勃起不全、聴力低下、胆石、肝疾患、その他の深刻な病気の発症率が高まるのである。それでは、本当の飲酒に関する問題とは何だろうか？　それはお酒を飲まないことである。研究によれば、適度な飲酒は驚くほど健康にいいのである。[1]

- 男性では、禁酒者よりも適量飲酒者の方が、あらゆる原因による死亡リスクが二一〜二八％低い。
- 二〇か国における実証研究によれば、非飲酒者より飲酒者の方が、冠状動脈性心疾患の発症の確率が二〇〜四〇％低い。
- 禁酒者の脳卒中リスクは適量飲酒者の二倍である。
- 女性では、禁酒者よりも一日に二分の一ドリンク[2]飲酒する者の方が、高血圧発症の確率が一五％程度低い。

・禁酒者あるいは重度の飲酒者よりも適量飲酒者の方が、二型糖尿病発症の確率が三〇％低い。
・フランスの研究によれば、適量飲酒者のアルツハイマー病リスクは七五％低く、老人性認知症リスクは八〇％低い。

その他にも多くの研究で、多種多様な疾患に対して同様の結果が得られている。

適量の飲酒は健康にとって非常に有益であるが、過度の飲酒ではそうではない。そのため、この二つの違いを明確にすることが重要である。適量飲酒とは、その人の体格に応じて、一日あたり半ドリンクから三ドリンクである。標準体型の女性は、標準体型の男性にとっての適量より約二五％少ない量を適量とすべきである。「一ドリンク」の定義でいえば、一二オンスのビール、五オンスのワイン、または一・五オンスのリキュールである。[3]

訳注（1）訳注：研究の要約として原文が引用するウェッブサイトの更新版として、以下を参照されたい。https://www.alcoholproblemsandsolutions.org/alcohol-and-health-medical-findings/
訳注（2）基準飲酒量（ドリンク）という単位。飲酒量を純アルコールに換算して表示する方法が多くの国で行われ、各国毎に「ドリンク」が定められている。アメリカでは一ドリンクは一四グラムのアルコールであり、日本では一〇グラムである。以下を参照されたい。https://www.e-healthnet.mhlw.go.jp/information/alcohol/a-02-001.html
訳注（3）訳注：ミリリットルで示すと、約三五五ミリリットルのビール、約一四八ミリリットルのワイン、約四四ミリリットルのリキュールとなる。

一八歳以上のアメリカ人の半数よりやや多数（五〇・四%）が、常習的な飲酒者（過去一年で少なくとも一二ドリンクの飲酒）である。性別では、一八歳以上の男性六〇・一%、女性四一・五%が常習的飲酒者である。また、一二〜一七歳の青少年の一六%近くが、過去一か月のうちに少なくとも一回は飲酒しているという（CDC, 2009）。二〇〇三年にアメリカ人の成人は、平均して一年に八・六リットルの純アルコールを消費していた。国際的にみると、一人あたりのアルコール消費量が多い国はルクセンブルグ（一五・六リットル）、アイルランド（一三・七リットル）、ハンガリー（一三・六リットル）、モルドバ共和国（一三・二リットル）、そしてチェコ共和国（一三リットル）である[4]。

継続的な飲みすぎに加えて、短時間大量飲酒（binge drinking）についても考えなければならない。おそらく、最も一般的な短時間大量飲酒の定義は五／四の定義として知られている。すなわち、短時間大量飲酒は男性なら五ドリンク以上、女性なら四ドリンク以上をきわめて短い時間で飲んでしまうことである（時間の定義はさまざまであるが、一般的には二時間以下とされている）。国立アルコール乱用・依存症研究所の使用する別の定義では、血中アルコール量（BAC）を閾値として用いており、短時間大量飲酒とは血中アルコール量が〇・〇八%以上に達することを指す。飲酒者の意図を基準にする他の定義では、酔っぱらうことを目的として行う過激な飲酒のことである。

国によって短時間大量飲酒の定義に多少の差異はあるが、こうした行動が広がっていることは国際的にも観察されている。オーストラリアでは、二〇〇四～二〇〇五年に、一八～二四歳の男性四九%、女性二一%が少なくとも週に一回短時間大量飲酒をしていた。デンマークでは一五～一六歳の六〇%が過去三〇日間に短時間大量飲酒をしたことがあると報告している（二〇〇三年のサーベイ調査）。

アメリカについては、ある研究によると、一九九九年にアメリカ人大学生の四四%（男性の五一%、女性の四〇%）が過去二週間に少なくとも一回、短時間大量飲酒をしていた。ロシアにおいては、短時間大量飲酒をしばしば二日間以上酩酊状態が継続することとして示すが、二〇〇六年の研究によれば、二五～五四歳の男性の一〇%が過去一年間に少なくとも一回はそのような状況になったことがあるという（http://en.wikipedia.org/wiki/Binge_drinking）。

短時間大量飲酒において特筆すべきは、たった一回のその経験が**長期的**に深刻な悪影響を及ぼす可能性があるという点である。もし、一度過食を経験しても、健康に悪影響が及ぶのは数日間がせいぜいであろう。しかし、短時間大量飲酒では、酔った状態で永続的に影響を及ぼす

訳注（4）原文に示されたWHO統計から二〇一六年の一人あたりアルコール消費量をみると、アメリカは九・八リットルであり、世界上位五か国は、モルドバ共和国（一五・二リットル）、リトアニア（一五リットル）、チェコ共和国（一四・四リットル）、セーシェル共和国（一三・八リットル）、ドイツ（一三・四リットル）である。https://www.who.int/substance_abuse/publications/global_alcohol_report/en/

ようなことをしてしまうかもしれない。例えば、無防備な性行為をして性感染症に罹患したり、望まない妊娠をする確率が高まるのである。さもなければ、自分自身や他者を傷つけるような事故を起こしてしまうかもしれない。もちろん短時間大量飲酒を繰り返せば、アルコール依存症一般に関連して従来から言われているような健康への悪影響も受やすくなるのである。

　飲酒に関する社会政策は、喫煙に関する政策に比べ、より一層複雑である。というのは、適度な飲酒を促すと**同時に**過度な飲酒を抑制することが目標であるからだ。税の引き上げというような配慮のない政策を行うと、問題を引き起こしかねない。

> 最近、喫煙を減らして健康を増進することを目標の一つとして、数多くの州でタバコ税を引き上げた。酒税引き上げ論者も健康に関する議論を引き合いに出しているが、ここ数年で酒税引き上げを決めた州はほとんどない。こうした違いが生まれたことには、二つの産業の政治的影響力の違いも関係しているかもしれないが、公衆衛生に関する主張の性質にも重要な違いがある。成人が時々飲酒をすることは健康へのリスクではなく、むしろ健康にとって良いことでさえある。したがって増税を行うと、健康に悪い飲酒だけでなく、健康に良い飲酒も罰されることになるのである。他方、喫煙はいかなる量でも健康に有害である。（Cook, Ostermann, and Sloan, 2005a, p.3）

このように健康政策の観点からは、喫煙は間違いなく健康に悪いと考えられるのに対して飲酒は健康に良いとも悪いとも考えられるのである。こうした違いから、興味深い政策分析が生まれることとなる。

アルコール消費量の管理――税金と年齢制限

最も一般的な二つのアルコール管理政策は、税金と最低飲酒年齢に関する法律である。アメリカでは、アルコール税率（一ガロンあたり）は州によって大きく異なる。例えば[5]、蒸留酒（スピリッツ）の税率はワシントン州では二六・四五ドル（国内で最も高い）であるが、近隣のユタ州とカリフォルニア州ではそれぞれ一一・四一ドルと三・三〇ドルである。テーブルワイン税は、ノースカロライナ州で二・三四ドル（アラスカ州に次いで二番目に高い）であるが、サウスカロライナ州ではその半分以下の一・〇八ドルである。ビール税は、アラバマ州では一・〇五ドル（アラスカ州に次いで二番目に高い）であるが、ミシシッピ州では〇・四三ドルである。タ

訳注（5）ワイン税、ビール税などアメリカ各州の課税状況の最新情報は以下のサイトで入手できる。https://taxfoundation.org/state-tax/excise-taxes/

バコに関して前章で説明したように、価格変動に非常に敏感な消費者（すなわち、弾力的な需要をもつ）の場合は、酒税によって消費量の大幅な削減が期待できるが、価格変動に敏感でない消費者（すなわち非弾力的な需要をもつ）の消費量はあまり削減されないと考えられる。

一九八〇年代初期にレーガン政権は、飲酒運転の発生を減らそうとして、各州の最低飲酒年齢を二一歳にするよう勧告した。連邦政府は州に対してそれにしたがうことを義務付けることはできなかったが、したがわない州には連邦高速道路の資金を拠出しないことで、したがうように促すことが出来た。当初一部の州で反対があったが、一九九〇年までに全州がしたがった。他の多くの国でも、アルコール飲料の購入と飲酒に対して年齢制限の法律を設けている。一部では、非常に詳細な制限が決められている。例えばオーストリアでは、購入と飲酒の年齢は一般的に一六歳と決められているが、地域によって異なっている。

オーバーエスターライヒ州やチロル州は、一八歳以下の蒸留酒の消費を禁止する一方、ケルンテン州やシュタイアーマルク州はこの年齢層における一二%、一四%以上のアルコールを含む飲料の消費をそれぞれ禁止している。さらにケルンテン州は、青少年の血中アルコール濃度は〇・〇五%を下回ることを義務づけている。また、オーバーエスターライヒ州は「過剰消費」を禁じているし、ザルツブルク州は中毒状態に至るような飲酒を禁じている。ウィーン、ブルゲンラント州、ニーダーエスターライヒ州、フォアアールベルク州は、公の場での飲酒を禁止しているのみであるが、ウィーンは追加的に一八歳以下の学校における酒類の消費を禁止している。(http://en.wikipedia.org/wiki/Legal_drinking_age)

世界的にみて、合法的に酒類を購入し飲める年齢は一般的に一八歳であるが、少数ながら一六歳や二一歳といった国もある。他方いくつかの国は、飲酒をすべての人に対して厳しく禁じている。また年齢制限があるからといって、最低年齢未満の人からアルコールを完全に取り上げられるわけではない。しかし、若者が飲酒するコストが増すことで、アルコールの消費を抑制すると見込まれる。

飲酒行動に関する直接的なデータを入手することは困難であるため、多くの経済研究ではその代わりに酒税や（アメリカ全州で二一歳となる以前の）最低飲酒年齢の違いのデータを用いている。もし税金や最低飲酒年齢が何らかの行動に影響を与えているとわかれば、政策と行動がアルコール消費によって間接的に結びついていると結論できる。例えばもしビール税が高くなることで、人々の病欠の日数が減少するならば、それは税金に直接起因するのではなく、間接的に税金によってアルコール消費が減り、アルコール消費が減ることによって病欠の日数が減ったということである。このように、酒税と最低飲酒年齢が実際にアルコール消費に影響するかどうかを調べることが重要である。

タバコの消費と同様に、多くの研究がアルコール消費と価格とは負の相関があるとしている。ある研究では（Gallet, 2007）、二四か国の一三〇超の研究結果を利用してメタアナリシスを行った（これは、多くの異なる研究の結果を統計的に組み合わせる体系的な手順である）。そこからわかったことは、ビール、ワイン、スピリッツの消費はすべて価格変動に敏感なことである。この研究では各飲料需要の価格弾力性を計算し、（平均して）ビールは非弾力的（〇・八三）であったが、ワインとスピリッツはわずかに弾力的（それぞれ一・一一と一・〇九）であることがわかった。もうひとつの研究によれば（Farrell, Manning, and Finch, 2003）、重度の酒飲みでさえ（弾力性は概ね一・三三であるので）アルコールの価格変動には敏感である。文献では、ゼロ近くからそれなりに弾力的なものまで、さまざまなアルコールの価格弾力性が示されているが、予想された負の相関が価格と消費の間に実際に存在することについては、そのほとんどが同意している。しかしながら、最低飲酒年齢とアルコール消費との関係については、あまりはっきりわかっていない。

数多くの研究が、最低飲酒年齢法がアルコール消費やその他アルコール関連の問題（特に交通事故）に与える影響について検討した。ある非常に有用な文献レビュー（Wagenaar and Toomey, 2002）は、一九六〇〜二〇〇〇年に行われた一三二件の研究を展望し、最低飲酒年齢法とアルコール消費量との関連について十分なコンセンサスが得られているか、検討した。それらの研究の多くはアメリカのものだが、カナダの研究もいくつかあり、学問領域もさまざまであった。膨大な文献を読んで著者達が得た簡潔な結論は、以下のようなものだ。圧倒的多数の実証分析結果が、最低飲酒年齢とアルコール消費量には負の関係があることを示している。言い換えると、年齢を制限する政策は、飲酒削減に有効であった。しかしながらこの結果は、まったく異なった解釈が可能である。

著者達の結論を考えてみよう。

> 圧倒的多数の実証結果が、法的に許容される飲酒年齢が上昇すると、アルコール消費量が減ることを示している。有意な効果を報告した分析のうち八七％で、より高い飲酒年齢とアルコール消費量の減少が相関していた。反対の結果となるのは、一三％だけであった。実証結果は完全には整合的ではない。分析の約半分（四六％）では、合法的な飲酒年齢とアルコール消費量の指標との間に相関はなかった。（Wagenaar and Toomey, 2002, p.213）

もし彼らの結果をわれわれのように考えると、この結論は受け入れがたい。もし約半数の研究が最低飲酒年齢と飲酒に関連を見つけず、さらに残りの半数のうちの一三％だけが正の相関を見つけたのであれば、最低飲酒年齢とアルコール消費量とが負の相関であると見つけた研究は半数に満たないと結論できる。これでは、「圧倒的多数の実証結果」が、最低飲酒年齢の引き上げが飲酒を削減することを示唆したという主張が、正当化されるとは思わない。

さらに著者達は、研究を方法論の質の高低によって分類している。質の高いもののみに注目すると、彼らによれば三三％の研究では最低飲酒年齢とアルコール消費量に負の相関があるのに対し、正の相関があるのは三％の研究である。つまり、残りの多数（六四％）では相関が見つからなかったということである。さあ、これらの結果から、最低飲酒年齢とアルコール消費量との関係について何が言えるだろうか。

おそらく著者達は、最低飲酒年齢引き上げがアルコール消費量を減らすという少数の研究に強く印象付けられたのであろう。というのは著者達が指摘しているように、最低飲酒年齢法は厳しく施行されておらず、容易に回避できるからだ。一〇代の多くの若者は、調査の際にアルコールを容易に入手できると回答している。多くの小売店では、未成年に対して身分証明書を要求していないし、偽の身分証明書を使う一〇代の若者もいる。さらに、かなり多くの高校の上級生（Wagenaar と Toomey のレビューの中のある研究では約一〇％もの学生）は、アルコールの宅配をしてくれる小売業者から購入している。アルコールが容易に手に入ることに加えて、州では最低飲酒年齢法を小売業者に対して執行することはまれであるし、一〇代の若者に対して執行することとなるとごくまれである。たとえ法律が執行されたとしても、制裁はしばしばそう厳しいものではない。緩い執行であるにもかかわらず、飲酒年齢法が一〇代の若者のアルコール消費量を減らすという研究がいくつかあったことから、著者達はさらに強力に執行すればもっとアルコール消費量を減少させるだろうと結論したのである。

ある研究（Kaestner, 2000）では、アルコール消費に対する最低飲酒年齢の影響を調べることに関連する曖昧さを特に取り上げている。一七～二一歳の男女を含むサンプルを対象として統計的手法を用いて、この研究は最低飲酒年齢を引き上げるとアルコール消費量が減少することを見出した。ところが男女を別々に調べると、その結果は若い女性には当てはまったが、若い男性には当てはまらなかった。また、二〇～二一歳と平均年齢が高いグループのサンプルを対象にした場合には、まったく逆の結果であった。つまり、若い男性には当てはまったが、若い女性には当てはまらなかったのである。著者がまったく異なる統計手法を用いたところ、最低飲酒年齢はアルコール消費減少に有意な影響を及ぼしてはいなかった。圧倒的多数の実証結果から飲酒年齢とアルコール消費量との間に負の関係があると結論付けた前のレビューとは異なり、この著者は次のような結論を示した。

結局のところ、この論文で提示した推計はどちらか判断するには不十分であると考える。

> 結論としては、飲酒年齢がアルコール消費量に抑制効果をもたらすかどうかを決定的に立証するためには、さらなる研究が必要だということである。（Kaestner, 2000, p.324）

残念なことに、実証分析の性質上、決定的な結論に果たして到達できるか疑わしい。より重要な点は、これらの（または他のどんな）実証研究の結果を考える際に、すべてが整合的であることはまずない、ということを認識しなければならないということだ。

ある研究（Laixuthai and Chaloupka, 1994）では、酒税の引き上げや最低飲酒年齢の引き上げはアルコール消費量を減らすが、租税政策の方が費用対効果の観点から、より良い選択であると主張している。第一に、アメリカで最低飲酒年齢法を執行するには、増税する以上に費用がかかるであろう。小売業者（および消費者）が法律を遵守することを監視し、違反者を罰するには、かなりの資源が必要となる。第二に、税は他の政策目標のために利用出来る税収を生むが、アメリカの最低飲酒年齢法が税収を上げることはありそうにない。第三に、アルコール消費によって飲酒者やその他の人に課される費用がどの程度であっても、税は幅広く**あらゆる**飲酒者の消費量を減らし、特定の年齢層を狙い打ちにはしない。他方でこれはまた、最低飲酒年齢法に比べて税が弱い点でもある。税は、狙いを定めた狭い年齢層だけでなく、すべての飲酒者が享受できるアルコール消費による適度な便益も減少させてしまう。

課税と年齢制限を比較する際に、もう一つ考慮すべき重要なことがある。最低飲酒年齢法は、少なくともアメリカでは実施されていく可能性がある。確かに、連邦政府は飲酒年齢を二一歳超に引き上げることを検討するかもしれないし、個々の州は好きなように設定することができる。しかし、それは政治的に実現可能でも望ましいことでもないかもしれない。酒税は大変柔軟に水準を調整できる。アルコール消費を削減するためには、もしそれが望ましい目標であるのであれば、厳密に実務的な観点からすると、課税の方がより効果的な政策手段であろう。そしてこの章の残りの部分でみるように、アルコール消費を特に青少年の間で減らすことは、多くの人にとって望ましい政策目標であると考えられているのである。

飲酒と高校

一〇代の飲酒に対する大きな懸念の一つは、それが高校の学業成績およびその後の人生にどのように影響するかである。もし飲酒によって、予定通りに卒業するための能力が損なわれ、落ちこぼれる可能性が高まるのであれば、一〇代の飲酒者には長期的な悪影響が及ぶ可能性がある。例によって、逆の因果関係を考える必要がある。おそらく他の要因が一〇代での飲酒や高校の退学を説明するのであり、それは例えば、近視眼的で将来の結果をあまり考えないといったことである。または、ひとたび学生が退学し仕事を見つけると、もっと酒を購入できる自由に使えるお金を手にすることになる。高校における成績不良がストレスとなり、飲酒に向かうということもあるのかもしれない。いずれにせよ、多くの研究が飲酒と高校での成績との関連を検討している。

二つの関連した研究（DeSimone and Wolaver, 2005, および Chatterji and DeSimone, 2005）では、飲酒が高校の成績に悪影響を及ぼすという実証結果が得られた。最初の研究では、飲酒のなかでも特に短時間大量飲酒が成績を下げることがわかった。この影響が生じる原因はおそらく、飲酒によって勉強をする時間がなくなることや、常習的欠席を増やし学業への集中を難しくするような短期的な障害が、飲酒によって生じることであろう。こうした影響によって、当初、短期的な費用が生じるが、成績が低いことで将来の進学が狭まったり、卒業の可能性が下がったりするなど、飲酒はまた甚大な長期的な費用を学生に負わせる可能性がある。二つ目の研究では、一五、六歳の学生の場合、短時間大量飲酒や頻繁な飲酒（前月に一四回以上）により、現在高校に在学している、または四年後に卒業している確率が約一一～一三％低下することがわかった。

他の研究でも同様の結果が得られている。ある著者による二つの研究（Renna, 2007, 2008）では、高校の上級生による短時間大量飲酒は高校卒業の確率を減らし、試験で高卒認定証書

(GED) を入手する確率を高めることが判明した。どちらの卒業証書も一二年間の教育を修了した証としばしばみなされ、多くの研究で同様に扱われるが、賃金や失業率などの労働市場における成果については、GED卒業生は高校卒業生よりも高校中退に似ているという実証結果がある (Cameron and Heckman, 1993)。たとえ高校卒業資格を有する者であっても、短時間大量飲酒は、その飲酒行動によって卒業が遅れた学生の将来の収入に悪影響を及ぼすことが見出されている。卒業の遅れは、雇おうとする者に対して成績がよくないというシグナルを送るので、高収入の仕事が得られる可能性が低下する。著者達によれば、実際一九九四年においては、一九歳で卒業した男性の年収は、それより遅く卒業した男性の年収に比べて一万ドル高いのである。さらに、卒業が遅れた男性と高校を中退した男性では、ほとんど収入に差がないのだ。

しかし、すべての研究において、飲酒は高校の学業成績に悪影響を及ぼすということが見出されているわけではない。ある研究 (Dee and Evans, 2003) では、アメリカの州ごとに最低飲酒年齢に差のあった一九八〇年代のデータを使用している。最初の結果では、最低飲酒年齢の低い州に住む一〇代は、飲酒年齢の高い州に住む一〇代に比べて、ずっと飲酒しやすい傾向がみられた。しかし、二番目の結果では、最低飲酒年齢は、高等学校修了と大学進学によって測定した学業成績に、ほとんど何の影響も与えていないことがわかった。したがって、飲酒の可能性が高い一〇代が高校を卒業したり大学に進学する可能性が低くなるわけではない、と著者達は結論付けている。加えて、著者達は飲酒と学業成績について、逆の因果関係を見出した。高校の前半では飲酒せず、後半になって飲酒を始めた学生は、早い時期の学業成績が振るわない傾向があり、飲酒が学業成績を下げるのではなく、成績が悪いことが飲酒につながるということが示唆された。最後に、最近の研究（Sabia, 2010）は、一〇代の短時間大量飲酒が、成績評価点（GPA）の平均、停学、無断欠席という学業に関する三つの尺度には、ほとんど影響しないことを見出だしている。

大学での飲酒

高校における飲酒が、学業成績に悪影響を及ぼすという実証結果をみてきた。では、大学に進学した学生に対しては、どのような影響があるであろうか。ほとんどの大学生は在学中に最低飲酒年齢に達するため、それ自体、アルコール消費量増加につながる可能性がある。しかし、大学においても制限年齢以下で飲酒することは、高校と同様に懸念すべきことである。ある研究（Wolaver, 2002）によれば、高校時代に短時間大量飲酒をしていた学生の大学における学業成績への影響は小さい一方で、大学での飲酒はより大きな影響を与える。成績評価点を下げ、専攻の選択に影響を与え（ビジネス専攻の可能性が高くなり、工学専攻の可能性が低くなる）、将来の収入を減らすのである。飲酒による大学の成績への悪影響は、最低飲酒年齢より上の学生よりも二一歳未満の学生において、より深刻である。同様の研究（Powell,Williams, and Wechsler, 2004）によれば、大学生全体、つまり新入生から四年生までの全サンプルで考えると、学業成績の二つの尺度、授業の欠席と留年に関しては、飲酒が影響していない。しかし、この研究において新入生ではなく上級生に限ってみれば、飲酒が増加（飲酒機会につき追加的な一ドリンクとして測定）すると、八％程度授業を欠席する確率が増え、五％程度留年する確率が増える。

社交クラブのメンバーであることは、しばしば大学における短時間大量飲酒の原因だとされる（この議論では「社交クラブ」に女性団体も含んでいる）。四年制大学の約一五％の学生が社交クラブに所属しており、そうした学生は所属していない学生に比べて、平均的には短時間大量飲酒の経験が多い（DeSimone, 2007）。実証結果によると、大学入学前に短時間大量飲酒の経験のない学生が社交クラブに入ると、入らなかった学生に比べ、短時間大量飲酒を始める確率が三倍になる。しかし、大学を離れて三年後には、クラブのメンバーであったか否かで、短時間大量飲酒の行動にもはや違いはなくなっている。社交クラブは、飲酒するように仲間に強く圧力をかけ、飲まないメンバーを仲間はずれにすると脅すことで、短時間大量飲酒を誘発しているのかもしれない。また、たとえ明らかな一層の圧力がなくとも、単に短時間大量飲酒は通常のクラブ生活の一部として考えられているかもしれない。最後に、こうした集団は多くの社会的イベントを通じて、頻繁かつ簡単にアルコールを入手できるのである。

しかしこうしたつながりでは、クラブに所属していることが短時間大量飲酒を引き起こすということにはならないかもしれない。高校生の時から重度の飲酒者であるか、短時間大量飲酒をしているような学生は、元々からあるそうした行動を受け入れてくれるような環境があるからこそ、社交クラブに所属しようとする傾向が強いのかもしれない。たとえ社交クラブに所属しなくても、そうした学生は大学時代を通して短時間大量飲酒をし続けるかもしれない。この場合、社交クラブ自体は学生に短時間大量飲酒をさせているのではなく、興味を共有する他者と出会う場を単に提供しているだけである。ある研究（DeSimone, 2007）では、一八～二四歳の全日制四年大学の学生の飲酒行動に関する一九九五年のサーベイ・データを用いている。この研究は、社交クラブに所属することが短時間大量飲酒を増加させることを明らかにし、これを減少させるには社交クラブを特に対象にしたアルコール管理政策が有効である可能性を示唆した。

社交クラブのメンバーを減らすことで、短時間大量飲酒を減らせるかもしれない。あるうまい研究（Sacerdote, 2001）は、ダートマス大学でのルームメイトの割当てと学生の行動を検討した。一九九三年、ダートマス大学では、新入生に対して（ほとんどの場合）無作為に同居人を割り当てるシステムを採用していた。新入生は、性別に加え、喫煙、勉強中の音楽、夜更かし、整理整頓といった四つの生活習慣に関する質問に対する回答によって分けられた。こうした区別以外は無作為にルームメイトが割り当てられたのである。研究の結果によれば、ルームメイトはお互いの行動に影響を及ぼしており、特に社交クラブに参加することに関してはそうだった。もし初めから社交クラブに参加したいと思っている学生が、クラブ参加に興味の無い学生と組み合わされると、クラブに参加しようとしている学生はそのルームメイトに影響を与える傾向があった。無作為ではなくルームメイトを決めることでこの可能性をなくすならば、つまり、クラブに参加しようとする者同士を組み合わせたら、過剰な飲酒に巻き込まれる学生数を減らせるかもしれない。もちろん、社交クラブを全面禁止にすることもできるかもしれないが、そうした極端な方針をとるならば、大学生活やその後の人生を通じてそうした団体が与えるメリットをなくしてしまうことになろう。

増税などの従来の社会管理政策では、短時間大量飲酒を減らす効果はあまりないかもしれず、特に大学生に対してはそうである。ある研究（Chaloupka and Wechsler, 1996）では、ビール税の増税が大学生の男女の短時間大量飲酒率にどのように影響するか検討している。女性ではビールの価格に対してわずかながら反応して、価格が上がれば短時間大量飲酒率が低下するけれども、男性はまったく反応しなかった。さらに、女性の価格変化への反応が小さいことから、短時間大量飲酒をほんのわずかでも減らすためには大幅な増税が必要であることが示唆された。

例えば、連邦ビール税を二倍にしても、女性の短時間大量飲酒率は二%しか減らないであろう（研究の時点で女性の短時間大量飲酒率は約四〇%である）。大学生があまり価格に反応しないのは、パーティーで無料でアルコールを入手できる者も多く、地元のバーでは学生を引きつけるために割引価格でお酒を提供したりするためであろう。理由はなんであれ、もし大学での短時間大量飲酒が深刻な社会問題と考えるのであれば、それに対する特別な政策が必要であろう。

他方、後に続く研究（Williams, Chaloupka, and Wechsler, 2005）では、異なるデータを用いてその結果を微調整しながら、アルコール価格の変動とキャンパス内での禁止が大学生の飲酒の強度にどのように影響するかを検討した。その結果、価格が上がるにつれて、学生は禁酒者から適量飲酒者に、そして適量飲酒者から重度の酒飲みに移っていく可能性が低下することが見出された。キャンパス内のアルコール禁止に関しては、適量飲酒者が酒飲みになることを防ぐよりも、禁酒者が適量飲酒者になることを防ぐ方により大きな影響を与えるのである。

飲酒と性行動

多くの研究が検討しているのは、飲酒、なかでも特に重度の飲酒や短時間大量飲酒と、長期的なパートナーではない人との性行為との関係である。上記の大学生の行動に関する一九九五年のサーベイ調査に回答した学生のうち、性交渉の経験がある四年制大学の学生の二三％が、一番最近の性交渉の前に飲酒あるいは薬物使用を認めている。こうした類の危険行動は、もし性感染症（ＳＴＤ）が広まったり、または望まない妊娠をしたりするならば、深刻な長期的健康コストにつながる可能性がある。しかしもう一度、適切な政策管理を検討する前に、アルコールと性行為に関する因果関係の方向性を特定することが重要である。

飲酒を好む大学生がアルコールを提供するパーティーに参加し、同じく飲酒を好む他の学生と出会うということがあるだろう。あるいは、学生の中には、短時間大量飲酒や無防備な性交渉、薬物使用などのさまざまな危険な行動を強く好む者がいるかもしれない。こうした状況においては、アルコールが危険な性行為を引き起こしたのではなく、その他の要因が原因である。とすれば、ありそうなことは、アルコールは短時間大量飲酒をする人の判断力を損ったり、抑制をきかなくし、それによって過度の飲酒と危険な性行動の間により直接的な関連を生み出すということである。ある研究では（DeSimone, 2010）、現在の短時間大量飲酒は学生の性的積極性にほとんど影響しない（それは過去の性的積極性の方により関係している）けれども、複数のパートナーと関係を持つことやコンドームを必ずしも使用しないことには直接的に関連することを明らかにした。言い換えれば、この調査結果が示唆することは、短時間大量飲酒によって学生が性交渉をもつ可能性が高まるのではなく、危険な性交渉をする可能性が高まるということである。

他のいくつかの研究は飲酒と性行為について、特に一〇代や若者を対象に、大学生かどうかには関係なく調べている。これまでの研究で明らかとなった基本的な結果はしばしば（いつもではない）当てはまり、アルコールは性交渉を行う確率にあまり影響しないが、無防備な性交渉を行う確率には影響する。ある研究は（Grossman, Kaestner, and Markowitz, 2005）、アルコールと性感染症について調べている。著者達は、アルコール管理政策がどのように性感染症の比率に影響を与えるかについて、検討している。もし管理政策がアルコール消費を減らし、そしてもしアルコール消費の減少が性感染症の拡がりを抑えるのであれば、その政策が性感染症の拡がりに間接的に関連していることになるというアイデアだ。例えば、研究によれば、ビール税の増税とゼロ・トレランス法は男性の淋菌感染症割合を低下させるが、一般的な血中アルコール濃度に関する法律や禁酒郡[6]になることではそうはならない（ゼロ・トレランス法は未成年の飲酒を対象とし、若者の運転時の血中アルコール濃度を〇・〇二％以下と制限しており、成人の〇・〇八％～〇・一〇％の制限よりも厳しい）。

もしアルコール消費によって無防備な性行為の可能性が増加するのであれば、それは性感染症を拡めるだけでなく、特に一〇代の望まない妊娠を増加させる。一〇代の一人親の元に生まれた子どもにかかる負担の可能性に加え、母親は自身も身体的・精神的な健康に大きな負担を負うので、教育や職業において成果を上げることが困難になる。ある研究では（Dee, 2001）、一九八〇年代のアメリカの最低飲酒年齢の変化が一〇代の妊娠率にどのように影響したかを調べている。著者が報告した最初の結果は、最低飲酒年齢は黒人、白人ともに、一〇代の妊娠率に有意に影響したということである。最低飲酒年齢が低い州に住む一〇代の妊娠率は高かった。しかし、著者はさらに検討を重ねた。

これまで議論してきたように、最低飲酒年齢とは無関係の観察されない多くの要因によって、各州間の一〇代の妊娠率の違いを説明することができるかもしれない。この補正を行なおうと、著者は定義上、最低飲酒年齢の影響を受けない年長の女性を対照群として用いることとした。したがって、もし一〇代に見られた妊娠率のバラツキが対照群では見られないのであれば、そのバラツキは最低飲酒年齢が一〇代の妊娠率に及ぼした影響（つまりアルコール消費の間接的な影響）による可能性が高い。この方法によって得られたより正確な結果によれば、最低飲酒年齢が高くなることは白人の一〇代の妊娠率には影響しないが、黒人の一〇代の妊娠率に影響する。二一歳という最低飲酒年齢は（法律になる前であるが）、黒人の一〇代の妊娠率を六％引き下げているであろう。

訳注（6）アルコール飲料の販売を禁じているアメリカの郡をさす。

同様の問題意識の別の研究では（Sen, 2003）、ビール税が一〇代の出産率と中絶率に与える影響について検討している。この研究結果は興味深い。というのは、ビール税が上がると一〇代の中絶率は低下するが、出産率には影響しないという結果であるからだ。この発見が意味することは、ビール税の増加は、出産率を上昇させるのではなく、最終的に中絶に至るような望まない妊娠を減らすということである。しかしながら著者によれば、その効果は小さい。量的には、もしビール税が一〇〇％と（大幅に）引き上げられても、一〇代の中絶率はわずか七～一〇％しか低下しないであろう。

これまでのところ多くの研究が示すことは、特に一〇代と大学生において、飲酒があらゆる種類の長期的な負担につながる可能性があるということである。若い年代においては、適量飲酒の健康上の便益はまだ実現せず、重度の飲酒や短時間大量飲酒は学業成績を下げ、悪い意思決定につながる可能性がある。しかし、大学を出て就職した者にとっては、飲酒は実はキャリアの向上につながるかもしれない。では、これからこの一風変わった結果について検討していこう。

飲酒者のボーナス

飲酒に関する学術文献において、膨大な量の実証分析結果が支持するように見えるパラドックスに、経済学者はしばしば困惑する。それは、飲酒者は飲まない者よりも高給取りだということである。なぜ、これがパラドックスなのだろうか。どのくらいの収入を得られるのかは、通常その人の生産性に直接関係するものである。すなわち、より生産性の高い人はより多くの収入を得るのである。アルコールは生産性を低下させる障害のように思われる。常識的に考えれば、飲酒者は酒を飲まない人よりも生産性が低く、収入も低くなろう。しかし、もしそうでないならば、つまりもし飲酒が実際には労働者の生産性を向上させるならば、アルコール管理政策は最終的に経済全体に悪影響を及ぼしているのかもしれない。したがって、飲酒者のボーナスというパラドックスを慎重に検討し、それが根拠の確かなことなのか、それともただの神話であるかを究明することは重要である。

飲酒者のボーナスを説明する最初の説は、既に検討したように、まったく酒を飲まない場合や過度な飲酒に比較して、適量飲酒は健康に有益だということである。健康な労働者は、仕事中の働き振りと働く頻度という点において、より生産的である可能性が高い。もしこれで説明がつくならば、飲酒者のボーナスを微調整して、酒飲みではなく適量飲酒者であることがボーナスを生み出すことを示せるであろう。ある研究では(French and Zarkin, 1995)、アメリカのデータを用いて、一日当たり一・七〇~二・四〇ドリンクの飲酒をする人は、それよりも多いあるいは少ない飲酒をする人に比べて高い賃金を得ているということを見出した。別のイギリスのデータを用いた研究においても(MacDonald and Shields, 2001)、適量飲酒者は、まったく飲まない人よりも高い賃金を得ており、そしてこの収益率はアルコール消費が適量を超えるにつれて急激に低下することがわかった。

しかしながら、飲酒者のボーナスを見つけた研究のすべてが、そのボーナスの原因を適量飲酒だけに限定しているわけではない。アメリカのデータを用いた前記の研究の著者二人は、別の研究(Zarkin et al., 1998)で結果を更新し、過度の飲酒でさえボーナスをもたらすことを明かにした。彼らの主な結果によれば、男性の飲酒者は酒を飲まない者と比べて賃金を七%多く得ており、さらに、この結果は広範囲の飲酒量で当てはまった。また、同様の結果は女性においても得られたものの、プレミアムはかなり小さく、ボーナスは男性特有であることが示唆された。別の研究(Auld,2005)からは、適量飲酒は酒を飲まない人と比べて一〇%所得が増加し、重度の飲酒者では一二%増加することがわかった。これもまた、飲酒者のボーナスが広範囲の飲酒量で存在することを示唆している。

もし多量に飲酒する方が飲まない場合や適量に飲酒するよりも高い収入につながるのであれば、飲酒者のボーナスを説明するものは、おそらく生産性の向上ではない。こうした現象のもう一つの説明は、飲酒の社交的な側面に関係するものである。同僚や顧客と一緒に飲む機会があれば、彼らのことをもっとよく知ることができ、その結果、彼らとのビジネス取引において有利になるかもしれない。さらに、たとえ見知らぬ人と飲んでいても、それは将来助けてくれる人と知り合いになっているのかもしれない。「何を知っているかではなく、誰を知っているかだ」という古い諺（ことわざ）どおりならば、社交的な飲酒は知り合いを広げるのに役立つであろう。ある研究では（Peters and Stringham, 2006）、飲酒者は飲まない人よりも収入が多く（プレミアムは一〇～一四％）、また、これは男性にも女性にも当てはまることを確かめた。しかし、飲酒の社交的側面を調べるために、社交的な飲酒（例えばバーで飲むこと）と非社交的に飲むことを比較すると、男性には約七％の**追加的**な賃金プレミアムがある（一方、女性にはプレミアムがない）ことがわかった。

　飲酒の社交的側面をさらに調べるために、関連する追跡研究（Peters, 2009）では軍の将校および下士官の賃金などの興味深いデータを活用した。軍人における飲酒者のボーナスを探すと、将校と下士官の双方にボーナスが存在するが、両グループのボーナスの大きさが異なることがわかった。飲酒しない将校と比較した飲酒する将校のボーナスは、飲酒しない下士官と比較した飲酒する下士官のボーナスより大きかった。この差を説明するにあたり、著者は飲酒の社交的側面に着目した。軍隊では昇進しない限り昇給はない。下士官の昇進はかなり客観的な要因によって決まり、一般的には過去の実績に基づいたものになっている。ところが将校に関しては、昇進はより主観的である。というのは、将来の可能性が重要な要素になっているからだ。さらに、昇進の検討対象の将校は、他の将校によって審査されるので、ピア効果が下士官の場合より大きくなることが示唆される。将校において飲酒者のボーナスが大きくなることは、社交的飲酒のさらなる実証的証拠であろう。

他方、飲酒者のボーナスは神話であって、相関関係と因果関係を区別することが困難である一例であるかもしれない。収入と飲酒が正の関係にあることにはあまり議論の余地はないようだが、どちらからどちらへの因果関係なのだろうか。例えば、勤勉で生産性の高い人は、仕事中に多くのストレスを抱えるので、夜は少しお酒を飲んでくつろぎたいかもしれない。この場合、飲酒は生産性を向上させないが、生産性は飲酒を増加させている。あるいは、より一層根本的には、所得が増えればおそらく飲酒も増えるだろう。

ある研究では（Cook and Peters, 2005）、一七〜三四歳の若年層のデータを用いて、酒税が労働供給と収入に与える影響について検討している。まず著者達は、この特定のデータセットにおいて、飲酒者のボーナスが存在することを確認している。そして、アルコールの価格上昇が、フルタイムの労働力率と収入の上昇に関連していることを発見した。言い換えれば、酒税の上昇がアルコール消費を減らし、それがフルタイム労働者に対する雇用機会の改善につながるということである。著者達はどのようにして、増税による飲酒の減少が所得の増加につながることと、飲酒者のボーナスとをうまく整合的に説明するのだろうか。フルタイム労働者の収入増加は、アルコールの消費にも影響するのである。労働者が豊かになるにつれ、彼らのアルコール需要は高まるのである。これで、逆の因果関係の問題から解放されるに違いない。飲酒の減少は賃金を改善する可能性があり（アルコールと収入の直接的な関連）、収入の増加はアルコール消費を増やす可能性がある（収入とアルコールの直接的関連）。全体として飲酒と収入は、飲酒者のボーナスなしでも、正の相関を示すのである。

　さらに他の研究においても、飲酒者のボーナスに関して、確固たる実証結果は得られていない。ある研究（Dave and Kaestner, 2001）では徹底的な分析を行った上で、重大なデータの限界と方法論的な問題があるので、アルコール消費と労働市場の成果との関連は弱く、せいぜい不確定としかいえないと結論付けている。より以前の研究（Mullahy and Sindelar, 1993）において指摘された点は、二〇年近くたった現在でも依然有用である。

　アルコールが収入、所得および生産性に及ぼす効果についての研究は、これまで相反する結果をもたらしてきた。いくつかの研究で確認された一般的な見解は、問題のある飲酒は、所得に対して抑制的な効果があるというものである。しかしながら最近の研究の中には効果が有意でなかったり、プラスの効果すら報告しているものがある。こうした混乱の一部は、研究で用いられた飲酒のモノサシの違いに起因する……それぞれの研究で用いられている労働市場における成功のモノサシもばらばらである……また、異なった調査対象に注目している……こうしたことはただ混乱を作り上げるだけである。(Mullahy and Sindelar, 1993, p.515)

すべての実証的な議論と同様に、方法論的アプローチの根本的な違いは、大きく異なる結果をもたらす可能性がある。しかし、飲酒者のボーナスが存在する限り、飲酒者を彼ら自身から守るための社会的管理政策を正当化することは難しくなる。

青少年をターゲットにする

広告とアルコールについてよくある関心は、広告が消費者の需要にどの程度影響するのかを究明しようというものである。タバコの場合と同様、基本的な論点は、アルコールの広告は、アルコールの総需要を増加させるのか、それとも単にブランドの代替なのか、という点である。しかしここでは、別の問題に焦点を当てる。タバコ、アルコール、ファストフードの広告に関するより具体的な関心事は、青少年がどのように広告に影響されるのかということである。ある研究（Nelson, 2006a）は、この問題に関して異なった見解を示していて、青少年がアルコールの広告によってどのように影響されるのかを調べるのではなく、（雑誌の）アルコールの広告が青少年によってどのように影響されるのかを調べている。

好ましくないと考えられる多くの製品の広告主は、しばしば広告が青少年をターゲットにしていると非難される。若者を自社の製品に魅きつけることは利益に直結し、中毒財については広告で消費者を長期間つなぎとめておくことができると考えられている。二〇〇三年にアルコール飲料業界（ビール、ワイン、蒸留酒）は、四億ドル近くを雑誌の広告（全媒体合計で一六億ドル）に費やした。人々の関心の高さと有名な民間機関によるいくつかの報告により、アルコール飲料業界の各部門では（ワインは二〇〇〇年、ビールと蒸留酒は二〇〇三年）、広告は少なくとも七〇%以上の成人の読者がいる雑誌に限定するというガイドラインが設けられた（それまではビールと蒸留酒で成人読者五〇%とされていた）。しかし、業界外の多くの人にとって、この基準は十分厳しいものとは言えなかった。

業界の自主基準は、違った解釈が可能である。一方で業界が示していることは、自分達は特定の社会問題を懸念しており、行動で示しているような社会的良心を持っているということである。しかし他方では、おそらく国家の介入を避けているのである。というのは、そうなった場合には業界にとってはるかに厳しく、そしてコストのかかる事態になるからである。さらに一層皮肉なことに、おそらく基準を設けることは賢明な広報活動になるが、実際の業界の営業活動には意味がない。もしアルコールの生産者が、成人読者が七〇％未満の雑誌に広告をほとんど出さないのであれば、またはもし意図的に青少年の市場をターゲットにしていないならば、自主基準は無意味である。このように、アルコールの広告主がどのように雑誌を選択するかということは、青少年の市場に関する広告主の実際の意図を何がしか物語っているのかもしれない。

研究で用いられたデータには二八の雑誌が含まれており、それらはニュース（*Time, Newsweek*）やスポーツ（*Sporrs Illustrated, ESPN The Magazine*）、女性の関心（*Cosmopolitan, Vogue*）、自動車（*Hot Rod, Motor Trend*）、エンターテイメント（*Entertainment Weekly, Rolling Stone*）といったさまざまなテーマをカバーしている。二〇〇一～二〇〇三年にかけてアルコールの広告が最も多い雑誌は、*Sports Illustrated*（四四六広告）、*Maxim*（四五三広告）、*Rolling Stone*（四四六広告）であった。青少年の読者の割合（一二～一九歳までの一〇代の読者数を総読者数で割った数値）が最も高い雑誌は、*The Source*（三三・三％）、*Allure*（三〇・五％）、*Spin*（二九・三％）であった。青少年の読者割合が最も低い雑誌は、*Better Homes and Gardens*（四・七％）、*Newsweek*（八・六％）、*Time*（九・八％）であった。データセットの雑誌に関するその他の情報としては、例えば総発行部数、一〇〇〇部あたりの広告費用、成人の年齢と実質所得の中央値などがある。

研究の結果によれば、雑誌のアルコール広告を決定する際の重要な変数は、広告出稿費用（インフレ調整後の実質価格）、読者の規模（単なる発刊部数ではなく、一部あたりの読者数を考慮した数）、成人年齢層の割合であることが示唆された。読者の青少年の割合は、特定の雑誌に広告を掲載するという決定に対して何の影響も与えない。したがって、業界の自主規制は広告活動にほとんど影響しないだろうし、同じような州の規制もほとんど影響を与えないだろう。実際、著者の政策についての主な結論は次の通りである。

> アルコール分野の政策担当者は、広告スペースの市場で行われた決定よりも、青少年の飲酒行動に関して重要な事項についての議論に、目を向けるべきであろう。（Nelson, 2006a, p.368）

もちろん、たとえアルコールの広告主が明確に青少年の読者をターゲットにするつもりはないとしても、読者の一人として彼らもアルコール広告を目にしているのである。もしこれらの広告が青少年のアルコール消費に影響を及ぼすならば、考慮すべき社会政策の問題がまだあるということになろう。

他の研究では、青少年の飲酒行動のさまざまな側面が検討されている。ある研究では（Nelson, 2008b)、青少年（一二〜一七歳)、若者（一八〜二五歳)、成人（二六歳以上）の飲酒行動について調べ、いくつかの結果が得られた。まず、青少年、若者、成人の飲酒率には強い相関があり、特に若者と成人の間には一層強い相関があった。次に、ビール税は青少年と若者の飲酒率や短時間大量飲酒に対して影響を与えないようである。青少年がビールの価格に反応しないというよりむしろ、このデータセットにおいては、税による価格の変動は飲酒行動に影響を及ぼしていないのである。

三つ目に、小売店舗の密度が高いほど若者と成人の飲酒率が高くなるが、これは青少年の飲酒率や短時間大量飲酒には影響を及ぼさない。アルコール購入のフルコストには、小売価格だけでなく、小売店に行く不便さの費用（移動や時間など）も含まれる。一定の地域内にアルコール小売店が多く存在すればするほど、アルコール購入のフルコストは下がる。こうした追加的な費用が青少年の飲酒行動に影響しないことは、彼らがパーティーや親の戸棚の酒などといった商売によらない出所からアルコールを入手していることを示唆している。

四つ目に、主要なスポーツイベント（野球、アメフト、ホッケー、バスケットボール）に参加することで、青少年の飲酒率や短時間大量飲酒が増えることはない。この結果は、アルコール広告やスポーツイベントの後援者を認識すると、青少年の飲酒が促進されるという（他のいくつかの研究で支持されている）通念とは食い違うものである。最後にこの調査では、特定の社会的管理政策によって、青少年と若者の飲酒率や短時間大量飲酒が低下することがわかった。最も効果的な三つの政策は、州が酒の小売を独占的に管理すること、日曜日に小売店でアルコールを購入できなくすること、飲酒運転禁止法における血中アルコール濃度の基準を〇・〇八％にすることであった。

　青少年の飲酒に関するもう一つの深刻な問題は、アルコール依存症が自殺に関連する可能性があることである。もし飲酒が青少年の自殺率を上昇させるならば、アルコール消費を減らす政策は、ありとあらゆる行為の中で最も自滅的な行為から青少年を守ることになる。しかしいつものように、逆の因果関係について考えなければならない。アルコール摂取は自殺の可能性を高めるだろうか、それともうつ病などの他の要因がアルコール摂取と自殺の両方を促すのだろうか。ある研究（Chatterji, Dave, Kaestner, and Markowitz, 2004）によれば、アルコール消費は直接的に自殺を企てる率に影響を与えるが、それはある特定の方法によってである。短時間大量飲酒は自殺を企てる率に影響しないようであるが、持続的なアルコール摂取は影響するようである。

アルコール乱用および依存症を識別するために、この研究では国立衛生研究所、世界保健機構（WHO）、ミシガン大学によって開発された統合国際診断面接法（CIDI）を活用して得られたデータを利用している。

CIDIとは……精神医学的診断を行う非臨床的方法である。CIDIは信頼性と妥当性に関する大規模なテストを経てきている。アルコール乱用は、健康や社会的機能への悪影響があると知りながら継続して飲酒すること、または飲酒により身体に危険が及ぶような状況下で繰り返して飲酒することと定義される。アルコール依存症の場合は、我慢や使用中止による生理学的症状があること、および悪影響があるにもかかわらず継続的に飲酒していることを要する。（Chatterji, Dave, Kaestner, and Markowitz, 2003, p.16）

研究の主な結果は、少女（九～一二歳）の場合には、乱用や依存と定義されるようなアルコール摂取と自殺企図率の間に因果関係が見られるが、少年には見られないということであった。

国境に向かって走れ

課税は飲酒管理のために用いられる最も一般的な政策ツールだろうが、実務上の問題が生じる可能性があるツールである。異なる地域——都市や州、国であっても——が異なる税率を適用する場合、税率の高い地域の人々は、境界線を接する税率の低い地域でアルコールを購入することができる。もちろん、価格差が移動に十分に値するほど大きくなければならないが、しかしそうした場合には、ある地域の政策目標は、別の地域の政策によって部分的に妨害されてしまうだろう。

ある研究は（Beatty, Lasen, and Sommervoll, 2009)、アルコールの税率が比較的高いノルウェーと、その隣国で比較的アルコール税率の低いスウェーデンの間での租税回避行動について検討している。著者達が示す根拠によれば、ノルウェーのアルコール飲料の実質価格はスウェーデンより六六％高い。アルコール消費量を減らすというノルウェー政府が掲げる政策は、ほとんどの西欧諸国に比べて一人当たりの消費量が低く、北欧諸国の中では最も低いということから、ある程度成功しているようである。課税に加え、ノルウェーは海外旅行時の個人輸入の数量制限、販売の時間制限、そして年齢制限を課しており、さらにアルコール度数の高い飲料の販売は国有店舗のみに限定している。

ノルウェー国外で購入した一定量のアルコールをノルウェー国内に持ち込むことは合法であるが、その許容量はあまり大きくなく、価格面では大量に密輸する強い誘因が存在する。この研究は、このような行動の証拠をいくつか見出している。スウェーデン国境に近い小売店は国境から離れた店舗よりも、アルコールの販売収入が低いことが報告されている。さらに、国境付近の家計は国境から離れた家計よりも、アルコールに対する支出が多いことも報告されている。この二つの事実を併せて考えると、国境を越えた購入による租税回避行動の存在が強く示唆される。このように、ノルウェーの租税政策の有効性は、スウェーデンの租税政策によって部分的に減殺されているのである。

アルコールとマリファナ

第二章で議論したように、善意の公共政策はしばしば意図せぬ逆の結果を招くことがある。アルコール消費とマリファナ使用をそれぞれ減らすことを目的とした政策は、かみ合っていない可能性がある。例えば、当局がマリファナ使用に対する制裁を強化すると、マリファナ使用は減少するかもしれないが、気づかずにアルコール消費を増加させているかもしれない。同様に、アルコール消費を減らすために増税やその他の政策を実施すれば、マリファナ使用を増加させてしまうかもしれない。したがって、社会管理政策の有効性を評価する際に、アルコール消費とマリファナ使用の関係を理解することは重要である。

アルコールとマリファナには（本件に関してはどんな二財にも）二つの基本的な関係がある――それらは代替財か、もしくは補完財である。正式には、需要の交差価格弾力性が正である場合、二つの財は互いに代替財である。つまり、例えばマリファナの価格が上昇するとアルコール消費量が増加する場合である。マリファナの使用者は高価格に直面すると、今や相対的により高価になった薬物を、相対的により安価なアルコールで代替するのである。逆に、もしマリファナの価格が下がると、アルコールをマリファナで代替するので、アルコールの消費量も減少する。もし使用者にとって気分がいいかどうかが問題で、どのようにして気分がよくなったかが問題でないならば、アルコールとマリファナは同じ目的を果たすので、実際に代替財なのかもしれない。

他方、アルコールとマリファナは補完財である可能性もある。つまり需要の交差価格弾力性は負であるかもしれない。もしこれらが補完財ならば、マリファナの価格が上昇すると、マリファナとアルコールの消費がともに減少する。マリファナの価格が下がると、両方の財の消費が増加する。おそらく特に若い人々の場合は、アルコールを試そうとする人はマリファナも試そうとする可能性が高い。そのため、もし直接的に一方を試すことをやめさせられたら、間接的にもう一方を試すこともやめさせられるかもしれない。また、バーでタバコを吸いながら酒を飲むことが補完的な活動と考えられているように、中にはアルコールとマリファナの相性が良いと考える人もいるかもしれない。

アルコールとマリファナの関係が公共政策に対して深い含意をもつ可能性があることは、明らかである。もし麻薬撲滅の闘いで意図せずアルコールの消費を増加させてしまったならば、政策の評価をする際に、それを考慮することが重要である。また、数多くの研究がアルコールとマリファナの使用についての関連を究明しようと試みているが、驚くことではないがはっきりした結果は得られていない。研究者は、一般的なデータや統計学的な方法論の問題にもっと取り組まなければならないが、より根本的には、アルコールとマリファナは、ある人にとっては代替財であるけれども、他の人にとっては補完財であると考えるべき十分な理由があり、これが政策分析をより複雑にするのである。

アルコールとマリファナが代替財であると明らかにしたある研究では（DiNardo and Lemieux, 2001）、最低飲酒年齢の上昇がマリファナの使用に及ぼす影響について調査している。一九八〇年代を通じた高校最上級生のサンプルを用いて、最低飲酒年齢が上昇するとアルコール消費は減少するが、マリファナの使用は増加することがわかった。他の研究でも（Chaloupka and

Laixuthai, 1997)、高校最上級生にとってアルコールとマリファナは代替財であることが見出された。また、この研究では、マリファナの非犯罪化やその価格が飲酒行動に及ぼす影響についても検討している。非犯罪化といってもマリファナを合法とするわけではないが、使用に対する制裁を軽くすることは、より多くの使用を促す可能性がある。この研究によれば、マリファナの非犯罪化をした州の青少年は、非犯罪化をしていない州の青少年と比較して、アルコール消費の頻度が低下し、また重度の飲酒に陥る可能性も低い。アルコール消費に関するマリファナの価格効果（麻薬取締局によって収集された価格データ）については、一般的にこれまでの結果を支持する結果となっている。つまり、マリファナの価格が上昇するにつれて、マリファナの消費は減少する一方、アルコール消費は増加する。このことから、アルコールとマリファナは代替財であることが示唆される。

しかしながら、他の二つの研究はアルコールとマリファナが補完財であることを見出している。一つ目の研究では（Pacula, 1998）、平均年齢二一歳の若年成人においては、ビール税が上がると、マリファナ消費がアルコール消費よりも（比率でみて）大きく減少している。もう一つの研究では（Williams, Pacula, Chaloupka, and Wechsler, 2004）、大学生におけるアルコールとマリファナの使用について調べ、マリファナ価格が上昇すると、アルコール消費が減少することを見出した。さらに著者達によれば、キャンパス内でのアルコール使用の制限やキャンパス外でのサービスタイム（アルコールが割引価格で販売される）を制限する条例によって、マリファナの使用が減少する。以上をまとめると、アルコールとマリファナについてどちらか一方を対象にした政策は、もう一方の使用に影響を与えてしまうことについて留意しなければならないということ以外に、この両者の使用の関係について結論を出すことは困難である。

健康保険への危険性

きわめて重大な医学上の大発見があったとしよう。製薬会社の研究者が、アルコール乱用による悪影響を完全に除去する薬を考案した。何十年もたくさん酒を飲んで大丈夫だ。この不思議な薬一つで回復できる。あたかもまったく飲酒していなかったかのように。言い換えれば、現在のアルコール使用による将来のコストが急落するのである。これは現在、アルコール関連疾患に苦しむ五〇代のすべての酒飲みにとっては、朗報だろう。しかし二一歳の酒を飲み始めたばかりの若者は、どうするだろうか。若い潜在的な酒飲みは何年もアルコールの乱用ができて、しかもその悪影響を取り除くことができることに気づくだろう。驚異の薬があると知れば、その若者が酒飲みになる可能性が高まるかもしれないし、生涯に飲むアルコールの量が増えるかもしれない。アルコール乱用の悪影響を緩和すべく作られた薬は、逆にその影響をさらに悪化させることになるかもしれない。言い換えれば、薬が存在することが現在の行動に影響するのである。

これは極端な仮想の例であるが、健康保険の存在は同様の問題を引き起こす可能性がある。保険料を支払い続ける限り、損失の一部（あるいはほとんど）は加入している保険会社によってカバーされる。つまり、自分の行動によって生じるすべての費用を負担するわけではない。たとえ最終的に生体肝移植が必要になる過度の飲酒者であっても、その手術にかかる費用は補助してもらえるのである。奇跡の薬と同じように、肝臓を若返らせるために自分が負担するコストが比較的低いことを知っていることは、現在の飲酒行動に影響するかもしれない。これは**モラルハザード**として知られている保険の問題である。

モラルハザードの概念に必要なのは、行動に影響する保険が存在することであり、これは二つの基本的な条件から生じている。一つ目の条件は、**完全補償の保険**ということである。もし**すべて**の損失がカバーされるならば、理論的には損失が生じようが生じまいが無差別となる。つまり、もはや健康を害するか否かには関心がなく、こうした損失をこうむる可能性を減らすインセンティブを持っていない。もし他の誰かが医療費を支払ってくれるなら、もっと頻繁に飲むのをやめようという気になるだろうか。今のところは実際の話ではなく、理論的な可能性について議論していることに留意してほしい。

二つ目の条件は、**観察できない**ということである。もし保険会社が飲酒量（あるいは喫煙、食事、運動など、損失可能性に影響するものは何でも）を観察できるならば、その人の保険料を行動に紐付けることができる。強度の飲酒者は保険により多くを支払うので、アルコール消費を減らし、保険料を引き下げるインセンティブを持つようになる。しかし、もし保険会社がどれくらい飲酒しているか観察できない（または法律上、異なる行動に基づいて保険料率を設定できない）のであれば、アルコールの消費量を減らそうと減らすまいと、いずれにせよ同じ料率が設定されるだろう。調整されない単一の料率しかなければ、アルコール消費を減らすインセンティブはないであろう。

モラルハザードは議論を呼ぶ話題であり、現実世界の行動にどれくらいの影響があるかを見るために、多くの種類の行動について数多くの研究が行われている。健康保険とアルコール消費について検討しているある研究が（Klick and Stratmann, 2006）、私たちの目的に適うとても良い説明をしている。従来、健康保険制度は、中毒治療を含む精神疾患よりも、身体疾患に対して手厚く保障していた。しかし、一九八〇年代から一九九〇年代にかけて、ほとんどの州で精神医療同等化の義務が制定され、精神疾患に対し身体疾患と同様の保険の条件設定をすることが必要となった。制度は州ごとに異なっていたものの、一番強く同等化を求める法律においては控除条項、自己負担額、年間支払い上限、および訪問制限の点での同等性が必要とされた。

この研究が検討の対象としたのは一九八八～一九九八年であるが、その間に、一〇州（ジョージア州、カンザス州、メリーランド州、ミネソタ州、ミズーリ州、モンタナ州、ニューヨーク州、ノースダコタ州、サウスカロライナ州、バーモント州）は明示的に薬物乱用も同等化義務の対象としたが、三州（アリゾナ州、コロラド州、テキサス州）は明示的に薬物乱用を対象から外した。

こうした同等化法の予測される影響の一つは、中毒者が、この法律の本質を正しく理解して、将来の中毒治療のコストが下がったことを知ってしまうことである。つまり、現在のアルコール消費を増やすことのコストが低下するのである。これは、モラルハザードの典型例である。この研究によれば、中毒者を対象にする立法により、ビール消費が増加した。量的には、最大で一人当たりのビール消費量が年間約四八杯（一二オンスビールで）増加することがわかった。増加量はそれほど多くないように思えるが（週に一杯程度）、この研究のデータにおいては一四歳以上のビール摂取量は年間約三五二杯であった。したがって、薬物乱用の同等化の義務は、平均して一四％近くビール消費量を増加させるであろう。一方、薬物乱用を同等化の義務の対象としていない州においては、一人当たりのビール消費量の増加は見られない。

本書では、保険のモラルハザードが健康の成果に与える影響については詳細な議論をしないが、中毒者の治療コストを減らす政策が薬物の消費量を増加させてしまうかもしれないことを認識することが重要である。そしてこれは飲酒だけでなく、健康に悪影響を与えるあらゆる種類の行動に対しても当てはまる。当然、現実世界では完全補償の保険という概念は成り立ちそうにない。常に何か保障されない、あるいは保障できない損失がある。そして、自分の損失の一部を自ら負担する限りは、モラルハザードの影響は軽減される。モラルハザードの問題の程度は、特に健康リスクの点に関して議論されるけれども、モラルハザードの存在は経済学者の間では広く受け入れられているのである。

経済学者は長年にわたり喫煙と飲酒行動について研究を行ってきたが、比較的最近になって次の章で取り上げる問題に取り組むようになった——肥満の問題だ。喫煙や飲酒をしなくても快適に暮らすことは可能であるが、誰もが食事をする必要がある。社会政策によって過剰な摂食を管理し、身体活動の増加を促進することは、喫煙や飲酒を管理するよりも複雑かもしれない。もし喫煙を減らすために租税政策を使いたいならば、タバコに課税すればよい。もし飲酒を減らしたければ、アルコールに課税すればよい。では、過剰な摂食を減らしたければ、一体どの食べ物に課税すればよいだろうか。そして、青少年の喫煙と飲酒を減らすために社会政策を用いたいならば、一般的には年齢を制限する政策が立法される。しかし、同様の政策を青少年の肥満率を減らすために適用できるだろうか。次章の主な焦点は、アメリカやさまざまな国々において、過去数十年で肥満率が急激に上昇した原因に関する経済学の文献をレビューすることである。なぜ人々が肥満になり、さらに肥満が進行しているのか理解することで、肥満を減らす社会政策の役割により有効に取り組むことができる。

文献案内

価格の変化がアルコール消費量に及ぼす効果についての論文としては、Coate and Grossman (1988), Chaloupka and Wechsler (1996), Young and Bielinska (2002), Williams, Chaloupka, and Wechsler (2005), Farrell, Manning,and Finch (2003), Cook, Ostermann, and Sloan (2005a, 2005b), Kenkel (2005), Gallet (2007), Ayyagari et al. (2009), Ludbrook (2009), la Cour and Milhoj (2009) そして Asgeirdottir and McGeary (2009) がある。

最低飲酒年齢法がアルコール消費に及ぼす影響に関する多くの研究をまとめた大きな展望論文としては、Wagenaar and Toomey (2002) がある。また、Kaestner (2000) Miron and Tetelbaum (2009) そして Fertig and Watson (2009) を参照されたい。

飲酒と高校の成績についての論文としては、Koch and Ribar (2001), Dee and Evans (2003), DeSimone and Wolaver (2005), Chatterji and DeSimone (2005), Koch and McGeary (2005), Renna (2007, 2008), Gil and Molina (2007), そして Sabia (2010) がある。また、高等学校の卒業証書を

GEDと比較した価値についてCameron and Heckman (1993) を参照されたい。飲酒と大学の成績については、Wolaver (2002), Williams, Powell, and Wechsler (2003) そして Powell, Williams, and Wechsler (2004) を参照されたい。

社交クラブとピア効果が飲酒行動に及ぼす影響についての論文としては、Sacerdote (2001), DeSimone (2007, 2009) そして Lundborg (2006) がある。

飲酒と危険な性行動に関する数多くの研究の中から、代表的な論文として、Chesson, Harrison, and Kassler (2000), Rees, Argys, and Averett (2001), Dee (2001), Sen (2002, 2003), Grossman, Kaestner, and Markowitz (2005), Rashad and Kaestner (2004), Markowitz, Kaestner, and Grossman (2005), Grossman and Markowitz (2005) そして DeSimone (2010) がある。

アルコール消費が賃金や勤務成績に与える影響は、経済学者が研究している主要な飲酒問題の一つである。過去二〇年間の文献からのサンプルとして以下の論文がある。Berger and Leigh (1988), Mullahy and Sindelar (1993), French and Zarkin (1995), Heien (1996), Zarkin et al. (1998), MacDonald and Shields (2001), Dave and Kaestner (2002), van Ours (2004), Auld (2005), Bray (2005), Cook and Peters (2005), Peters and Stringham (2006), Peters (2009) そして Keng and Huffman (2010) である。また、Kenkel and Wang (1998) も参照されたい。

広告がアルコール消費に与える効果に関する論文として、Nelson (1999, 2005, 2006a, 2008a),

Saffer and Dave (2002, 2006), Siegel et al. (2008), Frank (2008) そして Rojas and Peterson (2008) がある。

アルコール消費とマリファナの使用の関連についての論文としては、DiNardo and Lemieux (2001), Thies and Register (1993), Chaloupka and Laixuthai (1997), Pacula (1998) そして Williams et al. (2004) がある。アルコールとタバコの関係についての同様の論文としては、Picone, Sloan, and Trogdon (2004) そして Pierani and Tiezzi (2009) がある。

アルコールの問題に関連したその他の論文としては、Laixuthai and Chaloupka (1994) が青少年のアルコール使用と公共政策に関して、Moore and Cook (1995) が若年アルコール中毒について、Dee (1999) が一〇代の飲酒と交通事故死について、Arcidiacono, Sieg, and Sloan (2007) は合理的な飲酒行動について、Chatterji et al. (2004) が飲酒と一〇代の自殺について、Klick and Stratmann (2006) が健康保険と飲酒について、Beatty, Larsen, and Sommervoll (2009) が酒税回避行動について、Liang and Huang (2008) がアルコール検出の許容度ゼロの法律と飲酒および飲酒運転について、Dave and Saffer (2008) は飲酒とリスクに対する選好について、それぞれ検討している。また、Delaney, Harmon, and Wall (2008) および Nelson (2008b) も参照されたい。

アルコールの経済学に関する包括的な展望は Cook and Moore (2000) により行われている。Cook (2007) による優れた著書も参照されたい。

第4章

食べ放題

経済学者という職業の最大のメリットの一つは、ほとんどの人がまったく馬鹿げていると思うような質問をできるようになることである。そんなある一つの質問からこの章を始めるとしよう。実際のところ、本当に太りすぎの人がいるのだろうか？　答えは明らかに、もちろん！二〇〇三年にはアメリカ人の約三一％が肥満と分類されている。世界的に見ると、二〇〇三年最も高い肥満率上位五か国というのは他に、メキシコ（二四％）、イギリス（二三％）、スロバキア（二二％）、ギリシャ（二二％）である。その反対の極には日本と韓国があり、その肥満率は三％にすぎない。(1)

高い肥満率に加え、肥満に向かう傾向にあることが多くの人々にとっての懸念である。例えばアメリカのデータを用いると、肥満率は一九八〇年の一五％から一九九四年の二三％、そして一九九九年には二七％に上昇した。(2)他の多くの国々も同様の傾向を見せている。おそらくより一層警戒すべきは、子供の肥満率も上昇していることである。アメリカの一二～一九歳の子供の場合、肥満率は一九八〇年の五％から一九九四年一〇％、二〇〇六年一八％に増加した。(3)現在、喫煙はアメリカにおける死亡原因の第一位であり、肥満がわずかな差でそれに続く。しかし今後一〇年または二〇年間で喫煙を追い抜くと予想される。多くの人々が肥満問題を流行病とみなしているのである。

伝染病の急激な増加の際によく用いられる**流行病**という語が、今やアメリカにおける急速な肥満の流行や増加を記述するのに医療専門家達によって使用されている。アメリカの成人の六〇％以上が太りすぎであるか肥満であり、これらの数字だけでもこの言葉の使用はうなずける。「肥満は良性疾患ではない」とアメリカ疾病管理予防センター（ＣＤＣ、Centers for Disease Control and Prevention）栄養・身体活動課長、ウィリアム・ディエッツ博士は言う。「これは心血管疾患、糖尿病、およびある種のがんを含む慢性疾患と関連しており、重大な公衆衛生上の問題です」。子どもにおいては、太りすぎは高血圧症、脂質値異常、睡眠時無呼吸、胆嚢疾患、および骨の異常、特に脚の異常につながる。正式には成人発症型糖尿病と呼ばれる二型糖尿病は、現在では青年期で発生している。（ＣＤＣ財団 http://www.cdcfoundation.org)

訳注（１）原文のデータの出所は以下による。http://www.nationmaster.com/country-info/stats/Health/Obesity このサイトの元データはＯＥＣＤから取られたものであり、ＯＥＣＤデータにより二〇一六年前後の年の状況をみると、上位五か国はアメリカ（四〇％）、チリ（三四％）、メキシコ（三三％）、ニュージーランド（三二％）となる。下位の方は、日本（四％）、韓国（五％）である。

訳注（２）原文のデータの出所は以下による。https://www.ncbi.nlm.nih.gov/books/NBK44210/figure/A271/?report=objectonly

訳注（３）肥満率の傾向についての統計は以下を参照されたい。https://www.cdc.gov/nchs/data/hus/2017/053.pdf

太りすぎや肥満が健康に深刻な影響を及ぼしかねないことはわかっているが、取り組むにはまだ難しい問題がある。ある種の病気にかかりやすい生物学的体質または病状や疾患がない場合、体重は一連の個人的選択に依存していないのだろうか？

体重は主に二つの単純な事柄に依存している——エネルギーの摂取とその消費である。食べることはカロリーを蓄積し、身体活動はカロリーを燃やす。どのくらいたくさん食べ物を食べるか。どんな種類の食べ物を食べるか。どのくらい運動するか。どのような運動をするか。言い換えれば、われわれは各人が体重を選んでいるのであって、言ってみればわれわれの体重は皆正しいものだということにならないか？　したがっておそらく太りすぎは個人的な問題で、われわれが自分自身で直面しなければならない問題である。しかし、医学では肥満を定義している。つまり、肥満は個人的な好みなどではない。医療専門家があなたにとっての理想的な体重を規定しているのだ。肥満の医学的定義によれば、社会は重大な健康問題を抱えていることになる。では肥満はどのように定義されるのだろうか？

誰が肥満なのだろう？

人が太りすぎか肥満かを測定する一般的な方法は、体格指数（ＢＭＩ）を計算することである。

その簡単な計算式では体重と身長を用いる（キログラムとメートル、またはポンドとインチ）。計算方法は、キログラムで測った体重をメートルで測った身長の二乗で割って求める。またはポンドで測った体重をインチで測った身長の二乗で割り、得られた数値に七〇三を掛けて求める。ＢＭＩは二〇歳以上の男女両方に適用される。

医療専門家は体重のカテゴリーを次のように分類している。ＢＭＩが一八・五未満の場合は、体重不足であり、一八・五〜二四・九なら正常体重、二五〜二九・九なら太りすぎで、三〇以上は肥満である。ＣＤＣではＢＭＩを決定するための便利な電卓を提供している（http://www.cdc.gov/healthyweight/assessing/bmi/adult-bmi/english-bmi-calculator/bmi-calculator.htm）。仮にあなたが身長六フィートで体重二〇〇ポンドだとしてこれを入力すると、このようなメッセージが表示される。

あなたのＢＭＩは二七・一で、あなたの身長の成人としては、太りすぎのカテゴリーに入ります。あなたの身長の場合、正常な範囲の体重は一三五〜一八四ポンドです。太りすぎまたは肥満の人は、高血圧、糖尿病、高コレステロールなどの慢性疾患のリスクが高くなります。太りすぎの人はこれ以上体重を増やさないようにしてください。さらに、他の危険因子（高ＬＤＬコレステロール、低ＨＤＬコレステロール、高血圧など）を持っているならば、減量を試みるべきです。わずかな減量（あなたの現在の体重のわずか一〇％）でも、病気のリスクを軽減するのに役立つでしょう。医療提供者に相談して、体重を減らすための適切な方法を決めて下さい。

CDCのウェブサイトでは、太りすぎや肥満の健康に及ぼしかねない悪影響について一般の人の理解を深めるのに役立つ情報を提供している。

小児および一〇代の場合、基準となるBMIの体重カテゴリーは年齢および性別で異なり、やはり医療専門家によって決定される。二〇歳未満の者は、この年齢および性別グループのBMIカテゴリーの最下位五％に属する場合は体重不足であり、五％から八五％の間は健康的な体重、八五％から九五％の間は太りすぎ、九五％超は肥満である。例えば九歳の男子でBMIが二七・一ならば、九九パーセンタイルであり肥満と分類される。しかし同じBMIの一九歳の男子は、八八パーセンタイルなので太りすぎと分類される。[4]

便利な尺度ではあるが、BMIは肥満の完璧な指標ではない。CDCのウェブサイトが指摘しているように、同じBMIでも女性は男性よりも体脂肪が多い傾向があり、高齢者は若年成人よりも体脂肪が多い傾向がある。また高度に訓練されたアスリートは、アスリートではない人々に比べて体脂肪が少なく、より筋肉質の傾向にある。体脂肪量、体脂肪率、腰囲、ウエストとヒップの比率など、他のいくつかの尺度の使用も可能である。しかし肥満に関する経済学の実証分析の大部分では、データセットにおいて幅広く利用可能であることから、ＢＭＩが使用されている。

肥満革命

二〇世紀最後の二五年間に、アメリカおよび他の多くの国々で肥満率が劇的に増加した。この傾向は二一世紀でも続いている。この肥満率の増加を説明するために、多くの説明が提唱されている。まず始めに、経済学者が提示する三つの主要な説明を取り上げよう。

技術進歩

肥満の増加を説明する主要な経済的説明の最初は、経済学者にとっては最もしっくりくるものである。価格の変化によってカロリー摂取のコストが低下し、カロリー消費のコストが上昇したのである（Philipson and Posner, 2003 and 2008, Philipson, 2001, Lakdawalla and Philipson, 2009)。

訳注（４）ａパーセンタイルとは、サンプルを小さいものから大きいものに並べた場合に、一〇〇×ａ％のところに位置する値を指す。つまり、九九パーセンタイルとは上から一％のところに位置している。

食料の実質価格（すなわち、インフレ調整済み価格）は、技術進歩によって二〇世紀を通じて低下した。農業および製造業の食品生産効率の向上は、生産コストを削減し、最終的には食料を消費するコストを低下させた。さらに労働が肉体的にきついものから楽なものへと変化するにつれて、カロリーを消費するコストが増加し、特に労働時間中において増加した。両方の価格効果が作用すると、それらは互いに補完し、肥満率上昇につながっていった。

カロリーの摂取が安くなる一方で、その消費が高くなるからといって、人々がさらに肥満になるとは限らない。合理的な食生活モデルにおいて、人は最適な体重を選択するのである。仕事中あまりカロリーを消費しないので、たとえ現在はカロリーの摂取が高価ではないにしても、摂取カロリーを少なくするという選択をする。または、同じかより多くのカロリーを摂取するかもしれないが、カロリーを消費する運動の時間や別の活動を増やすことで、座りがちな仕事環境に対処する。体重が一定の好ましくない水準に達してしまった時には減量する手段をとるという意味では、実際には肥満は自己抑制的といえるのかもしれない。しかし、肥満率は一九八〇年代から一九九〇年代を通じて急激に上昇した。先行研究が主張するように、もし平均摂取カロリー量がこの期間にあまり変化しなかったならば、その説明は、消費されるカロリーが特に労働時間中に、より少なくなったことでなければならない。

食事の支度の分業

肥満率の上昇につながった可能性のあるもう一つの技術的な発展は、食事の支度の仕方に関係している（Cutler, Glaeser, and Shapiro, 2003）。一九七〇年代までほとんどの食事は自宅で、しかもしばしばまったくのゼロから用意されていた。つまり、自宅での調理はかなり労働集約的であり、調理の準備や後片付けに二～三時間かかることも珍しくなかった。しかし一九七〇年代以降の大きな技術革新によって、調理と食事の時間が大幅に短縮された。このような技術革新として、例えば真空パッキング、冷凍、防腐剤の改良、人工香料、電子レンジが挙げられる。食事を準備する時間費用が低下するにつれて、食事毎のカロリーが増加するかどうかにかかわらず、食事回数が増えることが予想される。さらに、より多くの種類の食品にこれまで以上にアクセス可能になるかもしれない。これらの効果の両方がカロリー摂取の増加をもたらし、その結果として肥満率が上昇するかもしれない。

著者達は、自分たちの理論の含意をいくつか調べることで、この説明を支持している。まず初めに、商用に大量に調理された食品の消費は一九七〇～一九九九年の間に増加したが、他方同じ期間にそれほど商用に調理されない食品の消費は減少していることが分かった。スナック食品がカロリー摂取量で最大の増加を示している。これらは通常、高カロリー密度である（すなわち、一ポンド当たりのカロリーが高い）。スナック食品は容易に入手できることから、人々が一日中頻繁に食べ、より多くのカロリーを摂取するので、肥満率が増加するということを意味している。

この説明に対するさらなる支持は、食事を準備するコストの削減によって最も影響を受けると予想される人口グループ、すなわち女性を調べることで得られる。女性が食事の準備時間の減少によって最も影響を受けてきたのであり、そしてＢＭＩの一番大きな増加が見られるのは女性なのである。しかし、たとえ男女別にデータを分けなくても、著者達によれば、食事準備時間が三〇分短くなるごとに、ＢＭＩは平均約〇・五ポイント上昇するのである。

最後に、この肥満率の変化に関する説明は、国際比較によってさらに支持される。他国に比べて技術革新を取り入れなかった国ほど、肥満率の変化が小さかった。例えば、イタリア人は電子レンジの調理にあまり熱心ではなく、アメリカの家計の八〇％が電子レンジを所有しているのに対しイタリアでは約一四％にすぎないが、イタリアの肥満率はアメリカよりはるかに低いのである。アメリカよりも殺虫剤および防腐剤に対して厳しい規制がある国でも、肥満率が低い傾向にある。著者達は、彼らの説明が常識に強くアピールするだけでなく、入手可能なデータにもうまく適合していると考えている。

働く女性とレストランの増加

一九七二～一九九七年の二五年間に、アメリカのレストランの数は大幅に増加した。この間、一人当たりのファストフード店の数は倍増し、一人当たりのフルサービス・レストランの数は三五％増加した。ファストフード店は、特に比較的安価で高カロリー密度の食品を提供しており、これはカロリー摂取および肥満の増加につながったかもしれない（Chou, Grossman and Saffer, 2004, Rashad and Grossman, 2004, Rashad, Grossman, and Chou, 2005）。これらのレストランが新しいエリアに拡大するにつれて、より多くの人々にとって容易にアクセス可能となり、レストランが肥満率に与える影響が増大するのである。

しかし重要なことは、これらのレストランはどこからともなく出現したのではない――客の需要に応じて成長しているのだ。レストランが大幅な成長を遂げている一方、労働力率も上昇し、それは主に女性の労働市場への参加によるものである。仕事に費やす時間が長く、家で過ごす時間がはるかに短くなり、稼ぎ手とその家族はより便利なファストフードという選択肢を求めた。さらに、仕事に費やす時間が長くなると、運動やレクリエーション活動に使える時間が短くなり、カロリー摂取の増加に対してカロリー消費を増やして相殺することができなくなった。このように、肥満率上昇をファストフードや他のレストランのせいにすることは容易であるが、他の状況も考慮しなければならない。

肥満率の上昇を説明する主な理論として、それぞれの妥当性について議論が続けられているが、どの理論も少なくとも部分的に正しいと思われる。しかし、理論間で食い違う部分もいくつかある。例えば、技術進歩理論の提唱者は、時間を通じてカロリー摂取量が比較的安定していることを示唆している。一方、分業理論を主張する者たちは、時間とともにカロリー摂取量が増加していることを示唆している。どちらが正しいのだろうか？ これは事実関係の問題のように見えるが、解決するのはそう簡単ではない。データは必ずしも正確ではなく、サンプルによって異なる結果が生じることがある。しかしこの場合、一つのことで両方の主張を同時に説明できるかもしれない。長年にわたり毎日のカロリー摂取量がわずかに増加し、一日にわずか一〇〇カロリー（ソーダ缶半分またはクッキー数個分）が消費されなくなるだけでも肥満率の上昇のほとんどを説明することができる。この少量のカロリーは、カロリー摂取がかなり安定したままであるとも、また増加したとも、どちらでも解釈することができる。いかように分類しようとも、その変化は依然長期的には体重に大きな変化を引き起こすことが可能なのである。

もしカロリー摂取量の増加が肥満率上昇の主な原因でないならば、エネルギー消費の減少が原因であるに違いない。技術進歩理論はこの影響を、時間の経過とともにデスクワークが増えて座りがちになったと主張することで説明している。これは事実かもしれないが、この説明は過去三〇年というよりも、二〇世紀のもっと早い時期においてより妥当すると考えられる。さらに、子供や高齢者においても肥満率の上昇がみられるが、これらのグループは多くの場合、働いていない。職場以外の身体活動の変化については、はっきりした証拠があるわけではない。特に子供たちは余暇時間に、以前よりもたくさんテレビを見て、ビデオゲームをしているのであろうか。より多くの屋外活動やスポーツに参加しているのであろうか。研究次第で、また尋ねる質問次第で、余暇時間におけるエネルギー消費の増加を支持する結果も、それに反対する結果も得られている。

多数の興味深い実証研究のおかげで、肥満率がどうして上昇したのかについて、理解が深まっている。ある綿密な研究（Cawley and Liu, 2007）では、母親の雇用が小児肥満症に及ぼす影響を検討している。この研究は二〇〇三～二〇〇六年までのデータを用いて、いくつもの発見を行い、既述の主な理論のいくつかを実証的に支持する結果が得られた。母親の雇用は、食料品の買い出しや料理をする確率が低下することや、これらの活動に費やされる時間が短くなること、調理済みの食品を購入する確率が上昇すること、と関連しているのである。働く母親たちはまた、子供と過ごす時間が短くなる傾向にある。この研究によると、働く母親たちは子供と一緒に食事をする機会、身体活動をする機会が少ない傾向にある。そして育児や監督に費やす時間も減少する。こうしたすべてのことから子供の肥満率上昇が生じていると考えられる。

別の研究（Courtemanche, 2009）では、男女の労働時間を調べ、労働時間と自らの体重と子供の体重の関係を検討している。主な結果は、労働時間の増加がその人のＢＭＩの増加および肥満の確率に関連しているというものであった。また、（父親ではなく）母親の労働時間の増加が、子供が太りすぎである確率の上昇と関連していた。一九六〇年代から二〇〇〇年代前半にかけての肥満率上昇に対して、大人の労働時間の増加は成人肥満の増加のわずか一・四％を説明するにすぎないが、太りすぎの子どもの増加の一〇・四％を説明する。このように、長時間労働は働いている人とその子供の両方の体重に影響するが、子供の方がはるかに悪影響を受けているのである。

　レストランが利用可能であることと肥満との関係を調べる際の難しさの一つは、前述のように、利用可能性の増加が肥満を引き起こすのか、それとも消費者の需要が利用可能性の増加を引き起こすのかを究明することにある。ある研究（Anderson and Matsa, 2011）では、これらの二つの影響を巧みに区別している。田舎の地域を通る新しい高速道路が建設されると、高速道路利用者に利用してもらうために出口付近に新しいレストランが密集する。地元住民もまたこれらのレストランの顧客となり、そして理論通りに家庭では食べないような不健康な外食が促進されることになる。しかし、このレストランの利用可能性の増加は、地元の消費者の需要に起因するものではなく、新しい高速道路の建設によるものである。したがってこの研究では、レストランの利用可能性から肥満率へという因果関係を分離できているのである。

高速道路の近くに住む地域住民は、遠くに住む住民よりも頻繁にレストランを訪れるであろう。しかしこの調査では、これらのレストランの立地が住民のＢＭＩに及ぼした影響はレストランからの距離に関して、差がないことが分かった。この結果は、レストランの利用可能性が肥満率に影響するという理論、そしてこうしたレストランの多くが肥満の問題に寄与しているとの思い込みに、疑念を投げかけるものである。第一に、レストランで食事をする人は、自宅で食事をする時のカロリー摂取量も高い傾向にあることがわかった。第二に、レストランでたくさん食べる人は、その日のそれ以外のカロリー摂取量を減らす傾向にあった。著者達は、レストランを標的にする政策で肥満と闘うのは非効率であろう、と結論づけている。

肥満率増加の説明の増加

無限の好奇心と、そしてさらに重要なことに、興味深く入手可能なデータが豊富にあるおかげで、経済学者は過去数十年にわたる肥満率増加について、多種多様な追加的な説明を考え出してきた。実際、肥満の経済学はそれ独自の研究分野へと発展したのである。ここにいくつか注目すべきものを紹介しよう。

所得効果

個人または家計の所得の変化は、体重に対していくつかのルートで影響を及ぼすことが可能である。利用可能なデータに基づいてごく一般的に述べるなら、まず所得とBMIの間には正の相関関係があると言える。次に、肥満者の割合は途上国より先進国の方が高い。途上国では収入が高い人ほど肥満である可能性が高い。しかしアメリカにおいては、高所得者ほど肥満になる可能性が高いとは限らない。さらにアメリカでは、男性と女性では所得の体重に及ぼす影響が異なる。例えば、二〇〇五年のアメリカのデータを用いると（Schmeiser, 2009）、世帯所得が増加するにつれて、太りすぎの男性の割合は増加するが、肥満男性の割合はあまり変わらない。しかし女性については、太りすぎの女性の割合はあまり変わらず、肥満女性の割合は急激に減少するのである。

したがって基本的な経済学の予測では、裕福になれば食べ物の消費が増加し、カロリー摂取も増えることになるが、実際はそんなに単純ではないかもしれない。低い所得水準では食物の摂取量は少なくなるが、高カロリー密度の食品を選ぶかもしれない。おそらく裕福になるにつれてより多くの食べ物を食べるかもしれないが、それはより健康的な（そしてしばしばより高価な）食べ物である。または、より裕福になれば身体活動が増えるかもしれない。例えばスポーツジムの会員権を購入したり、より高価な身体活動に取り組んだりするからである。さもなければ、因果関係が逆になる可能性もある。いくつかの職業においては雇用主が、従業員の雇用に際して美的な側面を重視するという証拠もあり、すなわち裕福になるには体重管理が必要になるのである。

ある研究（Schmeiser, 2009）では、連邦政府の勤労所得税額控除（ＥＩＴＣ）を用いて所得が体重に及ぼす影響を検討している。勤労所得税額控除は一九七五年に制定されており、より多くの人々が働くことを促す目的で、低所得労働者向けの所得補助金により保険料負担を相殺するものである。事実上、高齢者以外の成人アメリカ人に対する貧困対策プログラムである。この研究によれば、これによる所得の増加は男性のＢＭＩには影響を及ぼさなかったが、女性のＢＭＩと肥満率を増加させた。また、世帯所得一〇〇〇ドルの増加は、約一ポンドの平均体重の増加に関連していることがわかった。彼らのサンプル（二〇〇二年のデータを使用）における年間世帯所得の平均的な増加によって、一・五～三・五ポンドの体重増加が生じ、一九九〇年代を通じた女性のＢＭＩ増加の約一〇～二〇％を説明できる。

他方、九つのＥＵ加盟国（オーストリア、ベルギー、デンマーク、フィンランド、ギリシャ、アイルランド、イタリア、ポルトガル、スペイン）のデータを用いた研究（Garcia Villar and Quintana-Domeque, 2009）は、所得が男性のＢＭＩに影響しないことを見出した点では同様だが、女性のＢＭＩにはマイナスに影響することを見つけた。すなわちこの研究によれば、女性のＢＭＩは所得の増加につれて減少しており、先行研究の結果とは対照的である。もちろん、これら二つの研究は、世界の別々の地域の非常に異なるデータセットを使用したものであるが、主要な結果において違いがあることは、われわれが所得と体重について広く一般化を行う際にどれほど慎重でなければならないかを示すものである。

著者達は、女性のＢＭＩが所得とともに低下する理由について一つの説明を提供しているのだが、これは先に述べた逆向きの因果関係の問題に関連している。太りすぎまたは肥満の女性は、高所得の仕事を見つけたり、その仕事で働き続けたりするのが難しいのかもしれない。これには二つの主な理由が考えられる。第一に、もし体重増加が生産性を低下させるならば、ＢＭＩの高い女性の賃金は低くなるであろう。第二に、太りすぎまたは肥満の女性を差別する雇用主がいて、彼女たちが高給を得ることは困難な場合がある。この影響を検討するために著者達は、女性が得た所得（したがって差別の可能性を考慮している）と世帯内の別の者が得た所得との関係を比較した。彼らの得た結果によれば、女性の所得はＢＭＩと負の関係にあるが他の世帯員の所得はＢＭＩとほとんど関係していない。アメリカのデータを用いた別の研究（Cawley, 2004）によると、白人女性の場合、六四ポンドの体重増加により賃金は九％減少する。より広い視野で考えると、この結果は、平均的な女性よりも教育年数が一年半短い場合や、仕事の経験年数が三年短い場合と同じである。このように収入と体重の関係は、特に女性については、複雑なものである可能性が高い。

別の研究（Cawley, Mora, and Simon, 2010）では、所得が高齢アメリカ人の体重にどのように影響しているかを検討している。高齢者においても肥満率が大きく増加している。六〇～七四歳の男性の肥満率は、一九六〇年代当初の八・四％から一九九〇年代後半の三五・八％に急上昇した。同期間の同年齢層の女性では、男性ほど顕著ではないが二六・二％から三九・六％と、それでも大きく増加した。高齢者の体重増加は、医療費支出の大きな部分がこの年齢層向けなので、公共政策的に重要な意味を持つ。高齢者が人口のより大きな割合を占め、平均寿命が伸びるにつれて、高齢者の医療はより注目を集めるようになるだろう。

著者達が巧みに利用したのは、社会保障法の一九七二年改正において誤りが生じるという思いがけない出来事である。ある特定の出生コホートに属する労働者は、インフレに対して行われた二重の物価調整のおかげで、思いがけず（特に改正直後の高率のインフレによって）比較的大きな棚ぼた所得を得ていた。一九七七年に誤りは修正されたが、一九一七年以前に生まれたコホートは既得権条項のおかげで、増えた給付を保持することができた。このデータセットを利用して著者達は、多くの側面において非常に似ているが、まったく制御できない要因のために所得水準が異なる高齢者のグループについて検討することができた。この追加の所得は、それを受けなかったグループの体重に比べて、それを受けたグループの体重に影響したのだろうか。

この研究の結果によれば、この追加の所得は、高齢者が太りすぎまたは肥満になる確率に影響しなかった。また、高齢者が低体重または健康な体重となる確率にも影響を及ぼさなかった。この高齢アメリカ人のサンプルでは、所得と体重の間には何の関係も見つけられなかった。社会保障制度の将来が懸念される中、給付の変動が高齢者の体重をどう変化させるのかについては心配するに及ばないと、この研究は結論づけている。

発展途上国における急速な所得の変化は、食事や体重の変化につながる可能性がある。ある研究（Du et al., 2004）では、一九八七〜一九九七年の中国についてこの影響を調べている。一九八〇年代と一九九〇年代を通じて、中国の国内総生産（ＧＤＰ）は驚異的な成長率を見せ、絶対的貧困または極度な貧困と分類される人口の割合は大幅に減少した。しかし、こうした所得の増加は体重に悪影響を及ぼし、特に低・中所得グループについてはそうだった。これらのグループでは所得が増加するにつれて、食生活が米および小麦製品などの伝統的な食品から高密度カロリーおよび低繊維食品にシフトした。さらに、技術と輸送の進歩に伴って日常生活における身体活動が減少し、エネルギー消費が減少したと思われる。これらの変化は、太りすぎおよび肥満率を増加させるとともに、罹患率および死亡率の増加をもたらした。この場合には、新たな発展に伴う所得の増加は、健康に悪影響を及ぼしたのである。

フード・スタンプ

フード・スタンプ・プログラム（FSP, Food Stamp Program）は、低所得者とその家族が栄養不良に陥らないように支援するアメリカ連邦政府の主要な政策努力である。例えば二〇〇三年には、二〇〇〇万人以上の人々がフード・スタンプを受け取っている。このプログラムの主な目的は空腹と飢餓を防ぐことであるが、プログラムが逆に肥満率を上昇させているかもしれないという懸念がある。

フード・スタンプ・プログラムが肥満を促進してしまうという主な説明は、以下のようなものだ。フード・スタンプの受給者は、そうでない場合、例えば代わりに現金で受給した場合よりも、多くの費用を食料に使ってより多くのカロリーを摂取する可能性がある。フード・スタンプは食料の購入にしか使えないのだ。フード・スタンプで例えば五〇ドルもらった人が、四〇ドル分の食料しか必要としなければ、残りの一〇ドルを使い切るためにソーダやキャンディーなどのカロリーの高い商品を買うかもしれない。あるいは、余っている分で健康に悪い食品を購入しないとしても、同額の現金をもらう場合よりも多くの食料を消費するかもしれない。

一九八〇年代後半、アメリカ農務省（ＵＳＤＡ）の食品消費者サービス局は、フード・スタンプを現金による補助に代替する実験を行った（Fraker, Martini, and Ohls, 1995）。フード・スタンプを給付された世帯と同額の現金を給付された世帯の食料支出を比較すると、フード・スタンプが現金で置き換えられると、食費が大幅に減少したことがわかった。これは、フード・スタンプとカロリー摂取の増加との関連をある程度支持する結果である。

しかし、別の研究（Kaushal, 2007）が、フード・スタンプと肥満との関連性を巧みに検証している。一九九六年以前は、すべての低所得の合法的移民にはフード・スタンプ・プログラムに参加する資格が認められた。しかし、一九九六年アメリカ連邦法が改正され、アメリカ国籍を有しない者にはフード・スタンプの受給資格が与えられなくなった。しかしいくつかの州はこの連邦政府の政策を回避して、今や除外されてしまったグループの少なくとも一部に対して援助を続けた。その後数年間たつと、連邦政府は再び政策を変更し、多くの人々の受給資格を回復した。これらの政策変更の間、移民のある者はフード・スタンプ支援の対象となり、ある者は対象ではなくなった。このため、研究者は二つのグループを比較することが可能となったのである。この研究では、対象から外れた移民と比較して、援助対象となった移民のＢＭＩに有意な差は認められず、フード・スタンプ・プログラムは肥満率の上昇を説明する大きな要因ではなさそうだと結論づけている。

いくつかの研究がフード・スタンプ・プログラムと肥満との関連を調べているが、アメリカ農務省が委託したこれらの研究の包括的なレビューでは（ver Ploeg and Ralston, 2008）、フード・スタンプが体重をほんのわずかに増加させることを見出している。実際の複雑さは、フード・スタンプ・プログラムが体重に対して、性および年齢層に応じて異なる影響を与えることにあった。非高齢の女性のＢＭＩは、フード・スタンプによって悪影響を受けるようであるが、子供、非高齢の男性、および高齢者のＢＭＩはそうではなかった。フード・スタンプは個人ではなく世帯に対して給付されるため、フード・スタンプ・プログラムが肥満率にどのように影響するかは不明確なままである。このレビューは、フード・スタンプ・プログラムが過去数十年にわたる肥満率の顕著な増加を説明する大きな要因ではなさそうだと結論づけている。

タバコの価格

これまでの章で見てきたように、中毒財の消費を減らすために社会管理政策を実施する上でやっかいな点の一つは、ある製品の使用を抑制することが別の製品の使用には逆効果となるかもしれない点である。この典型的な例として、喫煙と肥満との関連がある。喫煙と肥満が逆相関にあることを示す根拠はたくさんある。この関連の理由の多くは高度に専門的であるが、理解しやすいものもある。タバコの中のニコチンは喫煙者の代謝率を上昇させ、多くの場合、不健康なレベルにまで達する。喫煙をやめるとしばしば代謝率が低下し、カロリーの燃焼が少なくなる。喫煙をやめると、一般的な離脱症状として食欲が増し、また甘いものへの欲求も増大するかもしれない。味覚と嗅覚が向上し、食べ物の欲求に影響する。さらに、禁煙とアルコール摂取量の増加にも関連があるかもしれないが、アルコールは高カロリーである。最後に、口寂しさをまぎらわすために喫煙する人は、単にその代用品として食事を増やすかもしれない。この逆相関の根底にある理由が何であれ、タバコ税の引き上げなど喫煙率を低下させる政策は、肥満を増加させるという意図せざる結果をもたらす可能性がある。

もし価格の変化が喫煙に影響を与えないならば、タバコ税政策と肥満との間には何の関係もないことになろう。しかし、第二章で論じたように、タバコ価格の上昇は一般的に喫煙を減らす影響を持つ。喫煙の減少が肥満を増やすかどうかは、よくわからない。経済学においてこれまで数多くの研究が、喫煙と肥満の関係を調べた。ある研究（Chou, Grossman, and Saffer, 2004）では、タバコの価格上昇とＢＭＩの上昇との間に関連性を見出している。彼らの結論によれば、広範にわたる連邦政府や州の禁煙キャンペーンや政策（増税や禁煙メッセージ発信を含む）、そしてタバコ会社が州のメディケイドの費用を軽減するために支払わねばならない多額の民事損害賠償金は、肥満問題を悪化させるという意図せざる重大な結果をもたらしている可能性があるのである。

しかし別の研究（Gruber and Frakes, 2006）が論じるところでは、タバコの価格は使うのが難しい手段であるかもしれない。というのは、タバコ価格の変化は多くの要因によって引き起こされ、それらの要因自体がまた喫煙や摂食行動を変化させるからである。その代わりにこの研究では、喫煙行動と肥満におそらくはより直接的な関連するものとして、タバコ税の変化に着目している。先行研究とは著しく異なる結果が得られ、タバコ税の増加がＢＭＩの低下につながることを見つけた。つまり、高い税金は喫煙を減らし、これが体重の減少につながるのである。しかし、著者達が指摘しているように、どちらの研究結果も方法論的な問題があり、信頼性に欠ける。

より最近の研究（Baum, 2009）では、アメリカのタバコ価格と肥満との関連性を実証的に調べている。まず、著者らはタバコ価格と肥満との（因果関係ではなく）相関関係に注目した。被験者を肥満群と非肥満群に分け調査したところ、肥満群のタバコ税は平均して約六七セント、非肥満群は六〇セントであった。また、肥満群は平均して一日タバコを約四・八本、非肥満群は約五・九本吸う。タバコを吸うことは、肥満度の低下に関連しているように見える。

因果関係については、この著者はタバコ一箱のコストの上昇が、実際に体重に対して有意にプラスの影響を与えることを見出した。タバコ税を一箱当たり七七セント引き上げるという政策提案によって、肥満率は約三％上昇するとしている。また、低所得層や若年層ではタバコの価格の変化に敏感な傾向（他の階層に比べてより喫煙が減り、より多く食べる傾向）があるため、肥満に対する価格の影響がより大きくなることを見出した。

他の研究によれば、タバコの価格の肥満率への影響は長続きしないかもしれない。ある研究（Nonnemaker et al., 2009）では、タバコの価格上昇が、ずっと前にタバコを吸うのをやめた喫煙者に比べて、最近やめた喫煙者にどのように影響するかを調べている。もしタバコの価格上昇の結果生じる体重増加が長続きしない現象ならば、最近の禁煙者は昔の禁煙者よりも大きなBMIの変化を示すはずである。若い元喫煙者（一八～二九歳）と、より昔にタバコをやめたと思われる年長の元喫煙者（二九～六五歳）を比べてわかったことは、タバコ価格の上昇によって、前者のグループの方が後者のグループよりも有意に大きな体重増があったことである。この研究によれば、タバコの価格上昇は現在の喫煙者のBMIには影響しないようであり、元喫煙者のBMIに与える影響もごくわずかなものである。

ある別の研究（Courtemanche, 2007）では、タバコ価格が体重に与える効果を短期と長期に分けて調べたところ、珍しいことに、タバコの価格上昇が長期的には体重減少につながることを見出した。この研究によると数量的には、タバコの価格が一ドル上昇するごとに、長期的には体重減少のおかげで年間九〇〇〇人近くの命が救われているのである。この結果について著者は、タバコをやめて前喫煙者になると、食事や運動に関して健康によい意思決定をするようになることを示唆すると、説明している。

ファストフードの特売価格

ファストフードのマーケティング戦略は、消費者を誘惑して不健康な商品を買わせ、肥満問題を悪化させていると、しばしば批判される。しかし、一体どのようにマーケティングが消費行動に影響しているのかは、慎重に考えねばならない。タバコ広告について第二章で論じたように、ファストフードのマーケティングは消費量の全体を増やすのであろうか、それとも総消費量にはほとんど影響せずに、ただ単に店同士で客の取り合いをするだけなのであろうか。もし総消費にほとんど影響しないのであれば、肥満問題に歯止めをかけるためにマーケティング活動を制限しても、あまり意味はない。しかし、不健康な食品の選択をする消費者の数を増やしたり、すでにファストフード店で食事をしている人達にもっとたくさん食べることを促したりするのであれば、マーケティング活動の制限は肥満と闘うのに役立つであろう。ある研究(Richards and Padilla, 2009)では、この点を明らかにするために、カナダのファストフード店とそこでのある特定の販促活動を調べた——特売価格である。

ファストフード店は、顧客を引き付けるためにしばしば特別な価格を用いる。実際、特売価格は広がりつつあるマーケティング戦略である。この著者達によると、二〇〇四年にアメリカでマーケティングに費やされた四七八〇億ドルのうち、三八%が広告によるものであったのに対し、五二%以上が特売価格によるものであった。しかし、もしマクドナルドが、例えば「一個買ったら一個おまけが付いてくる」などの特別サービスを行うとしたら、他のファストフード店から顧客を引きつけたり、新たな顧客がファストフード店に来るようになったりするだろうか、それとも現在の顧客がより多く消費するのだろうか。著者達が得た主な結果によれば、特売価格による効果の約三分の二がファストフードの消費量の増加であり、一方店の切り替えによるものは三分の一だけであった。したがって、特売価格によりファストフードの総消費が促進されるのである。

テレビ広告

テレビは主に二つの手段を通じて、小児肥満症率を増加させると考えられる。身体活動に参加するよりもテレビを見て過ごすことを好む子供たちの間で、体を動かさない生活様式を促してしまうことと、そしてスナック食品やファストフード店のコマーシャルの需要増強効果を通じて望ましくない食習慣を促してしまうことである。小児肥満症にファストフード店のテレビ広告が及ぼす影響に関して、興味深い実証的研究がある（Chou, Rashad, and Grossman, 2008）。著者達は（テレビ市場を規定するアメリカの郡から主に構成されている）七五の市場の地域的広告データを用い、ファストフード店の広告の全面禁止が小児肥満症に及ぼす影響を調査した。結果は顕著に現われた。著者達は、完全に広告を禁止するならば三〜一一歳の太りすぎの子供の数が一八％減少することを見出した。一二〜一八歳の青年では一四％減少するであろう。さらに、これらの減少は過小評価されている可能性がある。著者達は地域的な広告に焦点を当てている。なぜなら地域的な広告は市場ごとに異なるからであり、これは統計分析を行うために必要な条件である。しかし、もちろん多くのファストフード店が全国ネットワークやケーブルテレビ局といった他のテレビ広告ソースを用いており、これがさらに肥満効果を悪化させている可能性がある。しかし、この種の追加的な広告を考慮できていないので、著者達はその影響を過小推計しているのである。

他方、著者達の結果が過大になっている可能性もある。完全にテレビ広告を禁止したとしても、ファストフード店の広告メッセージには他のメディアが利用可能であろう。ラジオ、雑誌、新聞、掲示板などが、子供たちの目を引きつける追加の手段となるだろう。確かにこれら他のメディアは、テレビほどは効果的ではないかもしれないが、それでもある程度の効果がある。他方、インターネット広告利用や、その他のマーケティング技術が成長し、特に子供への商品の露出が劇的に増加するにつれて、テレビ広告の重要性が今後低下する可能性がある。著者達は、これら他のメディアの影響については検討していない。

アメリカの憲法修正第一条がテレビでのファストフード店の広告禁止を阻んだりするかもしれないこと（タバコの広告禁止の例を見るとまったく不可能というわけではない）や、政治的な理由や実際的な理由から完全禁止を行うのは難しいかもしれないということを与件として、著者達は別の政策選択肢を検討している。もしファストフード店が法人所得税申告書で広告費を控除できなくなったら、広告費がかさみ、広告支出は減少するであろう。著者達の推計によれば、これらの減少は子どもと青少年が目にする広告メッセージ数をそれぞれ四〇％、三三％ずつ減らし、太りすぎの子供と青少年の数をそれぞれ四七％、五％ずつ減らすことになろう。これらの減少は広告の全面禁止の場合ほど大きくはないが、政策立案者にとっては小児肥満症の問題に取り組むための代わりの方法になるということを示しているのである。

学校の近くのファストフード店

もしファストフード店が肥満の問題に寄与しているならば、それは提供する食品だけでなく、数が多くて便利な所に立地していることも原因かもしれない。学校から一区画先にマクドナルドがあれば、数マイル先にある場合に比べ、より多くの子供がそこで食べてしまうであろう。これまで見てきたように、レストランで食事をする費用の一部は、そこに行くための移動費用であり、ファストフード店が幅広く利用可能であることはこの費用を大幅に削減する。ある研究（Currie et al., 2010）は、ファストフード店の地理的な立地と学校に通う子供たちの肥満率を結びつけようと試みている。

著者達が使用した学校に通う子供たちのデータは、一九九九～二〇〇七年のカリフォルニア州の公立学校九年生[5]のデータである。この研究のファストフード店には、トップ一〇のファストフードチェーン（マクドナルド、サブウェイ、バーガーキング、タコベル、ピザハット、リトルシーザーズ、ケンタッキー・フライド・チキン、ウェンディーズ、ドミノピザ、ジャック・イン・ザ・ボックス）が含まれる。データセット中の八四〇〇近くの学校のうち、ファストフード店が一〇分の一マイル以内にあったのが約七％、四分の一マイル以内が二八％、半マイル以内が六二％であった。[6]このように、多くの生徒にとって、ファストフード店は割と便利な場所にあるのである。しかし忘れてならないのが、多くのファースト店が学校に近いという理由だけでは、これらのレストランが学校に通う子供たちの肥満を引き起こすことにはならないということである。そこにこの研究が取り組もうとしているのである。

この研究で得られた主な結果は以下の通りである。ファストフード店から一〇分の一マイル

訳注（5）日本の中学三年生に相当。
訳注（6）一マイルは約一六〇〇メートルであるので、一〇分の一マイルは約一六〇メートル、四分の一マイルは約四〇〇メートル、半マイルは約八〇〇メートルに相当する。

以内の学校に通う生徒は、四分の一マイル以内にある学校に通う生徒よりも肥満発生率が五・二％高く、これはレストランが学校に近いことに起因していた。ファストフード店から一〇分の一マイル以上離れた学校に通っている子供の肥満率には、有意な変化が見られなかった。したがって、この研究の対象となった生徒については、肥満率上昇の原因の一端は学校に非常に近いファストフード店にあったのである。

学校の資金調達と自動販売機

高校は常に資金集めの手段を探しているようである。「無料洗車」の標示を持っている高校生を見かけることは珍しくない。彼らの努力で寄付が集まることを期待しているわけだ。また、一軒一軒家を回って雑誌の購読やキャンディーバーを売っている学生もいる。オハイオ州南東部のある高校では、ラスベガスから着想を得て、時々ポーカーの夜を催し、総賭け金の一部を徴収している。高校がスロットマシンを体育館に配置するとまではいかなかったにしても、別のタイプの機械が導入されて議論を呼んだ――炭酸飲料やスナック菓子の自動販売機である。

学校でスナック食品が入手できるのは一般的である。自動販売機と肥満の関係を調べたある研究（Anderson and Butcher, 2006）によれば、二〇〇〇年の時点で小学校の二七％、中学校六七％、高校九六％が食べ物や炭酸飲料の自動販売機を生徒に提供しているのである。さらに、著者達は自動販売機契約がもうかるという証拠を示している。メリーランド州ベッツビルのある高校では、自動販売機契約を通じて一〇万ドル近くを得ており、コロラド州のある学区では、一〇年間の飲料契約を一一〇〇万ドル以上で取り決めた。これだけの金額を考えると、学生が炭酸飲料やスナックに抵抗するのが難しいのと同じくらい、学校が自動販売機導入に抵抗するのは難しい。

この研究には主要な結果が三つある。第一に、財政的な圧力の下にある学校は、そうでない学校よりも自動販売機契約を求める可能性が高いということである。したがって、学校が追求しているのは単に収益を上げるだけではなく、資金不足を補うための追加収入である。第二に、自動販売機で炭酸飲料やスナック食品が入手できることと、学生のＢＭＩとの間にはわずかながら関連性がありそうだという点である。著者達によれば、自動販売機を許可する学校が一〇％増加すると、それがＢＭＩ約一％の増加につながるのである。

第三に、学校に置かれる自動販売機がどのように体重に影響するかは、学生のタイプに依存するということである。この研究によれば、太りすぎの親を持つ学生は、そうでない学生よりも自動販売機の影響を受けやすい。実際、通常の体重の両親がいる学生の場合は、学校の自動販売機とＢＭＩの間に関連性はないように見える。しかし、太りすぎの親を持つ学生の場合、自動販売機を備えた学校の数が一〇％増加すると、ＢＭＩが二％以上増加する。このように、青少年の肥満と学校の自動販売機との間の関連性は、前述の二番目の結果よりもさらに微妙なのである。

多くの州が、学校での自動販売機へのアクセスやその他の栄養上の問題に対処する法律を検討または制定した。そのような政策にはさまざまなものがあり、スナック食品と炭酸飲料の自動販売機を完全に禁止したり、学校で販売される食べ物や飲み物に対して最低限の栄養基準を定めたり、より多様な食べ物や飲み物を入手可能にすることで学生にもっと健康的な選択肢を提供したり、学生が自動販売機にアクセスできる時間を制限したりする、などがある。しかし、これらの政策の有効性を検討する際には、他の要因が作用する可能性に注意することが重要である。増加した収入は、学生のカロリー消費を助ける学校の活動に使われるようになるのだろうか。学生はスナック食品や炭酸飲料を学校の敷地外で簡単に手に入れることができるのであろうか。もし主に家族の特性から学校の自動販売機と体重の間の関連が生じているのであれば、これらの政策はそれに対処しているのであろうか。

栄養表示

事実に基づく栄養成分の情報提供は、消費者が食品を選択し肥満と闘うのに助けとなる。一九九四年以前には、食品の表示は主に自主的なもので、かなりいい加減であった。しかし、一九九四年に栄養表示・教育法（NLEA, Nutritional Labeling and Education Act）が制定され、今日の食品に見られる標準的な栄養表示が、ほとんどの加工食品にとって義務となった。食品の栄養上の事実を知ることで、消費者は誤った情報に頼らずに、より自信を持って健全な選択をすることができる。食品表示義務の推進力はシンプルである。よりよい情報によって肥満率は低下する。

栄養表示・教育法を制定する際の食品医薬品局（FDA, Food and Drug Agency）の推計によれば、行政費用や執行費用を含め新たな規制の費用は二〇年間で二〇億ドルの範囲内であるが、健康改善の面での便益は圧倒的に大きく、おそらく二六〇億ドルにも達する。このように、ＦＤＡは新しい規制に大きな期待を抱いていた。しかし批判的な人々が目ざとく気づいているように、法律制定前一〇年間の肥満率の増加は、制定後一〇年たってその増加テンポが鈍化することはなかった。そこで、粗い観察に基づいて、栄養表示・教育法はほとんど肥満率に影響を及ぼさなかったと主張する者もいる。

しかし、この粗い観察は間違っているかもしれない。一九九〇年代後半から二〇〇〇年代前半にかけてアメリカの肥満率が上昇し続けているのは事実であるが、栄養表示・教育法の効果だけを取り出すために答えねばならない重大な問いは、栄養表示・教育法が制定されなかったら肥満率の上昇はどうなっただろうかというものである。栄養表示・教育法がなかったら、肥満率の上昇は一層大きくなっていたであろうか。また、栄養表示・教育法が消費者の一部のグループには影響するけれども、他のグループには影響しないために、効果を検出することがより困難になっている可能性もある。

ある研究（Variyam and Cawley, 2006）は、栄養表示・教育法の肥満率への効果を調べている。一方で、栄養表示・教育法から受けるメリットは範囲が狭い。この研究では、栄養表示・教育法の影響を受けた人口グループは一つしかないことがわかった。非ヒスパニック系の白人女性のBMIおよび肥満確率は、栄養表示・教育法がなかった場合よりも有意に低かった。調査対象となった他の人口グループ（非ヒスパニック系白人男性、非ヒスパニック系黒人男性、非ヒスパニック系黒人女性）では、栄養表示・教育法に影響されていなかった。しかし、たとえこの狭い範囲を対象にした調査の結果であっても、非ヒスパニック系白人女性の肥満率低下による健康およびそれに関連する便益は、二〇年間で一六六〇億ドルに達する可能性があることがわかった。この数値は、たとえFDAがこの法律の便益を受ける者の範囲を過大推計していた可能性があったとしても、当初のFDAの推計よりも大幅に大きい。

ファストフード店は多くの場合、肥満問題の主要な要因と考えられているため、二〇一〇年にオバマ大統領が署名し二〇一一年に制定される予定の新しい連邦規制では、[7] レストランチェーンにメニュー、メニュー看板、ドライブスルーの看板に栄養情報を提供することを義務化した（Schulman, 2010）。レストランでは、注文する際にメニューの名前の横にカロリー含有量と一日の推奨カロリー摂取量の情報を記載しなければならない。また、求めに応じて追加の栄養情報を消費者に対して提供しなければならない。法律は肥満と闘うために主に二つの手段を提供していることになる。第一に、多くの人々がファストフードの食事のカロリー値をおそらく過小評価しているため、正確な情報によって消費者は購入を再考することができる。第二に、今や十分な情報が得られた顧客に対して、レストランがより健康的な選択肢を提供することで、規制に応えてくれるようになることが期待される。この新しい規制は、二〇以上の店舗を持つレストランチェーンにのみ効力があるため、多数のレストランは法律の適用を除外されている。法律が肥満を軽減する効果について、将来研究することになるのは間違いないだろう。

性急さ

なぜ人々が不健康な製品を消費してしまうのかについての一つの説明は、それは人々がある程度性急であるということである。第一章で見てきたように、典型的な中毒のシナリオにおいては、性急な人は将来の健康コストよりも目先の満足感により大きな関心をもっている。確か

訳注（７）オバマケアと呼ばれる患者保護並びに医療費負担適正化法（Patient Protection and Affordable Care Act）のことであり、同法にはファストフードチェーンに対する表示規制も含まれていた。当該部分の法律の施行は延期され、二〇一八年五月に施行された。

に肥満はこのシナリオに当てはまるかもしれない。今日食べすぎてしまうのは、カロリーの高い食べ物を楽しみたいからだ。確かに将来的には健康問題につながってくる可能性を認識しているが、それはあくまで将来の話であり、今すぐ心配しなければならないことではない。このように、比較的肥満である人々はまた比較的性急な人でもありそうだ。さらに肥満率の上昇傾向は、性急な人の割合が増加傾向にあることで——もしそのような傾向が存在するとしたらだが——説明されるかもしれない。

ある研究（Smith, Bogin, and Bishai, 2005）では、貯蓄行動に関するデータを時間選好率の代理変数として使用し、時間選好と肥満との関係を調べている。より辛抱強い人は、それほど辛抱強くない人よりも多く貯蓄する傾向にあるだろう。このように、辛抱強さの水準と肥満との間の関係は実証的に検討できるかもしれない。著者達は時間選好とＢＭＩとの関連性を見い出し、辛抱強くない人々は、辛抱強い人々よりＢＭＩが高い傾向にあった。性別で被験者を分けても、この結果は男性と女性の両方でなりたち、男性の方でその傾向がより強かった。

だが残念なことに、著者達が認めているように、貯蓄行動は時間選好のあまりよい代理変数ではないかもしれない。貯蓄する理由および貯蓄しない理由は数多くあり、ほとんどの場合においては辛抱強さとはほとんど関係がない。**貯蓄が依存する要因**には、例えば利子率、リスクへの選好、予想外の緊急の出費などがある。他のすべてを一定として、より辛抱強い人々は辛抱強くない人々よりもたくさん貯蓄するだろうというのはその通りなのだが、著者達は貯蓄に影響するその他多くの要因を考慮することができなかった。この懸念にはもう一つの研究が取り組んでいる（Borghans and Golsteyn, 2006）。

このもう一つの研究の著者達は、時間選好の代理変数として、貯蓄行動を含めさまざまなものを使用するとともに、いくつものシナリオ仮説に関連する設問を用いることで、時間選好と肥満との関係についてより信頼性の高い結果が得られるのではないかと期待した。先行研究と同様に、著者達は辛抱強くないことと B M I との間に正の関係があることを示すいくつかの証拠を見つけたが、その関係は多くの代理変数次第で変わるものであり、頑健とはまったく言えないものであった。さらに著者達は、時間選好が時間とともに変化することが、経時的な肥満率の上昇を説明するのに役立つかどうかを直接調べた。しかしサンプル期間（一九九五～二〇〇四年）に被験者の時間選好率はかなり安定していることがわかり、同期間の B M I の増加の説明とはならなかった。

ガソリン価格

一九八〇年代、九〇年代を通じて、アメリカの肥満率は上昇したものの、ガソリンの実質価格は低下した。ある研究（Courtemanche, 2008）は、次の問いを発した。ガソリン価格の下落は、肥満率上昇の説明に役立つのであろうか？ ガソリン価格と肥満との理論的な関係は理解しやすい。ガソリン価格が下がるにつれて、人々はより頻繁に運転し、歩いたり自転車を利用したりする頻度が低下するので、消費カロリーが少なくなる。また、車での移動が低コストになるにつれ、人々はもっと頻繁に外食し、おそらくより多くのカロリーを摂取したり、より不健康な食べ物を食べたりするであろう。最後に、ガソリン価格の下落は間接的に食生活に影響を及ぼすかもしれない。例えば、ガソリン価格の下落によって人々はより多くの可処分所得を得るので、それをより多くのカロリーの摂取に使うかもしれない。あるいは、ガソリン価格の下落から、生産や流通のコストが低下して食料価格が下がり、消費者がより多くのカロリーを摂取するようになる可能性がある。

実証的にこの研究が見つけたことは、一九七九～二〇〇四年の肥満率上昇のうちの八％は、この期間におけるガソリンの実質価格の低下によるものかもしれないということである。さらにこの研究の予測によれば、ガソリン価格が一ドル上昇すると、七年間で肥満率が一〇％低下し、年間一一〇〇〇人の命が救われ、一一〇億ドルが節約されることになる。このように、ガソリンの価格の上昇といった喜ばしくないものにも、大きく健康に役立つ可能性があるのである。

ウォルマートと「毎日がお買い得」(エブリデー・ロー・プライス)

ウォルマートの店舗には三つの基本的な種類がある。限られた食料を扱うディスカウント・ストア、すべての食料品を扱うスーパー・ストア、そして会員制の大型ディスカウント・ストアである。強力な価格交渉力により、ウォルマートは「毎日がお買い得」を誇っている。しかし低価格は消費の増加を意味するので、もしウォルマートの買い物客がより多くの食べ物またはより不健康な食品にお金を費やすことによってカロリー摂取量を増やしているならば、ウォルマートは肥満率上昇を説明する一要因となるかもしれない。しかし、このストーリーにはもう一つの側面がある。ウォルマートの「毎日がお買い得」は、不健康な食品だけでなく、果物や野菜などの健康によい食品にも適用される。さらに、全種類の食料品の価格が下がり、購買力が増加し、資産の実質的な価値が増えるにつれて、より健康的な食料に対する需要が増加する可能性がある。そうすると、ウォルマートの割引価格は人々により健康的な食品を食べさせ、肥満を減らしている可能性がある。

ある研究(Courtemanche and Carden, 2008)では、ウォルマートの価格政策が太りすぎ率および肥満率に及ぼす影響を調べ、低価格がわずかにこれらの率を減らすことを見出している。より重要なことは、この研究では、ウォルマートの価格が太りすぎや肥満率の増加につながるという証拠が見つけられなかった、ということである。このように、食料価格の低下からカロリー摂取が増加するとしばしば予測されるのだが、より健康的な食事生活を送ることになる人々も出てくる可能性があるのである。

育児補助金

一九九六年、子育て成長基金（CCDF, Child Care and Development Fund）が創設された。これは、現在生活保護を受給している、または以前受給していた共働き夫婦を対象に、合法的な育児サービスの購入を割引価格で支援することを目的としている。ある研究（Herbst and Tekin, 2011）では、育児補助金と子どもの体重との関係を調べている。著者達は、育児補助金が体重に影響を与える三つの経路を考えている。第一に、ケアの質は明らかに何らかの影響を及ぼすのだが、体重を増加させることも減少させることもある。提供する食事の栄養面での選択肢が貧弱であるとか、身体活動を奨励していないケア提供者は、子供の体重を増加させるかもしれない。第二に、補助の対象となるためには母親は雇用されなければならず、先に述べた通り、女性の労働参加が増加することは、肥満率上昇に寄与する要因となる可能性がある。最後に、先に他の文脈で論じられているように、もし育児サービスの価格が下がり、それで浮いた所得を他で使うことができるようになれば、その追加的な支出は体重減少（より健康的な食べ物または身体活動の増加）につながるかもしれないし、体重増加（より不健康な食べ物または体を動かさない生活の増加）につながるかもしれない。

したがって理論的には、育児補助金が体重に及ぼす影響はプラスかマイナスかはっきりしない。しかし実証的には、著者達は、育児補助金がＢＭＩを増加させ、太りすぎや肥満になりやすくなることを見出している。この関連性は、育児プログラムへの加入によるものであり、その他二つの理由によるものではないと思われる。子育て成長基金では親は合法的であればどんな育児プログラムでも選択できるため、親が品質の疑わしい保育サービスを選択している可能性がある。善意の政策でしばしば見られることだが、子育て成長基金によってより多くの低所得の母親が就労するようになる一方で、幼い子供の健康という面ではコストが生じて便益を相殺しているようだ。

都市のスプロール現象

肥満率は、時間の経過と共に変化するのと同様に、アメリカの地域毎にも異なる。例えば、ミシシッピ州ではコロラド州よりも肥満率が高く、一九九一～一九九八年にかけてジョージア州の肥満率は二倍以上に上昇したけれども、デラウェア州の同期間の上昇率は約一〇％にとどまった。このような肥満率の地域差から、肥満は近隣の環境によって影響されると主張する者もいる。住居が小売店と混在するかなり密集した地域に住む人々は、郊外に広がる（スプロール化した）大部分が住宅地の地域に住む人々に比べて、車を運転するよりも歩くことを選ぶことが多いだろう。これは、郊外に広がる地域に住む人々は、より密集した地域に住む人々よりも、肥満になりやすいことを示唆している。

しかし都市のスプロール現象の議論には、やっかいな点がある。スプロール化した地域が肥満率上昇につながるのだろうか、それとも肥満の人々は好んでスプロール化した地域に住むのであろうか。もしどんな理由であれ歩くより運転することを好むならば、住居や店が密集した地域は、車を運転しづらいので、彼らが住みたい場所ではないだろう。このように、肥満率はよりスプロール化した地域の方が密集した地域よりも高いことがわかっても、そのことから近隣の環境がより高い肥満率の原因となると言えるわけではないのである。

ある研究（Eid et al., 2008）がこのやっかいな点の解決を試みて、よりスプロール化した地域への引っ越しや、あまりスプロール化していない地域への引っ越しから、体重がどのように影響を受けるかを調べた。もし近隣の環境が体重に影響を及ぼすならば、よりスプロール化した地域への引っ越しは体重を増やすが、あまりスプロール化していない地域への引っ越しは体重を減らすはずである。この研究によれば、近隣の環境は、短期でも新しい地域に数年間暮らした後でも、体重に影響を与えているようには見えない。著者達の結論は、肥満率とスプロール現象との間の正の相関関係は、概して肥満の人々はスプロール化している地域に住みたがることから生じているというものである。

近隣環境の質

ある研究（Sen, Mennemeyer,and Gary, 2009）では、子どもの体重と彼らの近隣環境の質を表す指標――その界隈における警察の存在――の間の驚くべき関連性を見出している。この研究ではサーベイ・データを使用して、犯罪や暴力、放棄され荒廃した建物、公共交通機関の欠如、警察の保護の欠如などのいくつかの側面で近隣環境の質を評価している。警察の保護の欠如は体重の増加に関連していたが、他の変数のどれもが子供のＢＭＩに大きな影響を及ぼしているようには見えなかった。著者達は、子供が外で遊ぶには危険すぎないかという近隣環境に対する親の懸念が原因であると推測しており、特に麻薬ディーラーがいたり、いじめがあったり、または変数では捉えられていない他の危険があったりする場合にはそうであろう。

別の研究（Sandy et al., 2009）でもいくつかの尺度で近隣環境の質を調べているが、そこには公的に利用可能なレクリエーション施設に関する詳細な情報と子どものＢＭＩも含まれていた。その界隈の航空写真を使用して、野球場、屋外バスケットボールコート、フットボールフィールド、キックボールフィールド、遊び場、プール、サッカー場、テニスコート、バレーボールコートなどのレクリエーション施設を識別したが、著者達はこれら施設が利用可能であることと子供の体重との間に、さしたる関係を見出さなかった。キックボールフィールド、バレーボールコート、および一般的なフィットネスエリアについては、これらに近接していると体重減少につながると思われ、最も有望な結果が得られた。しかし、以前の研究で見つけられていたように、近隣環境の変数のほとんどは子供の体重に影響を与えないように思われる。

体育の授業の単位取得の条件

青少年の太りすぎ率および肥満率の上昇傾向を説明するもう一つの要因は、一九九〇年代の学校の体育の授業時間の短縮である。一九九一年には、高校生の約四一％が毎日体育の授業に登録していたが、その比率は二〇〇三年には二八％に減少した。また、体育の授業の単位取得の条件とされる最低限の時間数が、一般的に減少した。体育の授業への参加がこのように低下傾向にあることから、公的、私的を問わず多くの関連組織が青少年の太りすぎ率および肥満率の上昇傾向を抑制するために、体育の授業への参加を増加させる政策を求めている。

ある研究（Cawley, Meyerhoeffer, and Newhouse, 2007a）では、体育の授業への参加時間と青少年の体重の関係を調べている。体育の授業に参加する時間を増やすようにすれば、体重減少に役立つと考えるのはもっともらしいが、関連性はそれほど明白ではないかもしれない。第一に、多くの学校が体育の授業に関する州の規則にしたがっていない（ある推計によると二六％の学校が厳密には遵守していない）。第二に、具体的に体育の授業で何が行われるのかは、かなりマチマチである。中には活発な身体運動やスポーツをする学生もいるが、ほとんど監督されずに好きなことをしている学生もいる。例えば、一二の州ではオンラインコースで体育の授業の単位を取得できる。最後に、たとえ身体活動が増えても、追加的に行われたエネルギー消費が学校外のカロリー摂取の増加によって相殺されるかもしれない。この研究によれば、体育の授業の単位取得条件を厳しくすることで、男子では週に約三〇分、女子では週に三七分、身体活動が増加するのだが、この活動の増加によってもＢＭＩは変わらないようである。しかしこの研究によれば、（男子ではなく）女子の場合、例えＢＭＩに影響がなくても、体育の授業に参加する機会が増えることは、活発な身体活動の増加と関連するので、健康の改善につながることになる。

寒い気候と運動

悪天候は多くのことの原因とされるが、肥満を悪天候のせいにできるであろうか。ある研究（Eisenberg and Okeke, 2009）によれば、その答えは「イエス」である。なぜなら、より寒い気候は屋外活動や運動の減少をもたらし、それが消費カロリーの減少とＢＭＩの増加をもたらすからである。この研究では気象条件とＢＭＩの関係を直接的に調べているわけではないが、天気と運動の関係を調べている。主な結果は、一日の最高気温の過去一か月の平均が五％低下すると、ＣＤＣ（アメリカ疾病管理予防センター）が定める過去一か月の運動ガイドラインに適合する確率が、二・五％低下するというものである。しかし、この屋外活動の減少は屋内活動の増加によって幾分かは相殺されるが、この代替は低所得者ではそれほど行われない。著者達によれば、より多くの身体活動を奨励する政策は、天気が運動しようという意思決定にどのように影響するかだけでなく、身体活動の機会が所得階層によってどのように異なるかも考慮する必要があるのである。

失業ストレス

仕事を失うこと、またはそれを心配することはストレスを生み出す。中にはストレスに対応して喫煙（第二章参照）、飲酒、過食などの行動を増やす人もいる。ある研究（Deb et al., 2009）では、失業を測定する方法として倒産・廃業を使用している。これは一般的に従業員がコントロールできないものであるため、特に有用な手段である。例えば、もし代わりに失業を解雇で測定するならば、解雇につながった特徴がまた、喫煙、飲酒や過食を説明することもありえるのだ。事実、過度の飲酒は例えば直ちに失業につながる可能性がある。この場合、過度の飲酒を引き起こしているのは失業ストレスではなく、その反対である。個人の行動は倒産・廃業にはほとんど影響しそうにないため、こちらの方が仕事のストレスを測定して、人々がそのようなストレスにどのように反応するかを調べる、より正確な方法である。この研究によると、ほとんどの人は仕事のストレス増加に応じてより多く食べるということはないが、ある重要な一部のグループの人達はそうしている。過食で仕事のストレスに応じる小さなグループというのは、すでに（すなわち失業前から）より高いＢＭＩカテゴリーにいた人達である。したがってこの研究が見出したのは、失業ストレスは既存の状態を悪化させる可能性があるということである。

同様に一般に経済的な不安定は（第二章で議論されているように）、体重増加につながる可能性がある。ある研究（Smith, Stoddard, and Barnes, 2009）は、経済的な不安定への恐れが将来の厳しい時期に備えるために「太る効果」を引き起こすと主張している。著者達は、（失業や所得の損失の可能性を考慮して）経済的な不安定を測定し、より不安定になるほど体重が増加することを見出している。さらに、相続による富の増加や健康保険へのアクセスの向上など経済的な不安定性を減らす要因は、体重を減らすことを見出している。

健康保険という側面が、一九八〇年代と一九九〇年代における体重増加傾向を説明する上で、重要な要因である可能性がある。一九七九〜二〇〇一年に、アメリカ労働者の医療保険への加入は約八％減少した。同じ期間に、三〇〜三九歳の男性の平均体重は一三ポンド以上増加している。著者達は、健康保険市場におけるこれらの変化によって、体重増加傾向の三%近くが説明できると計算している。

驚くことに、これまでの説明によっても、過去数一〇年間の肥満率上昇に寄与した要因を完全にリストアップしたことにはならない。しかし、多くの潜在的な要因が存在し、肥満問題に対する適切な公共政策は必ずしも明白ではないことを示すという目標は、達成された。この章を終える前に、さらに二つの問題を取り上げよう。肥満の問題と闘うために税の果たす役割と、裁判所をどう使うかである。

もし脂肪なら課税せよ

第二章で見たように、課税は行動を管理する一般的な政策ツールである。喫煙を抑えるために何に課税したらよいのか、決めるのは難しくない――タバコである。しかし、肥満を抑えるために厳密にどの製品に課税すればよいのか、決めるのははるかに複雑である。多くの州では、特定の食品や飲料製品に課税している。最も一般的に課税される製品は、ソフトドリンク用のシロップやボトル入りソフトドリンクである。一部の州では、キャンディーに対する食品免税措置を認めていない。しかし、これら広範にわたる製品への課税は、肥満問題に最も寄与する食品の消費を妨げる、非常に効果的な手段ではないかもしれない。例えば、ソフトドリンクは糖度が高いが、脂肪含有量は高くない。さらに、必ずしもすべてのソフトドリンクの糖度が高いわけではない。もし課税対象の製品に、非常に不健康なものからほんの少しだけ不健康なものまで含まれるのであれば、課税で健康な製品への代替が促進されることはない。

ある研究（Chouinard et al., 2007）では、肥満を管理する際にあまりに広範囲にわたって課税することの問題を認識し、代わりに乳製品に焦点を当てることによって、食品の脂肪含有量をより直接的に対象とする租税政策を検討している。著者達によれば、典型的なアメリカの食事では乳製品が脂肪の大きな取得源となっており、アメリカの食料供給のうち全脂肪の一六%、飽和脂肪の二八%、コレステロールの一七%の寄与をしているのである。税がこれらの高脂肪含有製品に直接適用されれば、消費者は脂肪含有量の低い食品で代替するかもしれない。

著者達は、乳製品の脂肪含有量への課税を検討する三つの強力な理由を示している。第一に、アメリカの家計の大多数は乳製品（家計の九七%が牛乳を購入し、八〇%がチーズを購入する）を消費しており、これらの製品は典型的なアメリカ人の一日のカロリー摂取量の一〇%以上を占める。第二に、これらの製品の高脂肪含有量は、その消費が特定の健康問題に関連している可能性を示唆している。第三に、これらの製品には、スキムミルク、低脂肪ヨーグルト、または低脂肪バターのような低脂肪の代替物がある。もし高脂肪食品が比較的高価になれば、消費者はこれらの低脂肪代替食品で代替するものと予測される。少なくとも理論上は。

著者達は、増税が乳製品（牛乳、チーズ、クリーム、バター、ヨーグルト）の消費量にどのように影響するかを調べたが、脂肪の摂取量の減少は大きなものではなかった。これらの乳製品の需要は非弾力的であり、これは（第二章で論じたように）価格上昇が消費にほとんど影響しないことを意味する。彼らの結果によれば、脂肪分に対して一〇％の課税を行うと、平均的な家計における脂肪分摂取量の減少は一％に満たない。脂肪分に対してたとえ五〇％という非常に高い税率を課しても、脂肪摂取量はわずか三％減少するだけと予測される。この研究では、個人の行動の管理という観点からは、脂肪税は効果的ではないと結論づけている。しかし、これで話は終わらない。

別の文脈で以前議論したように、乳製品に対する税はこれら製品の消費者に損害を与える。なぜなら今やより高い価格を支払って乳製品を味わわねばならないからである。著者達は、一〇％の増税を基準として、この厚生損失は毎年四五億ドルに達することを見出している。他方で、比較的非弾力的な需要の製品に対して増税を行うと、多くの税収を上げることができる。価格の上昇に伴う消費の減少はわずかであり、もし収入を上げることが目標であれば完璧な状況である。著者達によれば、一〇％の増税で毎年四五億ドル近くの収入が得られるので、消費者の厚生損失を完全に相殺できることになる。もしこの追加の税収が、情報の改善、より多くの運動施設、健康管理へのアクセス向上といった肥満と闘う他のルートに使われるならば、これらの間接的手段によって乳製品への課税は最終的に、効果的な手段となる可能性がある。もちろん、これら他の手段が肥満率低下に有効な方法でなければならないだけでなく、当局は脂肪税によって徴収された税収を肥満率低下という目的のために使用する必要がある。

マック訴訟

二〇〇三年、ニューヨーク連邦地裁の裁判官であるスウィート判事の下した判決は、世間を騒がせ、注目を集めるものとなった。それは、ペルマン対マクドナルド社（237 F. Supp. 2d 512）というファストフード店と小児肥満症に関連する裁判であった。この裁判の被告は世界的なファストフードチェーンのマクドナルド社で、原告はアシュレー・ペルマンとジャズレン・ブラッドレーという未成年者二名であった。原告は、マクドナルド商品を購入し消費することによって、太りすぎとなり、糖尿病、高血圧、高コレステロールなどの健康問題が生じたと主張した。要するに、子どもの健康問題が肥満によって引き起こされ、彼らの肥満はマクドナルドの商品と商行為によって引き起こされたものであるので、マクドナルドは責任を負うべきだという主張である。

この訴えの核心は、肥満や少なくとも健康に有害な影響を与えると考えられるコレステロール、脂肪、塩分、糖分といったものを多く含む食品の販売において、マクドナルドが怠慢であったという申し立てである。マクドナルドはまた、不健康な成分とその健康への悪影響について消費者に警告しなかった。もしファストフード店が健康的でない食品を販売するなら、そのような商品の消費に伴う健康リスクを顧客に警告しないといけないのであろうか。マクドナルドやその他のファストフード店の行為に対して彼らに責任をとらせることで、ますます増える小児肥満症の流行を抑制し、場合によってはそれを減少に転じさせることができるのであろうか。スウィート判事は訴えに納得せず、訴えを却下した。

法律的な議論と（これから見るような）ごく普通の常識に依拠しつつ、注意深く書かれた意見の中で、スウィート判事は体系的に原告の訴えの一つ一つを斥けていった。マクドナルドの製品が不健康であるという申し立てに対処する際に、スウィート判事は以下のような主張を展開した。

多くの商品は、どんな消費に対しても完全に安全にすることは不可能である。また、過度に摂取すれば、どんな食品や医薬品にも害が及ぶリスクはある程度必ず存在する。普通の砂糖でも一部の糖尿病患者にとっては致命的な毒であり、ヒマシ油はムッソリーニの下では拷問手段として使用された。だからといって、「不当に危険だ」ということにはならない。不当に危険というのは、販売された商品が、その特性に関して購入した普通の消費者がコミュニティに共通する普通の知識を持ってして考えられる範囲を超えて、危険でなくてはならない。良いウィスキーは、単に一部の人を酔っ払わせるというだけでは不当に危険ではないが、アルコール依存症に対しては特に危険なのである。しかし、危険な量の燃料油を含むような悪いウィスキーは、不当に危険なのである。(531)

判事はマクドナルドの商品が不当に危険であるとは感じなかったのである。

判事の意見は、ファストフード店と小児肥満症との関連性を排除するものではないが、自分の行動に対する責任に関するそもそも論を問わねばならないことを示唆するものである。これは、自分を自分自身から守るよう設計された政策に対して共通に当てはまる批判である——人々は自己責任を回避しているのである。しかし、自己責任論だけでは、社会的介入を排除するだけの強力な議論にはならない。おそらく、マクドナルドで食事をしていた子供たちは、ハンバーガーやフライドポテトを食べ続けることが健康に及ぼす潜在的な影響を十分に認識していたかもしれない。しかし、もし彼らの考えが甘く、時間的非整合であったらどうだろうか。彼らの貧しい食生活はマクドナルドのせいではないかもしれないが、ファストフードの販売と消費を規制することで、小児肥満症の問題を緩和できるだろうか。そしてたとえわれわれがこのようにこの問題にアプローチすることができたとしても、そうするのは望ましいことであろうか。これらの問は次の章で取り扱おう。

文献案内

肥満率の上昇についての主な三つの経済学的な説明に関する論文としては、以下のようなものがある。技術進歩については Philipson and Posner (2003, 2008), Philipson (2001) と Lakdawalla and Philipson (2009) があり、食事の準備に関する分業については Cutler, Glaeser, and Shapiro (2003)、働く女性とレストランの増加については Chou, Grossman and Saffer (2004), Rashad and Grossman (2004) と Rashad, Grossman and Chou (2006) がある。

ＢＭＩ、所得と他の労働市場の要因との関係について論じた論文としては、Cawley (2004), Cawley and Danziger (2004), Du et al. (2004), Conley and Glauber (2006), Schroeter, Lusk, and Tyner (2008), Cowley, Moran and Simon (2010), Schmeiser (2009), Courtemanche (2009) そして Garcia Villar and Quintana-Domeque (2009) がある。

肥満率とフード・スタンプ・プログラムに関する論文としては、Fraker, Martini, and Ohls

(1995), Cuellar (2003), Chen, Yen, and Eastwood (2005), Kaushal (2007) と ver Ploeg and Ralston (2008) が挙げられる。

体重と喫煙の関係に関する論文には、Klesges and Shumaker (1992), Grunberg (1992), Pattishall (1992), Cooper et al. (2003), Cawley, Masrkowitz, and Tauras (2004, 2006), Gruber and Frakes (2006), Courtemamche (2007), Baum (2009) そして Nonnemaker et al. (2009) がある。

肥満率の上昇に関して、以下の論文がさまざまな説明を行っている。Chou, Rashad, and Grossman (2008) はファストフードのテレビ広告について、Mair, Pierce, and Teret (2005) と Currie et al. (2010) はファストフードの店舗と学校の近さについて、Anderson and Butcher (2006) は学校の自動販売機について検討している。栄養情報のさまざまな側面については、Nayga (2001), Variyam and Cawley (2006), Schulman (2010) や Millimet, Tchernis, and Husain (2010) が検討している。性急さについては、Komlos, Smith, and Bogin (2004), Smith, Bogin, and Bishai (2005), Borghans and Golsteyn (2005) や Scharff (2009) が検討している。ガソリン価格については Courtemanche (2008)、ウォルマート価格については Courtemanche and Carden (2008)、子育て補助金については Herbst and Tekin (2011)、都市のスプロールについては Eid et al. (2008)、近隣の質については、Sen, Mennemeyer, and Gary (2009) と Sandy et al. (2009)、体育の授業の単位取得の条件については Cawley, Meyerhoeffer, and Newhouse (2007a, 2007b) と Cawley and

Liu (2006)、天候についてはEisenberg and Okeke (2009)、ストレスと仕事の不安定性についてはDeb et al. (2009) とSmith, Stoddard, and Barnes (2009) がそれぞれ検討している。

小児肥満性のさまざまな側面に取り組んだ論文としては、Anderson, Butcher, and Levine (2003), Eberstadt (2003), MacInnis and Rausser (2005), Cawley and Liu (2007), Johnson, McInnes, and Shinogle (2006), Wallinga (2010), Frieden, Dietz, and Collins (2010), Bor (2010), Cawley (2010) そしてJain (2010) がある。

肥満に関するその他の論文としては、Levy (2002), Auld and Grootendorst (2004), Bednarek Jeitschko, and Pecchenino (2006), Goldfarb, Leonard, and Suranovic (2005) そしてRichards, Patterson, and Tegene (2007) が食事モデルと中毒について、Guthrie, Lin, and Frazao (2002) は家での食事と外食について、Kan and Tsai (2004) はリスクに関する知識、Anderson and Matsa (2011) はファストフードの利用可能性、Chouinard et al. (2007) は乳製品への課税、Morris and Gravelle (2008) は一般開業医の供給、Oswald and Powdthavee (2007) は豊かさ、Burkhauser and Cawley (2008) は肥満の代替的な尺度、Miljkovic, Nganje, and de Chastenet (2008) は経済要因、そしてGandal and Shabelansky (2010) はスーパーマーケット価格について、それぞれ検討している。

肥満の傾向と医療費に関しては、Komlos and Baur (2004), Bhattacharya and Bundorf (2009), Cutler, Glaeser, and Rosen (2007), Michaud, van Soest, and Andreyeva (2007), Ruhm (2007), Bleich et al. (2008), Burkhauser, Cawley, and Schmeiser (2009) そして Mehta and Chang (2009) がある。

肥満と司法の議論については、Kersh and Morone (2005) を参照されたい。肥満の経済学の展望・概観としては、Finkelstein, Ruhm, and Kosa (2005), Propper (2005), Rosin (2008) がある。また、Acs と Lyles によって編集された本 (Acs and Lyles, 2007) も参照されたい。

第5章

あなたに何が一番いいかはわかっている

第一章の時男を覚えているだろうか。彼のことをもっと知ろう。まずヘビー・スモーカーで大酒飲みだ。さらに悪いことに、ＢＭＩからみて肥満の部類に入るのは間違いない。もしこれしか知らないならば、暴飲暴食で彼の名前は、要支援者リストの上位にあるだろう。自分の行動から自分自身を守るために、社会的な政策介入が必要とされる人のリストである。しかしそれだけではなく、われわれは時男には時間的整合性があることを知っている。現在の喫煙、飲酒、暴食からどのような楽しみがあろうとも、将来高額な医療費がかかる可能性があることを彼は理解しており、そして生涯にわたるそうした費用と便益について十分な知識を持っている。さらにその上、時男は不摂生をずっと続けるにしろ、最終的にやめるにしろ、どちらにしても一度決めたことは成し遂げる。時男には時間的整合性があるので、ある朝目覚めてこれまでの喫煙、飲酒、暴食を後悔することはない。

本章は社会政策を使って人を自分の行動から守ることとの正当性を議論する。時男の例では、彼を守る正当性はほとんど（多分まったく）ない。なぜなら彼には十分な情報があり、そして時間的整合性があるからだ。後で議論するように、経済学者はしばしば時男のような人を理想の基準とし、そこからの逸脱はすべて効率的でないと考える。もちろん、十分な情報があって時間的整合性のある基準というものが、不摂生をしない人であることがしばしばなのだが、第一章でみたように、時間的整合性は不摂生をしないことを意味するわけではない。タバコ、酒、食事を過度にすることによって、時男は自分にとって最大の満足をもたらすような製品を選んで消費しているのだ。しかし、時男についてあなたが知らないもう一つ重要なことがある――時男は一二歳なのだ。

子ども達を守る

喫煙し、飲酒し、過食する合理的な一二歳という概念を、ほとんどの人はなかなか受け入れ難い。温情主義的な（paternalistic）政策をめぐる社会政策の論争はほとんど常に、大人を自身の行動から守ることの是非についてである。もし大人向けのそのような政策に賛成なら、子ども向けのそのような政策も賛成だろう。たとえ大人向けの政策に強く反対であっても、子ども向けの政策は支持する（あるいは少なくとも反対はしない）かもしれない。しかし、社会的資源を使って子どもを不摂生から守るべきだということは、それほど明らかなことだろうか。これはとても重要な質問かもしれない。なぜなら、子どもを守る正当性が弱いのであれば、大人を守ることの正当性はもっと弱いからである。たとえ仮に子どもを守ることの正当性が強いとしても、われわれはそうした正当性が大人を対象にした政策にどれくらいうまくあてはまるか、検討することができよう。

時男から始めよう。肝心な質問はこれだ。「もしあなたが時男について知っていることは、時男は完全な情報をもっていて、合理的かつ時間整合的な中毒者だということだけだとして、時男を彼自身から守るために社会政策を使うことを決定するのに、それで十分な情報といえるのか？」。もしその答えをイエスだと思うなら、時男の行動を管理するために政策を使うことはほとんど正当化できない。時男が一二歳だろうと、二五歳、七三歳だろうと、彼を自ら選んだ消費計画から逸脱させるような介入はなんであれ、それは必ず彼の厚生を低下させる。でも、もし答えが「ノー」ならばどうだろう、時男についてもっと多くの情報が必要になるのだろうか。時男が一二歳だと知ったら状況はどう変わるだろうか。

一二歳と二五歳の時間的整合性のある中毒者の違いは何だろうか。理論的には違いがない。合理性と時間的整合性が彼らの行動を支配していると、仮定されている。つまり、違いは仮定の現実性にある。さあ、直視しよう。一二歳の子どもが成熟していて、十分な情報をもち、辛抱強くて、時間的整合性のある決断をする認知能力をもっていると、誰が思うだろうか。多分思わないだろう。言い換えると、時男のような子どもは現実世界にいそうにない。だから大人の行動を管理することを考える際には、彼のことは参考にならないのである。

時間的非整合で聡明な聡美はどうなるのか。彼女も一二歳と仮定しよう。聡明な聡美は自分には時間的整合性がないと自覚して、自己管理を行うか、あるいは自分の行動を管理するための社会政策を求めるかもしれない。このように、聡明だが時間的整合性を欠く子どもを支援する政策は、うまく正当化できるかもしれない。しかし、その聡明さの程度はおそらく通常の一二歳の子どもの能力をはるかに超えているので、聡美のような子どもが現実の世界に大勢いることはありそうにない、と再度結論できる。第一章で論じた理論的なモデルから最後に残る可能性は一つだけ——一二歳の考えの甘い甘太だ。

考えが甘く時間的整合性のない子どもなので、甘太は現在の不摂生を将来後悔するかもしれないが、彼はこの後悔を予測できない。喫煙または飲酒をする、あるいは肥満である一〇代の子どもは、成人しても喫煙や飲酒をし、あるいは肥満である可能性が高い。大人になって、彼らの多くが過去を振り返って、未成年のうちに不摂生しなかったらよかったのにと思うのである。甘太は子どものときに不摂生をしながらも、大人になったら控えようと考えているのかもしれない。しかし、大人になったら、もはや控えることが最善の策ではないと気づくのである。こうした設定では、甘太の行動を管理する社会政策を正当化できるかもしれない。

しかし、たとえ考えの甘いことから子どもの行動を管理する政策を正当化できると合意しても、政策は具体的にどうすべきだろうか。子どもの行動を管理するために社会政策は必要ではないかもしれない。というのは、民間には温情的なメカニズムが現在あるからだ——親がいるのだ。興味深いことに、まさにこの親の役割を考慮することで、考えの甘い子どもを保護するために社会政策を使うことの正当性は、大人を保護する場合に比べて弱くなるのかもしれない。二五歳の大人は親に保護されているとは考えにくいが、一二歳の子どもだったら親の保護の下にあると考えるのが普通だろう。

もし保護者の指導が社会政策を代替するのなら、子どもの不摂生を管理するためには、民間の資源を使うことが最適であろう。それによって社会資源を他のところに使える。さらに子どもが、特に一〇代後半であれば、喫煙や飲酒をしても気にしない親がいるかもしれない。このことから子どもの行動を管理するという社会政策の役割はさらに小さくなる。しかしこれには、もう一つの側面がある。親はたとえ最善の意図を持っていても、子どもをうまく管理できないと主張する人もいる。それどころか、社会政策を支持しているさらに強い主張は、親自身が自分の子どもをうまく管理できないことを認識し、政府にそのような政策を**要求**しているというものである。このような親は、自己管理の欠如を認識して政府の介入を評価する聡明で時間的非整合な中毒者と似ている。子どもは聡明でないかもしれないが、親は聡明であろう。

親には、彼らの希望に反して不摂生する子どもを罰する能力は確かにあるが、政府の方がそうした行動をもっと効率的に管理できるかもしれない。例えば、あなたは自分の一二歳の子どもがお酒やタバコを買うことを望まないだろうが、子どもが購入するものをいちいちどう監視するというのか。他方、政府は、酒やタバコの子どもへの販売を違法とすることができる。これは親ではできないことである。第三章で見たように、合法的に飲酒できる年齢を法で定めることは、青少年の飲酒を防止するための重要な政策手段である。

子どもをさまざまな不摂生から保護する政策がとても広く世界的に受け入れられているので、子どもたちは自分にとって何が一番よいのかわからないからこうした政策が正当化されるのだ、と結論するのが一番容易かもしれない。確かに、子どもを自身の行動から守ることを正当する強い根拠は、十分な情報に基づく選択をするために必要な情報を子ども達がもっていない、または正しく認識できないことにある。しかし、十分な情報がないことは経済学ではよくある話なので、温情主義に関する最近の経済学研究が、昔からよく理解されている伝統的な社会的管理政策を正当化する理由付けに対して貢献しているところは大きくない（この問題については第六章で再度簡潔に論じる）。しかし、たとえ十分に情報を与えられても、もし子どもが目先のことしか考えず、かつ考えが甘く時間的非整合であるならば、彼らは多くの行動を管理してもらう必要がある――もし親によってでなければ（といっても満足がいくほどの管理能力はないのだが）、公共政策によってである。このように、もし近視眼的な思考や時間的非整合性が、子どもを自身から守ることについて正当化できる最も強く現代的な理由であるならば、われわれは大人においてそれを検証して、そうした正当化が子どもに対して妥当かどうかを問う必要がある。

割引を割り引くべきか

第一章できわめて詳細に論じたように、人の主観的な時間選好率は、依存症を研究する際の重要な因子である。割引ファクターδは、連続する二つの期間の間の辛抱強さの程度を示し、δが小さいほど、より辛抱強くないこと（あるいはより低水準の辛抱強さ）を表す。中毒財の消費には、通常、現在の満足と将来の不健康との比較検討を伴うため、より近視眼的な（または辛抱強くない）人は、そうでない人よりも中毒者になりやすい。それゆえ、中毒財を制限するための公共政策の選択肢を考える上で、現実世界で割引ファクターがどれくらいかしっかりと知ることができれば、有益であろう。

優れた文献レビュー（Frederick, Loewenstein, and O'Donoghue, 2002）が、割引ファクターの測定を試みた非常に多数の文献を展望している。著者達は重要な観察的事実を三つ示した。まず、割引ファクターの測定結果には非常に大きい値から非常に小さい値まで大きな幅があり、まさにゼロ（まったく辛抱できない）から一（完全に辛抱できる）までだ。次に時間の経過とともに、統計手法が改善され、より幅広いデータ・セットが用いられてきたけれども、割引ファクターの測定値は収束せず、より狭い範囲に収まることもなかった。割引ファクターの値が広範囲にわたるということは、否定できないように見える。最後に、もし比較的ある一つの傾向がデータに現れやすいということがあるならば、それは割引ファクターが非常に小さいように見えるということであり、辛抱強さのレベルが低いことを示している。きわめて小さな推計値は、現実的にありそうな割引ファクターはどれくらいかという常識的な値と食い違っている。例えば、もしあなたの割引ファクターが非常に小さく、目先のことばかり考えているのであれば、低金利の預金口座にあるあなたのお金はどうしたら説明できるのだろうか。割引ファクターの推計の精度に問題があるかもしれない。

割引ファクターの推計値の範囲が広くなるのには、いくつか理由がある。割引というものは主観的な概念なので、一人ひとりの値は違うかもしれない。これまでの研究が計測を試みているのは、そうした割引ファクターの平均値または範囲であるが、人々の辛抱強さの水準にはとても大きな違いがあるので、それが推計値として現れている。また、割引ファクターを測定する手法もばらばらである。多くの研究が実験的手法を用いており、選択の結果として被験者に与えられる報酬は、実際に与えられる場合もあるが、仮想にすぎない場合もある。テストは概念的には同じでも実施方法が違うと、結果に大きな差が生じる可能性があるのである。その他に、現在と将来の結果の比較検討を伴う状況下で収集された現実のデータを使う研究もあった。

例えば、電化製品を選択する消費者は、現在の購入価格とその使用によって長期に生じるエネルギー費用との比較検討に直面する（Frederick, Loewenstein, and O'Donoghue, 2002）。エネルギー効率が高い製品は現在の費用は高くつくが、長期的にはお金を節約できる。このような市場データを使って割引ファクターを推計すると、電化製品の種類により割引ファクターが大きく違った。もう一つの例として、軍縮が政策目標であった時に、軍人に与えた退職オプションを調べた興味深い研究（Warner and Pleeter, 2001）をとりあげよう。退職有資格者は退職金を今すぐ一回払いで受けとるのか、それとも総額はより大きいが多年にわたる毎年分割払いで受けとるのか、二つの選択肢を与えられた。政府は（割引ファクターの予測値を約〇・八五とする計算に基いて）二つの選択肢で半々に分かれると予想していたが、しかし実際はそうならなかった――ずっと多くの退職者が一回払いを選んだ。これが示唆することは、割引ファクターは政府の予測よりも低い（より辛抱強くない）ということだ。

人々の間にある違いや推計方法の違いに加え、いくつかの交絡因子があることによって、主観的な時間選好率を取り出すことはきわめて難しい。理論的には、割引ファクターはある個人の時間選好率だけを測る、すなわち辛抱強さの水準がどのように現在対将来の選択に影響するのかを測ると想定されている。しかし、他の要因も現在対将来の選択に影響を及ぼす可能性がある。例えば、あなたは一年後の二五〇ドルより今の二〇〇ドルの方を好むとしよう。それは、あなたの割引ファクターが〇・八〇（＝二〇〇÷二五〇）より大きいからなのであろうか、それとも今二〇〇ドルを投資して一年後までに追加的に五〇ドル以上の利益を得ることができると信じているからなのだろうか。もし後者が妥当するならば、今二〇〇ドルを好むことは、あなたの本当の時間選好率の計算には役立たない。

もう一つの交絡因子は、将来の出来事の不確実性に関することである。あなたが今の二〇〇ドルを好むのは、一年後本当に二五〇ドルもらえると確信していないからかもしれない。同様に、一年後に自分は違う状況にいると考えているからかもしれない。例えば、一年後には雇用されていて、今日の観点からみて、将来の追加的な金はそれほど重要ではなくなるかもしれない。インフレはお金の価値を減じるので、将来より今の方を選ぶということもあるかもしれない。時間選好率以外にも、これらすべての因子が現在対将来のお金に関する選択に影響する。これらの因子を、時間選好率を推計する研究で考慮することは不可能だろう。

中毒の話について言えば、辛抱強い人より辛抱強くない人の方が中毒になりやすいだろう。しかし、この基本的な結果にすら問題があるかもしれない。もしこれが逆だったらどうだろうか。もし中毒者は中毒であるが故に非中毒者より辛抱強くないとしたらどうだろう。ノルウェーのデータを使った研究（Bretteville-Jensen, 1999）では、ヘロインとアンフェタミンの現利用者の割引ファクターと、非利用者や元利用者の割引ファクターを比較している。被験者には仮想的なさまざまな所得流列（訳注　所得の発生パターン）から選んでもらい、そこから計算される年間割引ファクターは現利用者〇・五三、非利用者〇・九五、元利用者〇・八七であった。この三つのグループの中で、もっとも辛抱強くないのは現利用者であり、もっとも辛抱強かったのは非利用者であった。

この結果についての標準的な説明は、麻薬利用者はかなりの程度辛抱強くないので、将来の医療費よりも現在の満足により興味を持つ傾向があり、これは非利用者と正反対である。しかし、興味深いことに、元利用者の辛抱強さの水準は現利用者よりも非利用者の方に近い。そもそも、彼らは麻薬利用者になってしまうほど相当辛抱強くない、ということではないのか。この簡単な証拠が示していることは、現利用者が辛抱強くないのは、まさに彼らは麻薬利用者だからだということである。もし彼らが麻薬をきっぱりとやめたら、再び辛抱強くなることができる。多分、最初に麻薬を使ったのはほんのお試しだったのだが、それが強い依存性となり、結果的に辛抱強くない行動になってしまう。この研究は、辛抱強くないことと麻薬利用との間の因果関係がどのようにして双方向に動きうるのかを確かに示しているのである。

時間選好率が中毒行動にどのように作用するのか、社会政策からもっとも恩恵を受ける——そのように一般に考えられている——目先のことばかり考える人をどのように特定するのか、決して正確には分からないかもしれない。数多くの研究にもかかわらず、個人や集団の割引ファクターがどれくらいかに関して、大まかなコンセンサスを得ることすらできていない。こんなに困難な状況であっても、割引についてもっと取り組む必要がある。人々は通常、時間的に整合的なのだろうか、それとも非整合的なのだろうか。

時間的非整合性の重要性

時間的非整合性は、人々を自分自身から守るための社会政策をどう正当化できるのかを考えるに際して、単独では最も重要な概念かもしれない。人は短期的には性急な決断（喫煙を始める）をするが、長期的には辛抱強い意思決定をする能力（一〇年でタバコをやめる）を信頼しているのかもしれない。しかし結局、一〇年後にその長期が短期になった時には、辛抱強くない決断をして、喫煙を続けてしまう。時間的非整合性は選好の逆転を許容するのである。そして、公共政策についての面白い議論を引き起こすのは、現在の視点からの長期的選好と将来の短期的選好の対立なのだ。

実証的に時間的非整合性の存在を確認するため、割引ファクターの大きさとともに、それが時間とともにどのように変化しているかを究明していくことも重要だ。典型的な時間的非整合な行動においては、人は短期的には辛抱強くないのだが長期的には辛抱強くなる。これが含意しているのは、割引ファクターは時間とともに増加するということである。なぜなら、割引ファクターが高いほど辛抱強いからだ。時間とともに割引ファクターが増加している証拠を見出した研究は、特に実験的な研究においては、沢山ある。それにもかかわらず、増加する割引ファクターには時間的非整合性が本当に関係しているかもしれないが、前に議論したように、交絡因子によってそのような結果になっているという議論がしばしばなされる。

例えば、割引ファクターが時間を通じて一定なのかどうかを決めるのが難しくなるのは、時間選好率とは無関係な理由で、将来の支払いの受取りから効用が低下する人がいることに関係している。この交絡因子を明示的に考慮した研究がある（Coller, Harrison, and Rutstrom, 2005）。もしあなたの選ぶのが、ともに将来生じる二つの支払いのどちらかならば、待つことによる負の効用はどちらにもあてはまる。しかし、選ぶのが現在の支払いと将来の支払いからであれば、待つことによる負の効用は後者にだけあてはまる。著者達が設定した将来の負の効用を考慮する実験の結果によれば、もしすべての利得が将来生じるのならば、割引ファクターは時間とともに増加するようには見えない。しかし、もし現在の利得と将来の利得が比べられるのであれば、短期間で割引ファクターは増加する。著者達が正しく気づいているように、多くの政策の設定で人々が考えねばならない費用と便益は共に将来生じるものであるので、そうした場合の行動を描写するときには時間的整合性を使うことが適切かもしれない。しかしながら、中毒の設定で問題となっているのは、即座に得られる快楽であるので、時間的非整合な行動を考えることは依然として合理的かもしれない。

割引ファクターを明示的に測定することなく時間的非整合性を確認するもう一つの方法は、選好逆転の証拠を見つけることである。第一章で議論したように、多くの実験で示されたのは、将来の選択肢を選ぶ場合にはBよりAを選ぶが、それらが現在の選択肢になった将来の時点では、AよりBを選ぶという現象である。選好の逆転は容易に生じ、特に仮想の選択肢である場合は特にそうである。しかし、人々の選好が逆転しないケースも多い。その上さらにもう一度、そのような逆転に対する説明として時間的非整合性が唯一のものではないかもしれない。現在を重視する行動は、他の多くの要因でも説明されるだろう。

時間的非整合性は通常、割引ファクターが一定でないことと見なされているが必ずしもそうではない。人の一生を通じて割引ファクターは変わっていくと、通常信じられている。例えば、一〇代の若者は中年の成人より辛抱強くないと考えられ、中年の成人は老人よりも辛抱強いと考えられる。人生が終わりに近づくにつれて、恐らく将来の出来事への関心が低下し、より現在志向となろう。実際、人は毎年違う割引ファクターを持ちながら、時間的非整合性ではない。この点を示す例をあげよう。

あなたは一八歳で、今年と来年の選択についてかなり性急だとする。一八歳で自分の二八歳を想像して、二八歳と二九歳の間の選択について自分は比較的辛抱強いと考えるが、その時がきたら、またもや自分が現在の年とその翌年の間の選択で性急になっていることに気づく。一八歳のあなたが選んだ消費計画は、もはや二八歳となったあなたが選ぶ消費計画ではない。そこで今度は、一八歳で性急だと自分のことを考えるのだが、割引ファクターが時間とともに変わるので、二八歳になったらかなり辛抱強くなることを知っているとしよう。あなたは長期では辛抱強いが短期ではそうではない。しかしこのケースでは、長期が短期になった時に、あなたは本当に辛抱強いのである。こうして、割引ファクターが変化する場合でも時間的整合な判断を下すことができる。

もう一つ時間的非整合性に関して共通にみられる混乱は、時間的非整合性はしばしば性急さに関連するが、そうとは限らないということだ。辛抱強さは、割引ファクターの大きさに——たとえそれが一定であるにしろ——関連している。時間的整合性はあるが割引ファクターが大変小さい場合には、その人は性急になるのである。性急で時間的整合性のある人は衝動的な意思決定を行い、喫煙、飲酒、過食をするかもしれない。しかし彼らは後悔することはなく、当初の消費計画を守らない理由もない。時間的非整合性は、現在の視点で将来をどう割り引くか、そしてそれが将来に近づいた時に行われる割り引きと比較して同じなのか、ということに関連している。辛抱強い人の場合でも、将来の選択肢二つから選ぶときはとても辛抱強いが、それらの選択肢が現在になったら、それほど辛抱強くなくなることはありえる。つまり、辛抱強い人でも選好の逆転はありえるのである。

結局、時間的非整合性を識別しようとフォーマルな研究が試みているにもかかわらず、ある行動を立証するのには逸話的な証拠や一般常識が大いに役立つことがある。時間的整合性のある人の場合は、理論的には、自己管理をする理由がなく、過去の決定を後悔する理由もない。だが、現実の世界では、自己管理や後悔が存在することを示す逸話にはことかかない。以下に代表的な引用を二つ示そう。

> 昔、タバコ一箱をビニール袋で包んで、裏口の植木鉢に埋めたことがある。その結果、タバコを吸いたい時には毎回、植木鉢を掘って、タバコを引っぱり出して再び埋めなければならない破目になった。(Pat, Valley Stream, New York[1])

> 私はもう少しで一七歳。前には思ってもみなかったほど色々経験してきた。でも、私はアルコール依存症だ。すべての麻薬をやり尽くしたけど、その感じが大好き。他の人には麻薬にはまっているとは言わないけど、麻薬をやる唯一の理由は自分の問題を全部隠せるか

訳注（1）原文に示されたウェッブサイトへのリンクは既に無効になっていたので削除した。

ら。自分の問題を隠せるほかのものを見つけられたらよかったのだけど。自分が嫌で、毎日自分でなくなればと思うけど、そうはならないし、最悪。でも何とかしないとね。(Alyse, Aurora, Colorado, http://www.pbs.org/inthemix/shows/pov_drug_abuse.html)

逸話的な証拠に頼ることは問題があり、事例がいくつかあるからといって、そうした行動がどれくらい広範にみられるものなのかわからない、という場合には特に問題なのだが、この場合は、これら二つの引用は氷山の一角でしかない。さらに何千件もの引用を示すことも容易であろうが、この二つは主要なポイントを適切に示している——時間的非整合性はきわめて一般的にみられる行動特性である可能性が高いのである。

自己管理にお金を払う

自己管理の実例は簡単に入手できる。見回せば、不摂生を管理するために設計された商品が沢山ある。特に喫煙と過食について沢山あるし、さらに一二段階プログラム(2)のような自助プログラムも数多くある。明らかに、人々は自分の不摂生を抑制するために喜んでお金を払っていて、これは時間整合的な行動とは著しく非整合なのだ。

自己管理に対する支払いの一つの面白い形式は、悪を数量割当にすることだ。多くの商品はさまざまなパッケージサイズで販売されていて、大量に買えば割引があるのが普通である。喫煙者はタバコを一箱でも買えるし、あるいは一箱あたりの値段が安くなる一カートンで買うこともできる。ひどい短期的な所得制約がない限り、資金不足から喫煙者がタバコを一箱で買うことはないだろう。特に、そう遠くない将来、結局は追加で九箱買ってしまうのであれば。多くの種類のスナック菓子が一〇〇カロリーの包装で販売されており、標準包装より平均価額がずっと高い（ある推計では一オンス当たり一四二％高い）のが通常である。例えば、一〇〇カロリー・ゴールドフィッシュ・プレッツェル（Goldenfish Pretzels）の一オンス当たりの値段は標準サイズの三倍高い（http://www.cspinet.org）。なぜ消費者はお金を節約するために、大きい包装を選んで、毎回少しずつ消費することにしないのだろうか。

自己管理を実行する一つの方法は、より少量の悪を購入することだ。もし大きな包装でしか販売されていないなら、何も買わないように自制するのである。しかし、少量の高額の包装があるなら、手の届く悪を減らすことで、消費を管理する。ある研究（Wertenborch, 1998）では、自己管理の証拠を見つけるために、価格に対する消費者の反応を通常の財と「悪い財」で比較

訳注（２）アルコール依存症のための回復プログラム。

している。この研究では自己管理行動についていくつかのテストを行っているが、そのうちの一つは大変示唆に富むものである。

普通のタバコなどの「悪の商品」と軽いタバコなどの「善の商品」を比べて、消費者は一方を他方より好むわけだが、それがどちらかは明らかではない（普通のタバコも軽いタバコも悪と考えられるので、ここでの「善」と「悪」は相対的なものだということに注意しよう）。短期的な満足を考えると、消費者は悪の商品を好むかもしれないが、長期的な影響を考えると、消費者は善の商品を好むかもしれない。この行動を識別するため、著者達はまず、三〇種類の相対的な善と悪がペアになったリストをまとめた。例えば普通のサラダドレッシングと低カロリーのドレッシング、アイスクリームとフローズン・ヨーグルト、ビーフのボロニャ・ソーセージと七面鳥のボロニャ・ソーセージ、砂糖入りジュースと果汁一〇〇％ジュースといったものだ。それから被験者は二つ質問される。

質問一　もしあなたが次のような商品の消費者だとして、そしてこれらの商品はまったく同一の長期的な影響（例えば、長期的な健康や社会に対する影響、その他の長期的な費用と便益）があるとしたら、それぞれのペアのどちらをあなたは消費しますか？これらの短期的な効果を評価するために、嗜好、使いやすさ、面白さ、衝動などその他何でもその商品を消費することが楽しくなることを考えて下さい。

質問二　もしあなたが次のような商品の消費者だったとして、そしてこれらの商品はまったく同一の短期的な影響（例えば、嗜好、使いやすさ、面白さ、衝動などその他何でもその商品の短期的な消費に影響するもの）があるとしたら、それぞれのペアのどちらをあなたは消費しますか？　これらの長期的な効果を評価するために、健康や社会に対する影響などを考えて下さい。

一つ目の問題は、遅れて生じる効果は同一だと仮定して、消費から即時に生じる効果を測るために設定されている。もし一方が好まれるならば、それが相対的な悪と示唆される。二つ目の問題は、即時に生じる効果は同一だと仮定して、消費から遅れて生じる効果を測るために設定されている。もし一方が好まれるならば、それが相対的に善と示唆される。

それぞれのペアに対する反応を集計することで、この研究は三〇ペアのなかの二一ペアについて、相対的な善と悪を見分けている。例えば、アイスクリームとフローズン・ヨーグルトに対する反応は有意に違っていて、アイスクリームは相対的に悪だ。しかし、普通のタバコと軽いタバコのペアでは、長期でも短期でも一方が有意に好まれることはなかった。このようにして相対的に善と悪と考えられる商品のペアについて、価格反応を調べることができるようになったのである。

この研究が発見したことは、小さな包装で買うと、善より悪の方が費用がかかるということである。しかし、悪の方はまた、大量に買うならより大きな割引が利用できる。つまり、販売者は消費者の悪の購入を増やすために、より大きな割引を提供しなければならないのだ。もし単に消費者が善より悪を好んでいるという話ならば、すべての包装サイズで悪の価格が高いはずだが、実際はそうではない。最後に、善の消費より悪の消費の方が、価格の変化に敏感でない（すなわち、悪の需要の価格弾力性は低い）。つまり、値引きをしても、消費者は善の消費を増やす程には悪の消費を増やさない。これらの結果をあわせてみると、消費者は悪の消費を制限するために喜んでより高い価格を支払う意思があり、これが意味することは自己管理の行動である。

ちなみに数量割当で興味深いのは、タバコ販売に関する各州の政策である。既にみたように、人を自分から守るために行う善意の国の政策は、逆の副作用をもたらすことがある。多くの州には小売業のタバコ販売を規制する法律がある。例えば、一六の州でタバコのバラ売りが禁止され（二〇〇九年六月時点）、他の多くの州でタバコメーカーのオリジナル包装以外での販売が禁止されている。(3) これらの規制の目的は、一箱のタバコを買う余裕のない人に、一回当たりほんの数本のタバコを買えなくすることである。これは喫煙を制約する一つの方法だ。他方、もし喫煙者が購入を制限することで自己管理を実行したいなら、この政策の下ではうまくいかない。一日一回吸うためのタバコ一本を買いたいのかもしれないが、最小の購入量が一箱二〇本なら、自己管理の欠如から一日数本吸ってしまうかもしれない。

自己管理のために金を払うことは不摂生と闘う一つの方法のように見えるが、皮肉なことに、この自己管理はその当事者にとって必ずしも最善の策とは限らない。ある魅力的な研究（Della Vigna and Malmendier, 2006）は、この主張をはっきり説明する現実世界のシナリオを検討している。多くの人は健康の維持・増進のために、スポーツジムの会員権を買う。典型的な支払いオプションには年間会員、月間会員（自動更新あり）、利用時払い（通常は一〇回分のパス）がある。月間会員を選ぶ人の大部分にとって、実際には、一回当たりの費用は利用時払いより大いに高くつく。著者達が主張するこの結果の説明は、最初に長期プランを選ぶ際に、将来の自己管理力を過大評価している、というものである。計画した回数ほど実際には、ジムを利用しない。一般的に言って、たとえ自己管理の手段に投資しても、時間的非整合な行動によって自己管理に失敗した場合には、その投資は無駄になるので、追加的なコストが生じることになる。

訳注（3）原文にある情報源へのリンクは既に無効になっているので削除した。なお、二〇〇九年に、家庭禁煙およびタバコ規制法が制定された結果、タバコのバラ売りはアメリカ連邦政府自身が規制することとなり、各州は必要に応じ上乗せ規制を行っている。

洗練された実験と単純な実験

行動に時間的整合性があるのかないのかを見分ける際の一つの問題は、不確実性という交絡因子に関係している。これまで議論してきたように、人々に現在バイアスがあるのは時間選好率だけではなく、将来の出来事に関する不確実性にも原因がある。これが純粋な時間選好率を取り出すことを難しくするのである。ある研究（Fernandez-Villaverde and Mukherji, 2002）の著者達は、時間的整合性のある行動とない行動を区別するために、巧みな実験を考案した。この実験では被験者に以下の二つの選択肢のどちらか一つを選ばせる。

選択肢A　あなたは、将来のある特定の日から三日間連続、実験室で一八〇分間ビデオゲームをすることができる。ただし、一日目六〇分、二日目六〇分、三日目六〇分とする。あなたは三日とも実験室に来て、出席表にサインしないといけない。

選択肢B　あなたは将来のある特定の日から三日間連続、実験室で一八〇分間ビデオゲームをすることができる。あなたはこの一八〇分を三日間で自由に使ってよいが、三日とも実験室に来て、出席表にサインしないといけない。

被験者が三日とも実験室に来る誘因を与えるため、たとえ彼らがすでに全部の時間を使ってしまっても、選択したオプションを完了した場合に、三〇ドルの支払いを受け取ることにする。

この実験はいくつか優れた特徴がある。そして最も重要なのは、この実験は時間的整合性がある行動とない行動を見分けるように設計されていることだ。時間的整合性のある人はBを選ぶだろう。なぜなら、選択肢Bの方がAよりもっと柔軟性があるからだ。実際、AはBの部分集合である。だからBを選んでも、Aのように実行することはできる。では、なぜAを選ぶ人がいるのだろうか。これを選ぶ唯一の理由は、自己管理の仕組みがあることだろう。なぜならAは厳格なスケジュールを組んでいたからだ。例えば、もしあなたが自身の自己管理の問題を認識しているならば、一日目にすべての時間を使ってしまうことを心配し、Aを選んで早い時期にゲームにはまりすぎるのを防止しようとする。または、もしあなたがビデオゲームを好きでなければ、われわれがまだ検証していない時間的非整合性の一面を発揮して、三日間にわたってゲームをすることを約束しなければ最後の日にゲームの時間をたくさん貯めすぎてしまうことになりかねない（すなわち、悪い結果の前送りである）。だからビデオゲームを楽しむか否かにかかわらず、聡明な時間的非整合な人は選択肢Aをコミットメント戦略として選ぶだろう。

この実験の二つ目の特徴は、時間選好率の効果を取り出すことを難しくしている多くの交絡因子を取り除いていることである。著者達が非常に関心を持っている交絡因子は、不確実性に関わるものである。ゲームをするのはすべて将来のことなので、どちらの選択肢を選んでも、一方には影響するが他方には影響しない不確実性は排除されている。さらに、三〇ドルの完了時点の支払い以外の報酬は非金銭的な利得であるので、選択肢が金銭的な報酬の場合には存在する（インフレ、金利、将来の富の保有、その他すべて前述のような）他の交絡因子も排除されている。しかし、その三〇ドルはすべての対象者に対して、選択した選択肢に関係なく支給される。また、選択肢のどちらか一方だけに影響する隠れたコストもない。どの被験者も、選んだ選択肢にかかわらず、実験を完了するには必ず三日続けてわざわざ実験室に来なければならない。

最後に、そして著者達にとっても重要なのは、この実験は**仮想**の選択肢を含んでいないことである。この種の実験で選択肢が実体的なものではない場合、被験者は真剣に考えないために、結果があまり信頼できないかもしれない。実体的な何か得失がないと、被験者は現実の状況の下で示す選択と同じ選択をしないかもしれない。この実験での選択は実際の行動と関わるし、しかも選択肢がわかりやすい。

結果に関しては、二三人がこの実験に参加し、そのうち二〇人（八七％）が選択肢Bを、三人（一三％）が選択肢Aを選んだ。著者達の解釈では、この結果は時間的非整合な行動に関して根拠を提供するけれども、特に他の多くの研究の主張と比較すると、弱いものでしかない。ただし、彼らは観察上の問題も指摘する。より柔軟性のない選択肢Aを選ぶことはコミットメントへの選好を意味するが、考えの甘い時間的非整合な人は、自分は時間的整合性のある消費計画を実行できると信じ込んで、選択肢Bを選んでいるのかもしれない。だから、選択肢Aを選んだ人は聡明な時間的非整合な人だが、この実験参加者の中で彼らだけが時間的非整合な人というわけではないだろう。だが面白いのは、ほんの一握りにしろ、より柔軟性のない選択肢を選んだ学生がいたということだ。著者達はこれを弱い結果として重視していないが、それでもこの結果は、自分の時間的非整合性の問題を認識し、その問題が自身の行動に与える影響を和らげるために対応しようという聡明な人々がいることをはっきり示した。この実験は、現実世界では明確に見分けにくい行動を経済学者がどのように見分けようと試みているかを示す、有用な実例である。

自己管理を実行している人を見分けることは、時間的整合な人と聡明で時間的非整合な人を区別することに役立つが、時間整合的な人と考えが甘い時間的非整合な人との区別には役立たない。時間整合的な時男も考えの甘い甘太のどちらも、自己管理を実行する必要を感じないだろう。ある面白い研究（Wong, 2008）は、時間整合的な行動と考えの甘い時間非整合な行動を区別することを試みた実験を報告している。

著者は自分の経済学の授業で、学生たちの学習計画を調査している。以下のような質問を学生たちに行った。彼の授業は一〇月一日に始まり、一回目の試験は一〇月三一日に予定されているとしよう。彼が学生たちに尋ねるのは、学生たちが考える、試験勉強を始めるのに一番**望ましい**日である。ある学生の回答は一〇月二四日としよう。次に学生たちに、自分が実際に試験勉強を始めるだろうと思っている日を尋ねる。先の学生は一〇月二六日と答える。とするとこの学生については、**予期された遅れ**は二日間だ。予期された遅れは、人が自分の時間的非整合性の問題に気づいている程度を計測している。だから、聡明な聡美には予期された遅れがあるわけだが、時間的整合な時男や考えが甘い甘太にはない。

しかし、時男と甘太は区別できる。なぜなら、時男は遅れがないと正しく予測し、甘太は遅れがないと予測するがそれは間違っているからだ。この区別を行うために、試験日に先生は学生たちに対して、実際に試験勉強を始めた日を尋ねる。ある学生は遅れがないと予測したが、実際に試験勉強を始めた日は一〇月二七日で、以前理想としていた日より三日遅れたとしよう。この学生の場合、**予想外の遅れ**は三日だ。時男には予想外の遅延がないが、甘太には確実にある。

この二つの問いを組み合わせることで、この調査は時間的整合、聡明な時間的非整合、考えが甘い時間的非整合な行動の三つを、見事に区別している。時男だけは、予期された遅れも予想外の遅れもない。どのような学習計画を立てても、彼はそれを完全に実行する。聡美だけは予期された遅れがあるが、予想外の遅れはない。聡美は時間的非整合で勉強が遅れるかもしれないが、彼女はこの問題を完全に認識している。最後に、甘太だけは、予期された遅れがないが予想外の遅れがある。甘太は自らの時間的非整合性の問題を認識していないから、勉強の遅れを予測しない。

この研究の結果によれば、ほんの少数の学生だけが時間的整合な行動をとる。時間的非整合性はきわめて普通に見られる行動であり、考えが甘い行動の方が聡明な行動より多く見られる。さらにこの研究によれば、時間的非整合性と学業成績が振るわないことは関連している。もちろん著者が述べるように、他の交絡因子が学生の学習行動に影響しているかもしれないが、この研究は、理論的な行動を現実世界の選択問題において実証的に検証しようとする有用な試みである。

本章のこれまでの議論をまとめると、一つ重要な結論が得られる——人々は異質であり、おそらく相当異質である。本書を通じて議論される明らかな違いは、性別、年齢、人種、所得、教育など、その他たくさんあるが、ここで強調される重要な違いは、辛抱強いかどうか、時間的整合性があるかどうか、聡明か、それとも考えが甘いか、ということである。そのような大きな違いに対して公共政策を設計することは、非常に困難な任務だ。そのような公共政策を正当化することは、さらに一層困難だろう。

元気を出せ、幸せになれ

どのような文脈で社会政策を議論するとしても、その出発点は社会的目標を定義することである。公共政策のゴールは何であろうか。簡単な目標から始めよう。人々をより幸せにする社会政策を作る。一見わかりやすいが、難しい問題が起きる。特に、この政策が人を自分自身から守ることを意図している場合だ。あなたがより幸せにしようとしているその人が、その政策に対してどのように反応するか、すべてはそれ次第である。

私たちの議論に文脈をつけるために、具体的できわめて普通の政策選択肢を考えよう——タバコ一箱の税率の引き上げである。これは喫煙者の幸せにどのように影響するだろうか。この問いに取り組むには、対象とする喫煙者のタイプについて考えねばならない。もし喫煙者が、例えば時男のように十分な情報をもつ時間的整合性のある人ならば、彼はこの社会的な介入を評価しないだろう。前に議論したように、時男は自らの現在と将来の行動の費用と便益を完全に理解し、過去の行動を決して後悔しない。喫煙すると決めるのは、それによって彼が明らかにもっといい状態になるからだ。もしタバコ課税の目的が時男のような人を幸せにすることならば、失敗に終わるだろう。

もし喫煙者が聡美のように聡明で時間的非整合な人であるならば、どうだろうか。この場合は社会的管理政策にとって、より興味深い可能性が生まれる。聡美は後悔する可能性を認識しているから、喫煙行動を自制したいのかもしれない。しかし自己管理は難しく、手間がかかるし、時に実行可能でないこともある。ここで社会政策が役に立つ。聡美は自己管理能力を欠いていることを知っているので、政府に自分の行動を管理してもらいたいのだ。そこでもう一度認識することが重要なのは、彼女が管理してもらいたいと思っているとしても、政府の政策で彼女はより幸せにならないかもしれないということだ。第二章を思い出すと、レストラン、病院、職場など一定の場所において、喫煙を制限する政策を支持する喫煙者もいた。このような社会的な管理が最善の利益に適うこととなるような喫煙者もいるが、その彼らはタバコ税増税を評価しないかもしれない。ある特定の社会的管理政策がこうした喫煙者の厚生を増進する保障はない。それにもかかわらず、聡美のような人を自分自身から守ることの方が、時男のような人を守るよりも強く正当化することができる。喫煙者が特定の社会政策を要求するならば、その政策で彼らはより幸せになれるのだ。

さあ残されたのは、甘太のような考えが甘く時間的非整合な喫煙者である。一見したところ、以前、子どもを自身から守ることを議論したように、社会的管理政策の正当性はとても強いように見える。現在の喫煙の満足がどんな健康コストを将来もたらすのか認識していないので、甘太は人生のある時点で、振り返って次のような独り言を言うことになりやすい。「どうしてあんなにたくさん喫煙したんだろう？」。もし政府の租税政策が甘太の生涯喫煙量を減らすならば、彼はそんな後悔をせず、より幸せに過ごせるかもしれない。しかし、この推論には重大な問題がある。もし甘太は将来後悔する可能性を認識しないなら、現在の行動を管理する社会政策が最終的には自分の利益となることを、一体どうすれば認識できるだろうか。彼は認識できないし、温情主義的な政策を支持する一流の学者もこの問題を認識している。

時間的非整合だが考えが甘く、自己管理に問題があるがそれを認識していない消費者の場合、自身の目では、増税によって状態が改善したと認識できない。このような消費者は自分には時間的整合性があると見なすから……増税による価格上昇から暮らし向きが悪くなると思うだろう。社会的厚生は、考えが甘い（時間的非整合な）喫煙者への増税によって、上がるかもしれないが、しかし彼ら自身の認識では厚生は向上していない。（Gruber and Mullainathan, 2002, p.9）

この引用の政策的含意には、さらなる精査が必要だ。

考えが甘い時間的非整合な喫煙者だけからなる社会を考えてみよう。政府がタバコの税率を上げると、どの人も嗜好のためにより多くのお金を支払わねばならないことで、暮らし向きが悪化することを認識する。もし社会の全構成員が自分の厚生が低下したと思うならば、社会的厚生が上がることが可能なのだろうか。もし社会的厚生がすべての人の個人的な厚生の総和であるならば、上がることはありえない。定義によって、社会的厚生は必ず下がる。もし社会的目標が人々をより幸せにすることならば、この社会においてはタバコ増税でその社会的目標を達成することは不可能である。

同じシナリオを違う文脈で考えてみよう。あなたは子どもを連れて雑貨店にいる親だとしよう。子どもはあなたに、ショッピングカートに飴やスナック菓子をいっぱい入れてもらいたい。あなたが断ると、子どもはカンカンに怒る。それでもあなたは断り続ける。あなたは自分の行動が子どもをより幸せにしていると思うだろうか。おそらくあなたが言えることは、長期的には子どもはジャンクフードがない方がより幸せになれるということだろう。しかし、子どもはあなたに同意するだろうか。今、健康な食事を摂ることで得られる将来の便益を、認識できるだろうか。子どもがよい食事を取ることであなたはより幸せかもしれないが、今議論しているのはあなたの幸せではない――あなたの子どもの幸せだ。子どもが認識しているように、あなたの行動により明らかに子どもの暮らしは悪化している。

そうすると、人にそれと認識されることなく幸せにすることは可能なのだろうか。この問いの答えは「ノー」かもしれない。もし自分がより幸せだと認識していないなら、彼がより幸せになっていることはない。しかし、公共政策の視点からは、それは問うべき正しい質問ではない。正しい質問は次のようなものだ。それと認識されなくても誰かを幸せにすることで社会的厚生を上げることはできるのか？　そしてこの質問の答えは完全に明快だ――状況次第。一体何に依存するのかが、温情主義的な社会政策に関する公共政策の議論の中心なのである。

正しい質問と理想的な回答

温情主義的な社会政策をそれとなくまたは明示的に勧める最近の経済学の知見を理解するには、考えの甘い時間的非整合な人々を理解することがカギになるように思う。第一章の時間的非整合で考えの甘い甘太を思い出してほしい。甘太は現在と将来の行動すべての費用と便益について、十分に知っている。彼は現在の活動を始めることを決める時、非合理的に行動しているわけではない。それどころか、彼はすべての選択肢の現在価値を計算し、現在の見通しの下で最適なものを選択するのだ。甘太の行動における考えの甘い側面は、自分が時間的非整合であることを彼自身が認識していないことである。

甘太が認識しているところでは、現在の期間と次の期間の間の選択では比較的性急なのだが、将来の二つの期間の間であれば比較的辛抱強い。そこでもし彼が、将来自分の行動がより辛抱強くなるということに頼って、今日衝動的な決断を下せると考えるならば、彼は選好の逆転を経験して驚くことになるだろう。将来の二つの期間が最終的に現在の期間と次の期間になった時に、甘太はこの二つの期間に関して再び比較的性急になり、衝動的な決定をするだろう。しかし、この考えの甘い行動の奇妙なところは、甘太は選好の逆転を経験した後でさえも甘い考えを持ち続けるところだろう。彼がある特定の選択についての将来時点の選好が、彼が予期していたものと違うと気づいた時に、考えの甘い甘太は聡明な甘太になるはずではないのか。言い換えると、甘太は非常に長期にわたり、本当に甘い考えでいられるのだろうか。

次のような例を考えてみよう。甘太は体重を減らす決意をした。月の初めには厳しいダイエットをすることになるのだが、今のところは不摂生をして、残された肥満の日々を快適に過ごすだろう。そのため、甘太は数週間の間に体重が数ポンド（訳注　一キログラム程度）増えてしまい、月の初めにハッと気づいて、厳しいダイエットを翌月の初めから始めようと決心するのである。これは典型的な選好の逆転であり、甘太は自分が将来自己管理できないことを予想していないので、われわれには彼の考えの甘いことがわかるのである。しかし、もし彼が今、自分は昔立てた計画通りにやっていないと気づくのであれば、なぜ彼は翌月の初めにダイエットを始めようと思うのだろうか。この問いの答えが、考えの甘い時間的非整合な行動を理解する重要な手がかりを与えてくれる。甘太がこのように考えが甘いのはとてもシンプルな理由によるものだ——彼はそういう人だと仮定されているからである。

経済学者の中には、考えの甘い時間的非整合な行動を考えると、とても居心地の悪さを感じる者もいる。そうした行動にはあまり経済学的意味がないように見えるからだ。甘太は時男とは違い、自分で決めた消費計画を必ずしも実行するとは限らない。甘太はまた、聡美とも違い、自分の選好が逆転をする可能性を認識していない。聡美は時男に比べると奇妙な時間選好なのかもしれないが、経済学者が気に入っているのは聡美が自分の癖を認識していることだ。しかし、甘太は経済学的に目茶苦茶である。たとえ百歩譲って甘太が自分の時間的非整合性をすぐに認識しないことはよしとしても、それが顕在化した時にどうして依然として認識できないのだろうか。どうして彼は自分自身の経験すら気づかないのだろうか。

甘太の考えが甘いことの想定が、どうして最初だけではなくいつもなのか、という理由は、現実世界で起こっているのはそうした行動だと一般的に考えられているからである。将来の行動を予測したけれどもやり通さず、それからその時点で考え直して、再び将来の行動を予測し、けれどもやり通さない……こんなことをどれ位多くの人がしているだろうか。甘い考えによる行動を想定することの最大の防御は、現実世界での行動をよく説明できるように思われることである。実際、時間的整合性のある行動など、現実世界で最も見られそうにない行動だと、ほとんどの人はたぶん考えるだろう。消費計画から決して外れないだって？　決めたことを決して後悔しないだって？　そんなことはありえない。

経済学者は現実の世界をモデル化しているのではない、ということを理解するのが重要である。代わりに、われわれがモデル化しているのは、現実世界が抽象化された原始的なバージョンなのである。当然ながら、これしかできない。現実世界は高度に複雑である。たとえ一人の人間の行動を考えるときでさえ、多くの複雑な状況は一つの抽象的なモデルで決して完全にはとらえられない。時間的整合性のある時男のような人間を導入する場合に、われわれは現実世界にまさにそのような人間が存在するとは本当には思っていない。われわれが信じているのは、時間的整合性のある行動をモデル化することで多くの洞察が得られ、そのおかげで自信を持って次のステージに移って、時間的非整合性のようなもう少し複雑な行動をモデル化することが可能となるということだ。そして時間的非整合性をモデル化した後、われわれは抽象的な世界の範囲を広げ、聡明さや考えの甘さといったさらなる精緻化を考えることができる。

われわれのモデルを、例えば考えの甘い行動を仮定することによってより現実的にする際には、抽象化による利便性をいくつか犠牲にせざるをえない。なぜなら自分の行動を理解していない人々を今や経済学の枠組みで考えねばならないからである。そして、ここから政策のパラドクスが生まれる。もし考えの甘い人々は自分達が時間的非整合であることを理解せず、そしてこれを認識する能力を欠いているならば、彼らは自分達を守るために設計された社会政策を一体どうしたら評価できるようになるだろうか。彼らは正しく評価できないので、政策の対象となる人々が認識する厚生がたとえ減少しても政策介入を正当化できるような方法で、社会的厚生は考えなければならない。

多くの社会的厚生の目的が、温情主義的な介入を正当化するために使用できるが、特にその一つが、考えの甘い人々を対象とした政策にしばしば適用される。社会的厚生の基礎を現実の選好に置くのではなく、人々の**理想的な選好**に置くのである。この場合の唯一の問題は「理想的な選好」を定義することである。

時間的整合性のある時男と考えの甘い甘太について考えよう。この二人は、ただ一点を除けば、あらゆる点で同じと想定しよう。それは、時男には時間的整合性があり、甘太にはないという点だ。これが意味することは、彼ら二人の長期の時間選好率は同じだが、短期では異なるということである。すべての将来の期間については、時男と甘太は任意の二期間の間の選択に関して同じように辛抱強い。だが、現在の期間と次の期間の選択に関しては、時男の方が甘太より辛抱強い。この違いから甘太は時間的非整合な意思決定を行い、時間的非整合性に気づいた時には手遅れという状況になる。つまり、甘太は時男とまったく同じように行動すると信じているけれども、実際にはそうならない。もし、社会的な管理政策によって甘太に時男の行動を模倣させることができるのなら、時男のようになろうという甘太の思いが実現することになるだろう。この設定では、時男の選好が理想的なベンチマークとして使用されており、したがってこの選好が社会的厚生と定義されていることになる。

例えば、今日は月曜日で、時男と甘太はある同じ土曜日の夜のパーティーに招待されたとしよう。そこにたくさんの軽食やビールがあり、もし出席したら大いに羽を伸ばすだろうということが彼らにはわかっている。しかし、二人とも次の月曜日には試験を控えており、もし日曜日に二日酔いや腹痛になると効果的に勉強できなくなるだろうということも認識している。だから今日の時点では、彼らは両方パーティーには出席したくないと決める。そして、土曜日になるとどうだろう。時男は時間的整合性があるので、依然としてパーティーには出席したくない。しかし時間的非整合な甘太は、月曜日の時点では土曜日と日曜日の間の選択については比較的辛抱強いが、今日は土曜日なので、彼は日曜日について辛抱しきれない。そこでパーティーの後に払う代償を大幅に割り引いて考え、彼はパーティーに出席することに決めた。日曜日は勉強できる体調ではなく、試験では散々な目にあって、パーティーに行ってしまったことを後悔するのである。

もしわれわれが一週間前に戻って、甘太に今から一週間後にどうしたいか尋ねることができたら、彼はパーティーには出席したくないと言うだろう。これが彼の本当の選好であり、時男の選好と一致している。土曜日になって選好の逆転が起き、甘太はパーティーに出席したくなる。彼の選好は、定義によって理想的な選好とされている時男の選好とはもはや一致しない。もし、社会政策を使って、甘太のパーティーへの出席を未然に防ぐ能力がわれわれにあるとすれば、われわれは甘太が元の計画を忠実に実行するように助けるだけでよい。思い出して欲しいのはそもそも甘太の計画なのだ。この例では社会的管理のおかげで甘太は時間的整合性のある行動ができて、厚生が改善する。介入によって時間的整合性のある、または理想とした行動がとれるようになる。したがって、社会的厚生は向上することになるだろう。

社会的厚生に関するこうした見方は、甘太の時間選好がある意味で間違いだと主張している。彼が現在について短期的で比較的性急なことは、将来全般について比較的辛抱強いことと対になっている。この短期の選好は変則的であり、時間的非整合性と後悔の原因となる。社会政策はこの間違いを正すのに適しているようだが、もう一度、パーティーの話を考えてみよう。

さあ、あなたは社会管理の担当者であり、あなたの仕事は甘太の周りにいて彼を理想的な計画から外れないようにすることである。週の初めは、パーティー出席には興味がないので、あなたが彼に出席できないよと言っても影響はない。そして土曜日、彼はパーティーに出席するつもりだと宣言する。彼に「ノー」と言うのがあなたの仕事である。甘太がどう反応すると思いますか？　彼は「元の計画を実行するように助けてくれてありがとう」と言うかもしれない。もし彼がそう言うなら、あなたは安心するに違いない。しかし、彼は「気が変わったんだ。パーティーに行きたい。じゃまするな」と言うかもしれない。緊張が生まれるだろう。あなたは彼に、彼自身が一週間前にどのように感じ、本当はどう感じていたかを思い出させる。彼はあなたに同意するが、しかしそれは一週間前であり、彼は今では本当にパーティーへ行きたいのだと言うだろう。あなたは、明日負うことになるすべてのコストと、どのように彼の試験成績に影響するかを彼に教える。彼はコストがあることには同意するが、今日と明日の間の選択について比較的性急になっているので、彼はこれらのコストを一週間前より、もっと大きく割り引く。彼が今したいことは、パーティーに出席することである。もしあなたが彼を引き止めたら、あなたは彼に理想的な計画を実行させ、社会的厚生は改善するだろうが、彼はそれを喜ばないかもしれない。

社会的厚生の定義に理想的な選好を用いることに対して深刻な批判が生じる原因は、甘太が幸せでないことである。甘太には、二人の自分がいると考えることができる——現在の自分と将来の自分だ。この二人の自分の間には緊張があり、この緊張は選好の変化によって誘発される。現在の甘太は将来の出来事については比較的辛抱強いが、将来の甘太はその時点になると比較的性急になるのである。しかし、なぜ甘太はこの問題を自力で解決できないのであろうか。政策当局が、現在の甘太と将来の甘太の間の緊張を解決する最善の立場にいるのであろうか。

以下のたとえ話を考えてみよう。あなたとあなたの妻は新婚で、初めて一緒に暮らし始めようとしている。あなたは喫煙者だが、彼女は受動喫煙を好まない。あなたはどうやってこの問題を解決するだろうか。交渉によって、二人とも同意できる何らかの結果を見つけるだろう。おそらく、屋外でのみ、または彼女が家にいないときだけ喫煙することになるだろう。あなたがきっぱり喫煙をやめるか、彼女が受動喫煙をしながら暮らすすべを学ぶという選択肢もある。ありうる結果はたくさんあるが、あなたたち両方がわくわくするとは限らないような結果も一つある――政府が介入してきて、あなたの家では喫煙はこうしなさいと言ってくることだ。もしこの解決策があなたの関心を引かないなら、このことと政府が踏み込んで二人の甘太の間の緊張を解くこととは何が違うのだろうか？

現在の自分が将来の自分と交渉することについて考えると、どちらの自分がより考慮に値するのかはっきりしないという指摘も出てくる。もし現在の自分が過食ならば、現在の自分は将来の自分にコストを負わせていることになるだろう。しかし、もし将来の自分が現在のあなたにダイエットと運動をしろと主張するなら、将来の自分が現在の自分にコストを負わせていることになろう。もし社会的管理が現在の自分自身を守る方向に向けられるとして、あなたがより大事にしているのは現在の自分なのだろうか。この内部の葛藤を解決するのに、あなたより良い立場にいる人が誰か他にいるだろうか。

温情主義的な介入について批判的なある人は、考えの甘い人々を自分の元の消費計画から外れないようにするために社会政策を用いることについて、以下の鋭い意見を述べている。

古い温情主義者は、「われわれは、あなたにとって何が一番かを知っているから、あなたにそれをさせるのです」と言った。現在の新しい温情主義者は、「あなたは自分にとって何が一番かということを知っているから、われわれはあなたにそれをさせるのです」と言う。(Whitman, 2006, p.2; 強調は原文による)

温情主義的政策に批判的な人達は、夫婦が彼らの喫煙問題を解決できるのと同じように、人はそれぞれ自分の時間的非整合性の問題を解決できるのだと主張する。しかし、この方法は、聡明な時間的非整合性の人々にとって有効だが、考えの甘い時間的非整合性の人々にとっては効き目がない。もし自分の時間的非整合性の問題を認識していなければ、解決すべき内部の葛藤の多くが存在しなくなってしまうだろう。自分が時間的整合性のある人間と信じているので、現在の自分と将来の自分は調和がとれているのである。聡明な時間的非整合性の人々の場合は、問題を自覚しているので内部の葛藤に対処できるであろう。しかしそうであっても、自己管理の問題を克服する助けとなる社会的管理は、歓迎されるだろう。現在と将来の行動をバランスさせる能力をもっていると議論することは、社会政策の価値を必ずしも排除するものではないし、特に考えの甘い人々にとってはそうだ。

では、理想的な行動に基づく社会政策には、他にどんな問題があるのだろうか？　懸念の一つは、甘太に時男の模倣をしてもらうような政策を立案することは難しいと思われることである。先程われわれが議論した例に戻ってみよう。時男は一〇年後に禁煙するつもりで今日喫煙を始めることにした。この設定においては、定義上、理想的な行動である。甘太もまた一〇年後に禁煙できると信じているが、その時が来たら彼はもはや禁煙したくなくなる。どうすれば社会政策によって、甘太に喫煙を始めさせ、そして一〇年後にやめさせることができるだろうか。将来の行動（だけ）より現在の行動を管理することの方が、社会政策にははるかに適している。税金を増やすことで、甘太が喫煙を始めることやヘビー・スモーカーになることは防げるかもしれないが、理想的な消費計画を実行させることはできるだろうか。そして甘太がまったく喫煙しないことを選択するならば、この場合の社会的厚生は、理想的な消費計画の場合の社会的厚生や、甘太の元々の時間的非整合な消費計画の場合の社会的厚生と比べてどうなのだろうか。喫煙しない甘太というのは、理想的な結果に次ぐ次善の結果なのだろうか。

さらに一層難しい問題は、まず始めに理想的な行動を特定しなければならないことである。パーティーの例では、甘太は最初はパーティーには出席したくないとしていた。これは理想的な基準を決める便利な方法かもしれない。しかし、現在の視点から将来どうしたいのかを特定できるだろうか。もしできるとすれば、将来の希望が最終的にはいつも達成されないことを、どうして知っているのだろうか。おそらく、考えの甘い時間的非整合性に対処する最善の方法は、将来後悔する可能性についての情報を集めることである。例えば、かつての麻薬使用者の調査から、多くの麻薬使用者は麻薬を使うと決めた最初の決心を後悔しているという、強い根拠があるとしよう。ここから、甘太が麻薬を使おうという現在の決断を最後になって後悔するかどうか、われわれにわかるわけではないが、この文脈では後悔することが広範にみられることが示されていることは確かである。実際、考えが甘く時間的整合性のない人々を彼ら自身から守るために社会政策が介入することを正当化する、初期の行動経済学の適応例の一つにおいては、政府がこうした人達が将来後悔するだろうと予測していることに、その根拠を求めている。以下は中毒の話ではないが、有益な話である。

あなたはちょうど大学を卒業したばかりで、借金もないと仮定しよう。あなたは二五歳で、初めて常勤職に就いて働き始める。四〇年後に退職となるので、その時に備えて特定の金額を貯金したいと思っている。退職貯蓄計画だけたてておけば十分だ。あなたは若い間は楽しく過ごそうと決意し、四〇歳になるまでは可処分所得をすべて使ってしまおうと計画する。しかし四〇歳になったら、六五歳で退職するまで可処分所得をすべて貯金しよう。この計画にしたがって、あなたは望み通りの貯金額を持って六五歳で退職するだろう。しかしながら、最初の給料を受けとる時に、あなたのために政府は別の貯蓄制度を設けていることに気づき、それにしたがうことを要求される。

政府の計画は、あなたに雇用期間四〇年間を通じて一定率で貯蓄してもらうものだ。この計画によってもまた、退職時に望む貯蓄額を貯めることができるが、自分のやり方でやることはできない。政府の貯蓄計画の趣旨をどのように評価したらよいだろうか。貯蓄の義務付けは、常識に対して非常に大きな訴求力がある。退職のために貯蓄を計画するかもしれないが、結局は元の目標には到達できないかもしれない。この設定では時間的非整合な行動が問題になるのは確かである。もし多くの人々が適切な貯蓄なしに退職する年齢になるならば、深刻な苦難に直面するか、さもなければ国のお世話になるのかもしれない。強制的な貯蓄がなければ、多くの人々は自分の目標を達成できず後悔することになる、という多くの証拠が政府にはあるのかもしれない。このように、政府が行っているのは、自分が達成したいと思う目標の達成を助けているだけである。あなたが六五歳になって、十分な貯蓄が退職時にあるのがわかり、強制的に貯蓄させられたことに感謝する。それとも、あなたは不幸だろうか。

ここに問題がある。あなたが六五歳になり計画通りの貯金額を持っていた時、こう独り言をいうかもしれない。「私は自分のやり方でもできただろうな。そうしたら、私はもっと幸せだったろうに。政府の介入なんて必要なかった」。しかし、あなたは計画した通りにはできなかっただろうと、あえて言おう。あなたは一五年間大散財し、そしてそれからも時間的整合性がなく考えが甘いから、浪費し続けただろう。あなたは自分の元の消費計画を実行しなかっただろう。しかし、われわれはどうやってそのことをあなたに納得させられるだろうか。政府はあなたに特定の貯蓄計画を無理強いし、後悔させないようにした。あなたに関する限り、より不幸になった。もし、人生の中でいつか、自分は元の消費計画を実行しなかっただろうと気づくことがなければ、あなたは決してその介入を感謝しないだろう。そしてもしあなたが本当に考えの甘い人ならば、その瞬間は決して来ないだろう。

強制貯蓄計画の正当化には、次の二つのうちのいずれかが必要である。すなわち、彼らに自分では退職にむけた適切な貯蓄ができない、つまり自分たちは聡明な時間的非整合なのだと認めさせることである。さもなければ、彼らが考えの甘い時間的非整合であり、理想的な貯蓄計画を守らせることが必要になる場合である。前者の場合、人々の厚生が増加しているため、社会的厚生が直接的に増進する。しかし後者の場合は、社会的厚生が増進するのは、それが理想的な行動の観点から定義されているためである。したがって理想的な選好が、社会政策によって保護される人の未知だが真の選好とはまったく無関係に定義されるという、奇異な特徴をもつ可能性がある。

そうであれば明らかに、理想的な行動は、社会的に受け入れ可能な行動であると考えられることによってしばしば特定化されるのである。喫煙や飲酒、過食を控えることは理想的だろうか。時間的整合性があるからといって、これらにふけらないというわけではないのである。時間的整合性とは単に、選択した消費計画が何であれ、彼は決して方針変更をしないということだ。おそらく理想的とは大きな割引ファクターを維持することと解釈されるかもしれないが、そうすると比較的近視眼的な（小さな割引ファクターであるが、必ずしも時間的非整合ではない）人々は、より辛抱強い人の理想的な行動に縛られるということになる。要するに、理想的な行動というものは、政策当局が定義したいと思うものなら何であれ、それと同じものと定義できるので、これにより公共政策の正当性はしばしば自明なものとなる。

もし社会的厚生を理想的な選好によって定義することで、あなたが不快になるのであれば、別のアプローチがある。それは、政策によって影響を受けるすべての人の実際の選好を集計して、社会的厚生とすることである。例えば、タバコの税金を引き上げて、それがすべての喫煙者にどのような影響があるかを考えよう。広く適用され、特定のグループに対象をしぼらない政策は、必然的に傷つく人も出てくるので、しばしば批判される。タバコ税は、たとえ一部の時間的非整合な人々の厚生を増加させても、時間的整合な喫煙者の厚生を減らす。しかしこの批判に対しては、社会的厚生を最大化するという目的は、すべての人が特定の社会政策によってより良くなることを保証するわけではないのだ、という正論がしばしば提起される。厚生の増加が厚生の損失を上回る限り、政策は社会的厚生の純増をもたらす。しかしながら、政策が考えの甘い時間的非整合な人々を助けることを意図している場合に、この見解を適用することには問題がある。

三人だけからなる社会を考えてみよう——時男、聡美、甘太だ。三人は全員喫煙者であり、政策当局は彼らの喫煙を抑制するためにタバコ税を上げる政策を検討している。提案された政策は社会的厚生を高めるだろうか？ 時男には時間的整合性があるため、厚生は低下する。聡美は時間的非整合であるが聡明である。そこで聡美は社会的管理をありがたく思い、厚生は向上すると想定しよう。甘太は、時間的非整合で考えが甘く、そして前述のように社会的管理をありがたく思わないので、厚生は低下する。もし厚生の増加が時男と甘太の厚生の損失の合計に及ばなければ、この政策は社会的厚生の純増をもたらさない。この基準にしたがえば、政策は実施されるべきではない。これはとても伝統的な社会的厚生分析である。

しかしながら温情主義的な観点からみると、社会的管理の明示された目標の一つは、甘太のような考えの甘い中毒者を守ることである。もし社会的管理政策の実施が、聡明な時間的非整合な中毒者への利得が正当化されるほど十分大きい時のみなのであれば、考えの甘い人々はしばしば不摂生のまま放っておかれることになろう。とすると、考えの甘い人を守るための社会政策を正当化する一番確実な方法として、われわれは理想的な選好に立ち戻ってしまうのである。

考えの甘い人々が社会的管理をありがたく思っていない時に、彼らを自分自身から守るために社会政策を正当化することが困難だ、ということがここでの主なポイントではない。ポイントは、人々自身がより良くなると主張することで政策を正当化することは、有効ではないということである。彼らは単により良くなっていないのだが、彼らが認識する幸福は政策で使用されている厚生の基準ではない。このことから、そうした政策の潜在的な価値が損なわれるわけではない。示唆されることは単に、われわれはそうした政策の正当化について慎重に考える必要があるということである。

気がかりは何？

この本で議論されている学術的な経済論文の多くは読みにくいもので、それは一般の方だけでなく、その論文の分野の専門家でないか、あるいは高度にテクニカルな研究が不得手な経済学者にとっても同様である。フォーマルな経済論文の典型的なものには、複雑な数式や定理、証明が詰め込まれていることがままある。解釈が難しい結果表や複雑なグラフもあるかもしれない。これらの論文の多くは知的に刺激的だが、訓練された経済学者にとってまったく異質なものはほとんどない。しかし、「経済的に関連のあるいくつかの領域に印が付いている人間の脳」という見出しのついた脳スキャンの画像を掲載する経済学の論文を読んでいる時には、われわれは新たな経済学の領域に踏み込みつつあるのである。その領域は**神経経済学**として知られている。

おそらく脳の経済学を掘り下げる最善の方法は、この本の主要テーマの一つに完全に当てはまる実験を行うことである。考えの甘い甘太は現在の期間と次の期間の間の選択については比較的性急だが、二つの将来の期間の間の選択については比較的辛抱強い。このことによって、なぜ甘太は、将来彼が元々意図していた消費計画から外れてしまい、後悔するようになるのか、うまく説明できる。多くの研究が時間的非整合な行動が存在することを確かめようと試みているが、神経経済学の研究にはさらなる目標がある。それは、現在と将来の選択に関する決定を被験者が下すとき、脳の中で何が起こってのかを説明することである。

ある研究（McClure, Laibson, et al., 2004）はこの目標をうまく説明している。

われわれの仮説によれば、短期と長期での選好の食い違いは、識別可能な神経系の異なる部分が活性化することを反映している。具体的には、われわれの仮説では短期の性急さは、大脳辺縁系によって動かされている。ここは即時の報酬に優先的に反応し、将来の報酬の価値にはあまり敏感ではない。他方、長期の辛抱強さは側方前頭前野および関連構造を介しているのであり、そこではより遠い将来における抽象的な報酬の間のトレードオフを評価することができる。（p.504）

次に、脳スキャン技術を使って彼らはこの仮説をテストする。

実験の被験者には、現実の利得（五〜四〇ドルの間）を伴う一連の選択肢が与えられ、より小さいがすぐもらえる報酬と、より大きいが後でしかもらえない報酬のいずれかの選択を迫られる。彼らが選択している間、彼らの脳は磁気共鳴画像を用いてスキャンされる。選択の際に活性化された脳の部分のデータを収集することで、仮説を検証することができる。この研究により、すぐ与えられる報酬と後でもらえる報酬では脳の異なる領域が活性化する、という主張を支持する証拠が得られた。

それがどうしたというのだろう。異なる状況下で脳のどの部分が「明るくなる」ことを知ることは、経済分析を深めることにどのようにつながるのだろうか。人々が性急な判断をする時に活性化する脳の部分がどこかを知ることで、同じ脳の部分を活性化させる他のきっかけは何かを調べることができるようになる。例えば著者達の指摘によれば、欲しいものを見たり、嗅いだり、触ったりすると衝動的な行動を誘発し、大脳辺縁系を活性化させる。このように、おそらくこれらのきっかけは、我慢できない行動をつかさどる脳の部分に作用する。例えばヘロイン中毒者が薬物欲求状態の時、非常に衝動的になる傾向にあり、大脳辺縁系を活性化させている。この活性化が近視眼的な思考を引き起こしているのかもしれない。そのため、近視眼的な思考によってヘロイン依存になるのか、ヘロイン中毒のせいで近視眼的思考になるのかという、以前議論した問題に神経経済学は対処できるかもしれない。

著者達は神経経済学でトレードオフを識別できると信頼しているので、最終結論はほとんどの経済学者にはおなじみの方法で示されている。

> 人間の行動は、ある競争によってしばしば支配されている。それは、特定の環境への進化的適応を反映している可能性のある低レベルの自動的なプロセスと、より最近に進化した抽象的な領域一般的な推論と将来の計画立案を行う人間独自の能力との間で行われる競争である。(p.506)

しかし、われわれの目的にとって、重要な問題が残されている。神経経済学の研究の成果によって、人々を自分自身から守るための公的な政策介入を行うという新しいアプローチを識別したり、正当化したりすることは、できるようになるのであろうか？

第一章では、中毒性の行動を間違いとみなす中毒の経済モデルについて議論した（Bernheim and Rangel, 2004）。このモデルは神経経済学の成果に大いに依存しており、著者達はこのモデルの公共政策へ含意を十分に考慮しているため、われわれにとって検討すべき興味深い事例を提供してくれている。著者達は、中毒のモデルが公共政策を考える際にどのような新しい洞察をもたらすかを示そうと試みている。

中毒財の使用を制限する最も直接的な政策手段は、それらを違法にするか、さもなければそれらの使用に重税を課すことである。しかしどちらの管理方法も、その財を消費する費用の増加に中毒者が反応しなければ、効き目がない。もし、著者達が論じているように中毒が衝動であって選好とは別物の選択であるのなら、合理性が欠如しているのだから、中毒者は費用の増加をほとんど無視して、同じ量の財を消費するだろう。つまり、この中毒モデルにしたがって行動しているのならば、租税政策では中毒財の使用を減らす目標は達成できないだろう。これは重要な洞察であるが、より伝統的な言い方をすることも可能である。

この議論を、第二章で紹介した需要の価格弾力性という経済学の概念を用いて、言い換えてみよう。価格の変化にあまり敏感でない（つまり需要の価格弾力性が低い）消費者は、税その他の費用の増加による影響をあまり受けない。衝動的な行動は低い弾力性を**説明**するかもしれないが、結局のところ、一部の消費者は価格変化にあまり反応しないと認識することは経済学においてはよくある話である。政策の観点からみて、中毒者が管理手段によって影響を受けないのは、中毒者が自分の直接的な管理の及ばないところで選択をするためなのか、あるいは他の理由のためなのか、ということは重要なのだろうか。**なぜ**ある人の需要の弾力性が低いのかということは、そういうことが存在するということを認識することに比べて二次的な重要性しかないのではなかろうか。

　同様に、中毒財の需要を高める広告の役割や、その他の販売戦略の役割を検討しよう。広告は、中毒者の衝動的な行動を誘発するきっかけとして働くことがありうる。さらに、例えばタバコのパッケージ上の内容のある反喫煙メッセージは、中毒者が衝動に抵抗することを助ける、**逆向きのきっかけ**として働くかもしれない。それから、広告を制限し、反喫煙メッセージを促進することは、中毒行動を管理する効果的な社会政策かもしれない。神経経済学はまだかなり新しい分野であるけれども、そのような社会政策は何十年も前からあった。広告が需要を強めようとする試みであることや、反喫煙、反飲酒、そして反薬物キャンペーンはこれらの財の需要を減らすための試みであることは、われわれはずい分前から知っている。そのため、中毒者が何かのきっかけや逆向きのきっかけに影響されやすいと認識したからといって、社会管理政策に関するわれわれの理解に何か新たに加わるものがあるのだろうか。もう一度言うならば、なぜ広告が需要を増やすのかを知ることは、重要なのだろうか。あるいは単に需要を増やすことを認識することが重要なのだろうか。この場合、神経経済学からいくつかの重要で新しい洞察が得られるかもしれない。

ある興味深い研究（McClure, Li, et al., 2004）が、コカコーラとペプシコーラの味覚試験において、異なる試験の設計に脳がどのように反応するかを調べている。目隠しをした味覚試験では、約半分の被験者（試験時に彼らの脳はスキャンされている）がペプシを選択した。この選択は、他の情報は何も与えられていないので、嗜好だけに基づいている。しかし、同じ被験者がどちらの飲み物がコークかを知った上でこの試験を繰り返すと、約七五%の人がコークを選択した。脳の異なる部分がそれぞれの試験で反応した。最初の試験では、報酬の感情に関連した脳の部分（大脳皮質腹内側前頭前野）が反応した。二番目の試験では、高度な認知思考や記憶に関連した脳の部分（外側前頭前皮質と海馬）が反応した。したがって、嗜好だけならばコークとペプシは、市場を等しく分け合っていたはずである。しかしコークブランドの認知が、コークに三対一の有利な市場シェアをもたらした。一部の被験者は味覚に基づけばペプシを好むが、コークのマーケティング戦略によりコークを選択した。

こうした研究の結果が社会政策を正当化したり設計したりするためにどのように使用されるかは、未解決の興味深い問題である。例えば第二章で議論したように、多くの国ではタバコの広告が制限されているが、これらの制限はしばしば包括的な禁止ではない。さまざまな種類の広告やマーケティング技術がある。おそらく他のものに比べ、脳の異なった部分に影響を与えるものもあるだろう。たぶん神経経済学が役立つのは、特定のタイプの広告を標的にしたり、中毒行動を最も効果的に減少させる特定のタイプの逆向きのきっかけを促進したりする社会管理政策を設計することであろう。

もしかすると社会政策が神経経済学（および神経科学一般）の結果を考慮する必要があるということの最大の兆候は、企業が神経マーケティング戦略を開発し始めているということである。例えば、映画スタジオでは、視聴者を引き付ける映画の予告編の効果を決めるために、脳画像を使用している（Jain, 2010）。もし広告主が神経マーケティング戦略を使用し、社会政策が制限しようとする商品の需要を高めようとするならば、政策当局は効果的な政策の選択肢を開発するために神経科学をより良く理解しなければならない。

経済学者の間では、神経経済学には強力な支持者とともに厳しい批判者もいるが、ほとんどの学者はその分野に興味がないか、経済学への貢献がどのようなものになるのか何らかの方法で判断できるほど神経経済学について十分に知らない。第一線の、そして最も尊敬されている理論家の一人であるドリュー・フューデンバーグは、神経経済学についてこのように述べている。

経済学の多くの分野にどれだけの影響を及ぼすことになるのかは時期尚早でわからないが、潜在的な影響は大きく、進行中の研究は魅力的である。したがって、すべての経済学者が神経経済学を学ぶべきとは思わないが、個人の選択と意思決定に興味がある人は、どのように神経経済学が発展していくかを注視すべきだと強く思う。(2006, p.707)

現時点で、神経経済学をあまりに熱心に賞賛したり批判したりすることは、おそらく時期尚早である。しかし、社会政策を助言する際に開かれた心を持ち続け、非常に注意深くあることは、いつでも妥当する助言であり、経済分析に対するこのアプローチに限らず他のアプローチにおいても同様である。

文献案内

時間選好と割引については驚くほどたくさんの文献がある。始めに読むものとして、Frederick, Loewenstein, O'Donoghue (2002) による優れた論文があり、これは大量の文献について徹底的かつよく考えられた展望を行っている。文献のほんの一部を例として挙げると、Fishburn and Rubinstein (1982), Loewenstein and Thaler (1989), Mischel, Shoda, Rodriguez (1989), Benzion, Rapoport and Yagil (1989), Loewenstein, Prelec (1991, 1992), Becker and Mulligan (1997), Bretteville-Jensen (1999), Angeletos et al. (2001), Bickel and Marsch (2001), Warner and Pleeter (2001), Fehr (2002), Fernandez-Villaverde and Mukherji (2002), Diamond and Koszegi (2003), Rubinstein (2003), Gruber and Koszegi (2004), Dasgupta and Maskin (2005), McClure,Laibson et al. (2004), Soman et al. (2005), Coller, Harrison and Rutstrom (2005), Shapiro (2005), Sopher and Sheth (2005), Hansen (2006), Benhabib, Bisin and Schotter (2010), Winkler(2006), Eisenhauer and Ventura (2006), Frederick (2006), Blondel, Loheac and Rinaudo (2007), McClure et al. (2007), Bettinger and Slonim (2007), Khwaja, Silverman and Sloan (2007), Rasmusen (2008a), Andersen et al. (2008), Wong (2008), Ida and Goto (2009), Grignon (2009), Noor (2009) そしてAndreoni and Sprenger (2010a, 2010b) らによる論文を見てほしい。

神経経済学について学習し始めるのに一番良いのは、Camerer, Loewenstein and Prelec (2005) によるすばらしい展望論文である。この新しい分野に好意的な他の論文としては、Bernheim and Rangel (2005), Camerer (2006, 2008), Jamison (2008), McCabe (2008) と Spiegler (2008) がある。この新しい分野に批判的な論文は、Gul and Pesendorfer (2008), Rubinstein (2008) と Harrison

(2008a, 2008b) である。

神経マーケティングについての論文は、Jain(2009) と McClure, Li et al.(2004) がある。

自己管理についての論文には、Thaler and Shefrin (1981), Schelling (1984), Cowen (1991), Wertenbroch (1998), Ariely and Wertenbroch (2002), Benabou and Tirole (2004), Read (2006), Della Vigna and Malmendier (2006), Ameriks, Caplin, Leahy and Tyler (2007) と Heidhues and Koszegi (2009) がある。

幸福の経済学を扱ったいくつかの論文を挙げれば、Ng(2003), Gruber and Mullainathan (2005), Dolan, Peasgood and White (2008) と Barrotta (2008) がある。

行動経済学と温情主義的な社会政策の賛否両論を論じている一部の研究がある。一方を取り上げたものも、両方を取り上げたものもあるが、これらの論文すべてがこれらの比較的新しい分野での興味深く困難だがやりがいのある視点を示している。この文献のほんの一部を例示すると、Sunstein (1986), Burrows (1993, 1995), Conlisk (1996), Blackmar (1998), Jolls,Sunstein and Thaler (1998a, 1998b), Posner (1998), Rabin (1998), Zamir (1998), McFadden (1999), Korobkin and Ulen (2000), Leonard, Goldfarb and Suranovic (2000), Rubinstein (2001), Mitchell (2002, 2005), Benjamin and Laibson (2003), Camerer et al. (2003), O'Donoghue and Rabin (2003, 2006), Rachlinski (2003, 2006), Sunstein and Thaler (2003), Thaler and Sunstein (2003), Thaler and Benartzi (2004),

Harrison (2005), Benjamin, Brown and Shapiro (2006), Epstein (2006), Fudenberg (2006), Glaeser (2006), Jolls and Sunstein (2006), Loewenstein and O'Donoghue (2006), Pesendorfer (2006), Rubinstein (2006), Whitman (2006), Berg and Gigerenzer (2007), そしてLevine (2009) がある。

第6章

新しい温情主義

―最終的な見解

本書を通して、いくつかのテーマが強調されてきた。本章ではこれらのテーマを統合し、社会問題にアプローチする際の経済分析の役割について、特に温情主義的な視点から簡単に議論しよう。

合理性を想定することは合理的である

合理的と中毒という言葉が組み合わされていると妙に思うかもしれないが、合理的な行動は、大概の中毒の経済モデルの中心的な部分である。合理性は完璧を意味するのではない。もしあなたが中毒者ならば、合理性は、直面するいかなる条件も所与のものとして、単にあなたに最善を尽くすことを求めるだけだ。時間的整合性のある時男、考えの甘い甘太、聡明な聡美、あなたが彼らのうちの誰であろうと、消費計画を決定する際には、合理的に行動している。ただし、あなたが誰なのか次第で、消費計画は異なる。情報が十分でないのか。時間的整合性がないのか。自分の時間的非整合性を自覚していないのか。これらの状況からさまざまな制約が生まれるが、これらの制約こそが、あなたを自分自身から守るための政策的介入を正当化するのかもしれない。

温情主義的な政策の最も強力な支持者でさえ、完全に合理的で時間的整合性のある人の価値を高く評価する。時間的整合性のある時男は理想的な行動の基準として共通に用いられる一方で、考えの甘い甘太は、概して理想形からは逸脱しているものの、現実世界をある程度あらわす代表的な行動として扱われている。おそらくやや皮肉なことなのだが、時男は非現実的であることによって経済モデルでは人気を失い、甘太は現実的であることによって人気を得ている。しかし、社会的厚生の分析のために現実的な人間像に固執することは、非現実的な行動なのである。

抽象的な理想の基準として、あるいは現実世界の行動のありうる本当の説明として、完全に合理的な人間という概念が経済分析の中心にある。もし非合理性の仮定から出発して経済行動をモデル化するならば、モデルを洗練したり、完全な合理性を反映する行動に到達したりすることは難しい。しかし、もし完全な合理性から始めるならば、たとえ不合理でなくても少なくとも大きな制約に直面する合理性を行動に反映させるよう、洗練していくことは容易にできる。中毒や不摂生の行動の経済分析を合理性から始めることができるが、最後までそうしている必要はない。

辛抱強さは選好であって美徳ではない

中毒行動を分析する時におそらく強調すべき最も重要なポイントは、辛抱強くないことはしばしば性格の欠点と考えられるのだが、それにもかかわらず選好なのだ、ということである。多くの研究が、近視眼的な人々を自分自身から守るための政策介入を勧めているが、近視眼的であること自体は不合理を表すわけではないことをほとんど認識していない。時には、辛抱強くないことと時間的非整合性が同じものと考えられているようだが、それは違う。また時には、辛抱強くないことは正しく理解されているが、まだ非難されている。中毒の経済モデルでは、辛抱強くないことは、しばしば不摂生の予測因子として使用されている。なぜなら、中毒者がどうして将来の健康コストと引き換えに現在の便益を追求するのか、簡単に説明できるからである。しかし、中毒を説明することと中毒を非難することの間には、大きな違いがある。おそらく、非難は理想的な選好で社会的厚生を考えることの帰結である。

時間的整合性のある二人が、辛抱強さに違いがある場合、それぞれまったく違う消費計画を選択することがありえる。もし一方が比較的辛抱強くて喫煙しないと決め、もう一方がそれほど辛抱強くなく喫煙を始めることを決めたならば、一体どんな意味で喫煙を控えるのがよりよい選択なのだろうか？　もしそれを理想的な選択と考えるのならば、理想は社会的に受け入れ可能な特定の行為として定義されており、真に時間的整合性のある選択とはまったく関係のないものである。これからわかるように、理想的な選好を基準として使用することは、今後の危険な展開への第一歩だ。一度そこに踏み込むと、広い範囲の行動が理想的な行動に分類することが可能となる。

近視眼的な考えによって政策介入を正当化することは、子どもたちを彼ら自身から守ろうとする時に、最も当てはまる。しかし政策的介入を正当化するのは、子どもたちが近視眼的だからなのだろうか。それとも彼らが、近視眼的であるとは一体どういうことなのかを認識できるくらいに成熟していないからなのだろうか。もし、いつの時点で人間は十分成熟して自分本来の選好を示すようになると定めることができるのであれば、われわれはもはや彼らを子どもとみなすことはできない。近視眼的な大人の行動を管理するために社会政策を正当化できないと言っているのではなく、慎重に考えねばならない問題であるということだ。

近視眼的考えと比べて、時間的非整合性は社会的管理についてより強力な支持論を展開する。依然として選好の範疇には入るのだが、時間的非整合性はいくつか興味深い複雑な事態をもたらすのである。ある学者にとっては、時間的非整合性から生じる選好の逆転は、間違いを意味する。今日の視点からみたあなたの長期的な選好は、いざその将来が訪れたときには維持できないものとなって、あなたは自分でやろうと計画していたことを実行しない。また別の学者は、時間的非整合性というのは、二人の自分の間の緊張にすぎないと感じている——現在の自分と将来の自分である。あなたが日々考えねばならない他の多くのトレードオフと同様、それらを自分自身で解決することができない理由はない。しかし政策分析者が注意しないといけないのは、あなたが自分の時間的非整合性を認めているのか（聡明な聡美）、それともまったく気づいていないのか（考えの甘い甘太）、である。さらに、もし考えの甘い人なのであれば、定義上、あなたを自分自身から守ることを目的とした社会管理政策の意味を理解できない。こうした設定において、この政策に対して社会的厚生がまさにどのように反応するのかは、社会的厚生をどのように定義するのか次第である。時間的非整合な行動は、社会政策介入を明快に正当化するわけではないが、行動経済学の分野から現れた中毒行動を分析するのに最も役に立つ概念の一つであることは確かである。

良好な健康、幸福度と政策分析の複雑さ

中毒に関する現代の経済研究の特徴的な一つの側面は、社会政策を使う目的が健康増進であることだ。喫煙の経済学に関する主要な展望論文の著者による、以下の鋭い観察所見について

考えてみよう。

今や多くの研究の目的は、喫煙を減らすためにどのように経済的な諸力と論理を使うべきか、どのように経済的ツールを使用するべきかを明らかにすることであり、究極的にはタバコの犠牲者を減らすことを目的としている。(Chaloupka and Warner, 2000, p.1542)

そのような常識的な目標に反論することなどできようか? 次に、同じ展望論文の中にある脚注を検討しよう。

すべての研究者が、喫煙を減らしたいという願望で動機づけられているわけではない。喫煙には中毒や、青少年期からの開始という問題があり、そのため多くの経済学者がタバコの市場には重大な市場の不完全性があると認識するようになったけれども、消費者主権をもっと尊重すべきだという意見を表明する著者たちも存在する。(p.1542)

ここに混乱はない。目標は喫煙を減らすことである。喫煙者がタバコから受ける利益に関して脚注で簡単に述べてから、著者達は次へ進む。何か変なところがあるだろうか?

社会の目的として健康の改善を考えることは、まったくもっともなことであるが、決して唯一の目的でも最善の目的でもない。何が人々をより幸福にするのに役立つかと考える際に、経済学者は包括的にあれもこれもと考える傾向がある。幸福度とは幅広い概念であり、健康であることよりもずっと幅広く、そして非常に主観的な概念である。より良い健康は人々の幸福度を改善するかもしれないが、その健康がどのように達成され維持されるのか次第で、幸福度が減少する可能性もある。

社会的厚生の分析において、喫煙や過度の飲酒、過食、薬物使用の便益を無視することはもっともなアプローチではあるが、費用便益分析においては便益を無視しているという批判を回避することはできない。もし特定の行動が悪いと仮定して分析を始めるならば、公共政策の議論の焦点は、どんな政策を策定すべきかになってしまい、そもそも政策策定に意味があるのか否かではなくなってしまう。人々は日常的に、スポーツへの参加のような特定の活動の便益と、ケガをするなどの健康上のコストを比較検討している。スポーツの便益をケガという健康リスクと比較することの方が、喫煙の便益を肺がんという健康リスクと比較することより、心穏やかでいられる計算であるかもしれない。しかしそれでも根本的には二つは同じ計算である――あなたは費用と便益を比較しているのである。

費用便益的な公共政策分析への経済学的なアプローチには、三つのステップが含まれていると考えられる。まず一つ目は理論的なステップであり、どのような政策を考えるにしても、関連するすべての費用と便益を特定する。この段階では、あなたの分析を狭める理由はどこにもない。当たり前のものからありそうもないものまで、見つけうるすべてのトレードオフを探さなければならない。

次のステップは、それらの費用と便益の測定を試みることだが、これはとても一筋縄ではいかない。本書で数多く見てきたように、実証分析の結果は研究によって大いに異なる。たとえすでに特定されている費用と便益に強力な合意があるとしても、それらの測定結果について統計的分析が同様の合意に達することはあまりない。研究の間に存在するまごうことなき相違のために、結果が違っている可能性がある。似たような問題を検討するのに、さまざまなデータセットを使うことができる。すべての費用と便益を説明するのに必要となる特定のデータはしばしば入手できず、また観察不能な変数については代理変数が使用されることがあるが、それぞれ異なる結果を示す。いくつかの統計的手法が使われ、それぞれもっともなものなのだが、おそらく異なる結果を生んでいる。実証分析結果に決定版のようなものはなく、合意した実証分析結果のようなものもめったにない。この合意の欠如は経済学的な推論とは関係ない――単に実証分析とはそういうものなのである。

最後のステップは、政策を推奨する、もしくはもしあなたがその任にある場合には、政策を実施することである。これははるかに最も複雑なステップである。われわれが見てきたように、包含または除外したいものは何でも合理化することができるので、社会的厚生の目標を定義することは主観的な行為である。たとえすべての潜在的な費用と便益を完全に識別し、論争の余地なくそれらを測定することができたとしても、依然として社会的厚生の目標に何を含めるべきかは問題として残る。不摂生な行動の便益を含めることが完全に正当な方法であるのと同じように、除外することも完全に正当な方法なのである。しかし一般的には、たとえ特定できたとしても、すべての費用と便益を正確に測定することは不可能である。それでは、どのようにして経済分析を用いて公共政策に助言できるだろうか？

一つ具体例として、第四章のガソリン価格の上昇が肥満率を減少させるとした研究(Courtemanche, 2008）をとり上げよう。公共政策への最初のステップがここでは巧みに行われ、肥満とガソリン価格の間の関連性が見出されている。確かに理論的な観点からは、ガソリン価格の上昇によってレストランに歩いて行くことが増え、車で行くことは減るであろうし、それは肥満率の低下につながる可能性がある。著者は第二ステップで、ガソリン価格と肥満との間、およびガソリン価格と歩行、外食との間の実証的な関係を見出している。著者はそれから、ガソリン価格が一ガロン当たり一ドル、恒久的に上昇する場合の便益計算を示し、肥満率の減少により年間一一〇億ドルの節約となることを発見した。そして、第三ステップに進み、次のような結論を提示する。

より健康的な食事と運動の意思決定を促すようにガソリン価格の変更を計画する歳入中立的な政策は、社会的厚生を向上させるかもしれない。例えば、ガソリン税を増やす一方で、大量輸送手段には補助金を出したり、社会保険料を減らしたりすることが考えられる。しかし、最近のガソリン価格の急激な上昇を考えると、このような政策提案は政治的に実行可能ではないだろう。その代わりに、連邦税率を変更し、ガソリン価格に下限を設けることが考えられよう（Courtemanche, 2008, p.23）。

確かにこの著者の分析結果が政策の結論の裏付けとなっているのだが、著者自身が慎重に確認した留意事項を考慮すると、この結論の基礎となっている実証結果は脆弱なものである。

これは、政策志向の経済学の研究論文の典型的なものである。政策担当者がどの程度深刻にこの政策的な結論を受け取るべきかについては議論の余地があるが、政策的な含意は明確である。もちろん、ガソリン価格一ドルの上昇は、肥満率の減少をはるかに超えて経済全体にわたる広範な影響をもたらすけれども、この研究は提案された政策のすべての影響について取り組んでいるわけではない（研究の目的からすれば当然であるが）。さらに第四章で見たように、肥満率の上昇についてはさまざまに説明できる可能性があり、政策対応が可能な選択肢がたくさんあることを示唆している。これらの他の選択肢と比べて、ガソリン価格上昇はどれくらい良い選択肢であろうか？

経済学者の中には、自分の研究において政策的な結論をはっきりと特定することを避け、政策への関連付けを読者に任せるという者もいる。他方、明示的に政策の含意を提示する経済学者もいるが、一般的にそれらは含意であり、事実の発見ではないことを明確にしている。そしてさらに、政策的な結論を明示的に提示するだけでなく、その提言の実現にきわめて積極的な経済学者もいる。一つの正しいアプローチがあるわけではない。詰まるところ、あなたが学者として、自分の結果をどうしたいのか、ということなのだ。しかし、この本の中で何度も繰り返し見てきたように、統計的分析においては、その性質上、どれか単一または一群の研究に対して、信頼を置くことは難しい。そうであっても、互いに組み合わせるパズルのピースが多ければ多いほど、たとえうまく組み合わせられないところが一部あっても、絵はより鮮明になっていくだろう。最善の経済政策のアドバイスとは、政策当局により多くの考える材料を与えてくれるものであり、それによって現在入手できる限りの多くの情報に基づいて政策選択ができるようになる。

違いがすべて

温情主義的な社会政策を実施する上で最も困難な点は、間違いなく、人々の間に存在するきわめて大きな違いに対応することである。例えば、タバコ税はすべての喫煙者（合法的にタバコを購入する人）に影響を及ぼすが、しかしすべての喫煙者が税金に同じように反応するわけではない。価格に敏感で、税金の影響を強く受ける人もいれば、価格に鈍感でそれほど影響を受けない人もいる。そして、喫煙者を価格への感度に基づいて区別する簡単な方法はない。年齢、性別、人種、所得、喫煙強度などに基づく予測可能な違いはあるだろうか。保護を最も必要としている人の行動を管理しつつ、必要としない人には過大な負担とはならないように、どのように税率を設定するのがよいだろうか。

これらの違いに加えて、われわれが主にこの本で焦点を当ててきたものは時間選好に基づくものであり、この一つの特性でさえもいくつかの特徴がある。人々を分けると、辛抱強いかそうでないか（そして辛抱強さに応じて多くの段階に分けられる）、時間的整合性があるかないか、そして聡明か、それとも考えが甘いか、に分けられる。また、中毒行動に関する他のいくつものモデルに基づいて、多くの区別がある。こうしたすべての違いから、社会政策を策定し社会的厚生に与える効果を究明することは、きわめて困難である。

しかし、幅広くさまざまな人々に影響を及ぼす政策の立案に伴う困難を回避する、ある興味深いアプローチが、新しい温情主義者たちによって唱えられている。彼らは、そのアプローチを非対称的な温情主義と呼んでいる（Camerer et al., 2003）。

温情主義は、消費者主権を踏みにじるものである。というのは、個人の自分自身の便益のために選択を強制したり、あるいは阻んだりするからだ。それは、学校に行かないことや夕食にキャンディーを食べるような子どもの自由を、親が制限するのと同じである。最近の行動経済学の研究は、さまざまな意思決定の誤りを認識しており、これは温情主義的規制の範囲を拡げるかもしれない。行動研究によって識別された意思決定の誤りが原因で、自分に最善の便益をもたらす行動がとれない場合には、温情主義が有用であるとわかるだろう。しかし温情主義によって自分自身の最善の便益のために行動できなくなる場合には、温情主義は不便になるかもしれない。本稿におけるわれわれの目的は、多くの場合、この二つは両立可能だと主張することである。われわれは温情主義的な規制を評価するアプローチを提案するが、この原理を「非対称的な温情主義」と呼んでいる。もし規制が、誤った意思決定をした人に対して大きな便益をもたらす一方で、完全に合理的な人々にほとんどまたはまったく害がないのであれば、それは非対称的な温情主義の規制である。このような規制は、自分の最善の便益に適う意思決定を確実に行う者には比較的害がないが、次善の選択に甘んじている者にとっては有益である。(pp.1211-1212)

簡単な例で主な考え方を示そう。多くの人が喫煙する主な理由の一つは、喫煙の危険性が過小評価されていることだとしよう。この問題に対処するため、当局は喫煙者に、彼らの行動が持つ真の危険性を伝える政策を立案する。例えば、国はタバコのパッケージに警告ラベルを貼ることを義務付けるとか、危険性を説明するパンフレットを発行し配布する、もしくはアクセスとナビゲートしやすいウェブサイトを設計する、またさまざまなメディアを介して有益な内容を届けてもらうのかもしれない。情報強化政策の利点は、すでに完全な知識のある喫煙者には事実上ほとんど何も影響がないことである。喫煙者グループの違いを明確に見分けることは必要なく、情報から便益を得ることができる人は影響を受けるだろうし、便益を得られない人は影響を受けないだろう。すべての喫煙者に影響を及ぼす増税と比較すると、非対称的な政策においては、それを最も必要とする人が**自己選択**されることになる。

しかしながら、この政策アプローチにはいくつか難点がある。最も明らかなことだが、情報強化政策が有効であるためには、まず初めに情報不足が問題を引き起こす原因でなければならない。そうではなく、もし問題が時間的非整合性であるならば、喫煙の危険性に関する情報を提供することによって、その行動を是正することはできない。さらに、情報提供は費用のかからない政策というわけではない。情報は収集した上で伝えねばならない。喫煙の真の危険性をすべて究明することはきわめて困難な課題であろうし、情報を欠く人々に必要な情報を伝えるには、そのための資源も必要であろう。もし政府が民間企業に消費者への情報提供義務を課し、生産コストが増加するならば、おそらくその情報を必要とする人だけでなく、すべての消費者にとって価格が上昇することになるだろう。

また、正しい情報でさえどのように解釈するのかを定めることは難しい。もし一週間でタバコ一箱の喫煙を三〇年間続けると、一二分の一の確率で肺がんになると言われたならば、その情報はあなたの行動にどのように影響するだろうか。「喫煙は肺がんを引き起こす」というようなあまり正確でない情報を提供する方が、より効果的であっただろうか。そしてあなたには喫煙の危険性を過大評価する問題があるとしたら、どうだろうか。第二章で議論したように、社会の目標は、完全な情報を提供することなのだろうか、それとも喫煙を減らすことなのだろうか。もし喫煙の危険性が過大評価されているならば、完全情報の観点からみてこれまでの喫煙は少なすぎるので、情報不足を正すと喫煙は逆に増えるかもしれない。

確かに管理が最も必要な人々を対象とした社会管理政策は、多岐にわたるグループの人々に対してより幅広く適用される政策よりも利点がある。しかし温情主義的介入は、前記の引用が明確に指摘しているように、常に便益を上回る害を与える可能性がある。幸いにも、人々を自分自身から守るための社会政策を正当化しようとする際には、一つ心強い側面がある——正当化はおそらく不要であるということだ。

彼らからわれわれを守る

人々を自分自身から守るために提案もしくは実施されたほとんどすべての政策は、外部費用の議論によってはるかに伝統的な方法で正当化することができる。タバコ税を正当化する際に、それによって喫煙者が自分自身に害を及ぼすことを防げるだろうと主張する必要はない。代わりに、喫煙者が他人に害を及ぼすことを防げると主張すればよいのだ。私的な行動により社会的な費用が生じる場合、それを是正するための社会政策が通常提案される。そして、本書を通して議論されている行動に関連して、さまざまな社会的費用が生じている。受動喫煙が他者に及ぼす危険性もしくは費用、自動車事故を引き起こす酔っ払い運転手、アルコール乱用に関連した特に家庭内での暴力行為、国や民間の保険プールに対して莫大な医療費を課している肥満、薬物使用者が自分のクスリ代を払うために犯す犯罪等々である。人々を他者から守るための社会政策の分析は、無数の学術論文や書籍の主題となってきたが、この本の焦点ではない。それでも、強調に価する点がいくつかある。

人々を他者から守ることは、社会管理政策を強く正当化する理由となるが、検討すべき興味深い問題がまだ多くある。もし受動喫煙の影響を軽減することが目標ならば、喫煙者が享受する便益と喫煙者が非喫煙者に課す費用とを、どのように比較検討するのであろうか。レストラン、バー、その他公共の場所は、顧客満足のために店独自の喫煙方針を決定することはできるのであろうか、それとも政府が喫煙の許される場所を定めるべきだろうか。もし飲酒運転事故の影響を軽減することが目標であるならば、国はアルコールの入手を制限するべきだろうか、それとも酔っている状態での運転行為を標的にすべきだろうか。もし不健康な行動が公的および私的な保険プールにおいて、他者に多額の費用を課しているのであれば、そうした行動にふける者は非常に高い保険料を負担するべきであろうか、それとも保険加入自体を拒否するべきだろうか。最後に、薬物購入の資金を得るために、薬物使用者は窃盗罪や凶悪な罪を犯すのは何故かというと、ドラッグは違法であって金銭面と刑事処罰の両面で費用がかかるからだろうか。これらは、人々を他者から守るための社会政策を扱う際の複雑な事態のほんの数例にすぎない。おそらく、最近の温情主義的議論が一部の学者の間で好評を得るよりもずっと以前からこれらの政策は提案され制定されてきたので、社会政策の正当化についてこうした議論の方が、人々を自分自身から守るという議論よりも経済学者ははるかに受け入れやすい。不摂生な行動を抑制する政策を勧める際の伝統的な議論に、より一層の支持を加える時に使うのが、温情主義の議論を最も強力にするように思われる。社会政策を正当化するために異なる経済アプローチのどれをとるのがよいのかという点についての議論は、今後激しくなるばかりでキリがないだろうが、重大な、そして時には根本的な、新たな課題に経済学者がうまく立ち向かっていくために、温情主義の議論は大いに役に立っているのである。

文献案内

社会問題、特に人々を他者から守るために社会政策を用いることに関する経済学的アプローチに関して、包括的な議論についてはWinter（2005）をみるのがよい。

参考文献

Acs, Z. J., and Lyles, A., eds. (2007). *Obesity, Business and Public Policy*, Cheltenham, UK: Edward Elgar.

Adda, J., and Cornaglia, F. (2006). "Taxes, Cigarette Consumption, and Smoking Intensity," *American Economic Review*, 96:1013-1028.

Adda, J., and Lechene, V. (2001). "Smoking and Endogenous Mortality: Does Heterogeneity in Life Expectancy Explain Differences in Smoking Behavior?," Working Paper, University College London.

Alamar, B., and Glantz, S. A. (2006). "Modeling Addictive Consumption as an Infectious Disease," *Contributions to Economic Analysis and Policy*, 5:1-22.

Ameriks, J., Caplin, A., Leahy, J., and Tyler, T. (2007). "Measuring Self-Control Problems," *American Economic Review*, 97:966-972.

Andersen, S., Harrison, G. W., Lau, M. I., and Rutstrom, E. E. (2008). "Eliciting Risk and Time Preferences," *Econometrica*, 76:583-618.

Anderson, M., and Matsa, D. A. (2011). "Are Restaurants Really Supersizing America?," *American Economic Journal: Applied Microeconomics*, 3:152-188.

Anderson, P. M., and Butcher, K. F. (2006). "Reading, Writing and Refreshments: Are School Finances Contributing to Children's Obesity?," *Journal of Human Resources*, 41:467-494.

Anderson, P.M., Butcher, K. F., and Levine, P. B. (2003). "Economic Perspectives on Childhood Obesity," *Economic Perspectives, Federal Reserve Bank of Chicago*, 3Q: 30-48.

Andreoni, J., and Sprenger, C. (2010a). "Risk Preferences Are Not Time Preferences," NBER Working Paper 16348.

——. (2010b). "Estimating Time Preferences from Convex Budgets," NBER Working Paper 16347.

Angeletos, G., Laibson, D., Repetto, A., Tobacman, J., and Weinberg, S. (2001). "The Hyperbolic Consumption Model: Calibration, Simulation, and Empirical Evaluation," *Journal of Economic Perspectives*, 15:47-68.

Arcidiacono, P., Sieg, H., and Sloan, F. (2007). "Living Rationally under the Volcano? An Empirical Analysis of Heavy Drinking and Smoking," *International Economic Review*, 48:37-65.

Ariely, D., and Wertenbroch, K. (2002). "Procrastination, Deadline, and Performance: Self-Control by Precommitment," *Psychological Science*, 13:219-224.

Asgeirsdottir, T. L., and McGeary, K. A. (2009). "Alcohol and Labor Supply: The Case of Iceland," *European Journal of Health Economics*, I 0:455-465.

Auld, M. C. (2005). "Smoking, Drinking, and Income," *Journal of Human Resources*, 40:505-518.

Auld, M. C., and Grootendorst, P. (2004). "An Empirical Analysis of Milk Addiction," *Journal of Health Economics*, 23:1117-1133.

Ayyagari, P., Deb, P., Fletcher,)., Gallo, W. T., and Sindelar, J. L. (2009). "Sin Taxes: Do Heterogeneous Responses Undercut Their Value?," NBER Working Paper 15124.

Ayyagari, P., and Sindelar, J. L. (2010). "The Impact of Job Stress on Smoking and Quitting: Evidence from the HRS," *B. E. Journal of Economic Analysis and Policy*, 10:1-30.

Barnes, M. G., and Smith, T. G. (2009). "Tobacco Use as Response to Economic Insecurity: Evidence from the National Longitudinal Survey of Youth," *B.E. Journal of Economic Analysis and Policy*, 9:1-27.

Barrotta, P. (2008). "Why Economists Should Be Unhappy with the Economics of Happiness," *Economics and Philosophy*, 24:143-165.

Baum, C. L. (2009). "The Effects of Cigarette Costs on BMI and Obesity," *Health Economics*, 18:3-19.

Beatty, T. K. M., Larsen, E. R., and Sommervoll, D. E. (2009). "Driven to Drink: Sin Taxes near a Border," *Journal of Health Economics*, 28: 1175-1184.

Becker, G. S., Grossman, M., and Murphy, K. M. (1991). "Rational Addiction and the Effect of Price on Consumption," *AEA Papers and Proceedings*, 81:237-241.

Becker, G. S., and Mulligan, C. B. (1997). "The Endogenous Determination of Time Preference," *Quarterly Journal of Economics*, 112:729-758.

Becker, G. S., and Murphy, K. M. (1988). "A Theory of Rational Addiction," *Journal of Political Economy*, 96:675-700.

Bednarek, H., Jeitschko, T. D., and Pecchenino, R. A. (2006). "Gluttony and Sloth: Symptoms of Trouble or Signs of Bliss? A Theory of Choice in the Presence of Behavioral Adjustment Costs," *Contributions to Economic Analysis and Policy*, 5:1-42.

Benabou, R., and Tirole, J. (2004). "Willpower and Personal Rules," *Journal of Political Economy*, 112:848-886.

Benhabib, J., Bisin, A., and Schotter, A. (2010). "Present-Bias, Quasi Hyperbolic

Discounting, and Fixed Costs," *Games and Economic Behavior*, 69:205-223.

Benjamin, D. J., Brown, S. A., and Shapiro, J. M. (2006). "Who Is Behavioral? Cognitive Ability and Anomalous Preferences," Working Paper, Harvard University.

Benjamin, D. J., and Laibson, D. I. (2003). "Good Policies for Bad Governments: Behavioral Political Economy," Working Paper, Harvard University.

Benzion, U., Rapoport, A., and Yagil, J. (1989). "Discount Rates Inferred from Decisions: An Experimental Study," *Management Science*, 35:270-284.

Berg, N., and Gigerenzer, G. (2007). "Psychology Implies Paternalism? Bounded Rationality May Reduce the Rationale to Regulate Risk-Taking," *Social Choice and Welfare*, 28:337-359.

Berger, M. C., and Leigh, J. P. (1988). "The Effect of Alcohol Use on Wages," *Applied Economics*, 20:1343-1351.

Bernheim, B. D., and Rangel, A. (2004). "Addiction and Cue-Triggered Decision Processes," *American Economic Review*, 94:1558-1590.

——. (2005). "From Neuroscience to Public Policy: A New Economic View of Addiction," *Swedish Economic Policy Review*, 12:11-56.

Beshears, J., Choi, J. J., Laibson, D., and Madrian, B. C. (2006). "Early Decisions: A Regulatory Framework," NBER Working Paper 11920.

Bettinger, E., and Slonim, R. (2007). "Patience among Children," *Journal of Public Economics*, 91:343-363.

Bhattacharya, J., and Bundorf, M. K. (2009). "The Incidence of the Health Care Costs of Obesity," *Journal of Health Economics*, 28:649-658.

Bickel, W. K., and Marsch, L.A. (2001). "Toward a Behavioral Economic Understanding of Drug Dependence: Delay Discounting Processes," *Addiction*, 96:73-86.

Bitler, M. P., Carpenter, C., and Zavodny, M. (2010). "Effects of Venue-Specific State Clean Air Laws on Smoking-Related Outcomes," *Health Economics*, 19:1425-1440.

Blackmar, T. M. (1998). "*Perez v. Brown & Williamson Tobacco Corp.*: The Validity of Seeking Protection from Ourselves," *University of Toledo Law Review*, 29:727-752.

Blecher, E. (2008). "The Impact of Tobacco Advertising Bans on Consumption in Developing Countries," *Journal of Health Economics*, 27:930-942.

Bleich, S., Cutler, D., Murray, C., and Adams, A. (2008). "Why Is the Developed World Obese?," *Annual Review of Public Health*, 29:273-295.

Blondel, S., Loheac, Y., and Rinaudo, S. (2007). "Rationality and Drug Use: An Experimental Approach," *Journal of Health Economics*, 26:643-658.

Bor, J. (2010). "The Science of Childhood Obesity," *Health Affairs*, 29:393-397.

Borghans, L., and Golsteyn, H. H. (2006). "Time Discounting and the Body Mass Index: Evidence from the Netherlands," *Economics and Human Biology*, 4:39-61.

Bray, J. W. (2005). "Alcohol Use, Human Capital, and Wages," *Journal of Labor Economics*, 23:279-312.

Bretteville-jensen, A. L. (1999). "Addiction and Discounting," *Journal of Health Economics*, 18:393-407.

Burkhauser, R. V., and Cawley, J. (2008). "Beyond BMI: The Value of More Accurate Measures of Fatness and Obesity in Social Science Research," *Journal of Health Economics*, 27:519-529.

Burkhauser, R. V., Cawley, J., and Schmeiser, M. D. (2009). "Differences in the U.S. Trends in the Prevalence of Obesity Based on Body Mass Index and Skinfold Thickness," NBER Working Paper 15005.

Burrows, P. (1993). "Patronising Paternalism," *Oxford Economic Papers*, 45:542-572.

——. (1995). "Analyzing Legal Paternalism," *International Review of Law and Economics*, 15:489-508.

Camerer, C. F. (2006). "Wanting, Liking, and Learning: Neuroscience and Paternalism," *University of Chicago Law Review*, 73:87-110.

——. (2008). "The Potential of Neuroeconomics," *Economics and Philosophy*, 24:369-379.

Camerer, C., Issacharoff, S., Loewenstein, G., O'Donoghue, T., and Rabin, M. (2003). "Regulation for Conservatives: Behavioral Economics and the Case for 'Asymmetric Paternalism,'" *University of Pennsylvania Law Review*, 151:1211-1254.

Camerer, C., Loewenstein, G., and Prelec, D. (2005). "Neuroeconomics: How Neuroscience Can Inform Economics," *Journal of Economic Literature*, 43:9-64.

Cameron, S. V., and Heckman, J. J. (1993). "The Nonequivalence of High School Equivalents," *Journal of Labor Economics*, 11:1-47.

Carbone, J. C., Kverndokk, S., and Rogeberg, O. J. (2005). "Smoking, Health, Risk, and Perception," *Journal of Health Economics*, 24:631-653.

Card, D., and Lemieux, T. (2001). "Going to College to Avoid the Draft: The Unintended Legacy of the Vietnam War," *AEA Papers and Proceedings*, 91:97-102.

Carpenter, C., and Cook, P. J. (2008). "Cigarette Taxes and Youth Smoking: New Evidence from National, State, and Local Youth Risk Behavior Surveys," *Journal of Health Economics*, 27:287-299.

Carrillo, J. D. (2005). "To Be Consumed with Moderation," *European Economic Review*,

49:99-111.

Cawley, J. (2004). "The Impact of Obesity on Wages," *Journal of Human Resources*, 39:451-474.

——. (2010). "The Economics of Childhood Obesity," *Health Affairs*, 29:364-371.

Cawley, J., and Danzinger, S. (2004). "Obesity as a Barrier to the Transition from Welfare to Work," NBER Working Paper 10508.

Cawley, J., and Liu, F. (2006). "Correlates of State Legislative Action to Prevent Childhood Obesity," *Obesity*, 16:162-167.

——. (2007). "Maternal Employment and Childhood Obesity: A Search for Mechanisms in Time Use Data," NBER Working Paper 13600.

Cawley, J., Markowitz, S., and Tauras, J. (2004). "Lighting Up and Slimming Down: The Effects of Body Weight and Cigarette Prices on Adolescent Smoking Initiation," *Journal of Health Economics*, 23:293-311.

——. (2006). "Obesity, Cigarette Prices, Youth Access Laws and Adolescent Smoking Initiation," *Eastern Economic Journal*, 32:149-170.

Cawley, J., Meyerhoeffer, C., and Newhouse, D. (2007a). "The Impact of State Physical Education Requirements on Youth Physical Activity and Overweight," *Health Economics*, 16:1287-1301.

——. (2007b). "The Correlation of Youth Physical Activity with State Policies," *Contemporary Economic Policy*, 25:506-517.

Cawley, J., Moran, J. R., and Simon, K. I. (2010). "The Impact of Income on the Weight of Elderly Americans," *Health Economics*, 19:979-993.

CDC. (2009). "Summary Health Statistics for U.S. Adults: National Health Interview Survey, 2008," Centers for Disease Control and Prevention, http://www.cdc.gov/nchs/data/series/sr_10/sr10_242.pdf, pp. 70-73.

——. (2011). "Smoking and Tobacco Use," Centers for Disease Control and Prevention, http://www.cdc.gov/tobacco/data_statistics/fact_sheets/smokeless/smokeless_facts/index.htm.

Chaloupka, F. (1991). "Rational Addictive Behavior and Cigarette Smoking," *Journal of Political Economy*, 99:722-742.

Chaloupka, F. J., and Laixuthai, A. (1997). "Do Youths Substitute Alcohol and Marijuana? Some Econometric Evidence," *Eastern Economic Journal*, 23:253-276.

Chaloupka, F. J., Tauras, J. A., and Grossman, M. (1997). "Public Policy and Youth Smokeless Tobacco Use," *Southern Economic Journal*, 64:503-516.

Chaloupka, F. J., and Warner, K. E. (2000). "The Economics of Smoking," in A. J. Cuyler and J. P. Newhouse, eds., *Handbook of Health Economics*, Amsterdam: Elsevier, 1541-1627.

Chaloupka, F. J., and Wechsler, H. (1996). "Binge Drinking in College: The Impact of Price, Availability, and Alcohol Control Policies," *Contemporary Economic Policy*, 14:112-124.

——. (1997). "Price, Tobacco Control Policies and Smoking among Young Adults," *Journal of Health Economics*, 16:359-373.

Chapman, S., and Richardson, J. (1990). "Tobacco Excise and Declining Tobacco Consumption: The Case of Papua New Guinea," *American Journal of Public Health*, 80:537-540.

Chatterji, P., Dave, D., Kaestner, R., and Markowitz, S. (2003). "Alcohol Abuse and Suicide Attempts among Youth: Correlation or Causation?," NBER Working Paper 9638.

——. (2004). "Alcohol Abuse and Suicide Attempts among Youth: Correlation or Causation?," *Economics and Human Biology*, 2:159-180.

Chatterji, P., and DeSimone, J. (2005). "Adolescent Drinking and High School Dropout," NBER Working Paper 11337.

Chen, Z., Yen, S. T., and Eastwood, D. B. (2005). "Effects of Food Stamp Participation on Body Weight and Obesity," *American Journal of Agricultural Economics*, 87:1167-1173.

Chesson, H., Harrison, P. and Kassler, W. J (2000). "Sex under the Influence: The Effect of Alcohol Policy on Sexually Transmitted Disease Rates in the United States," *Journal of Law and Economics*, 43:215-238.

Chou, S., Grossman, M., and Saffer, H. (2004). "An Economic Analysis of Adult Obesity: Results from the Behavioral Risk Factor Surveillance System," *Journal of Health Economics*, 23:565-587.

Chou, S., Rashad, I., and Grossman, M. (2008). "Fast-Food Restaurant Advertising on Television and Its Influence on Childhood Obesity," *Journal of Law and Economics*, 51:599-618.

Chouinard, H. H., Davis, D. E., LaFrance, J. T., and Perloff, J. M. (2007). "Fat Taxes: Big Money for Small Change," *Forum for Health Economics and Policy*, 10:1-28.

Clark, A., and Etile, F. (2002). "Do Health Changes Affect Smoking? Evidence from British Panel Data," *Journal of Health Economics*, 21:533-562.

Coate, D., and Grossman, M. (1988). "Effects of Alcoholic Beverage Prices and Legal Drinking Ages on Youth Alcohol Use," *Journal of Law and Economics*, 31:145-171.

Coller, M., Harrison, G. W., and Rutstrom, E. E. (2005). "Are Discount Rates Constant? Reconciling Theory and Observation," Working Paper, University of South Carolina.

Conley, D., and Glauber, R. (2006). "Gender, Body Mass and Economic Status," *Advances in Health Economics and Health Sciences Research*, 17:253-275.

Conlisk, J. (1996). "Why Bounded Rationality?," *Journal of Economic Literature*, 34:669-700.

Cook, P. J. (2007). *Paying the Tab: The Costs and Benefits of Alcohol Control*, Princeton, NJ: Princeton University Press.

Cook, P. J., and Hutchinson, R. (2007). "Smoke Signals: Adolescent Smoking and School Continuation," *Advances in Austrian Economics*, 10:157-186.

Cook, P. J., and Moore, M. J. (2000). "Alcohol," in A. J. Cuyler and J. P. Newhouse, eds., *Handbook of Health Economics*, Amsterdam: Elsevier, 1629-1673.

Cook, P. J., Ostermann, J., and Sloan, F. A. (2005a). "Are Alcohol Excise Taxes Good for Us? Short- and Long-Term Effects on Mortality Rates," NBER Working Paper 11138.

——. (2005b). "The Net Effect of an Alcohol Tax Increase on Death Rates in Middle Age," *AEA Papers and Proceedings*, 95:278-281.

Cook, P. J., and Peters, B. (2005). "The Myth of the Drinkers' Bonus," NBER Working Paper 11902.

Cooper, T.V., Klesges, R. C., Robinson, L.A., and Zbikowski, S. M. (2003). "A Prospective Equilibrium of the Relationships between Smoking Dosage and Body Mass Index in an Adolescent, Biracial Cohort," *Addictive Behaviors*, 28:501-512.

Courtemanche, C. (2007). "Rising Cigarette Prices and Rising Obesity: Coincidence or Unintended Consequence?," *Journal of Health Economics*, 28:781-798.

——. (2008). "A Silver Lining? The Connection between Gasoline Prices and Obesity," Working Paper, University of North Carolina at Greensboro.

——. (2009). "Longer Hours and Larger Waistlines? The Relationship between Work Hours and Obesity," *Forum for Health Economics and Policy*, 12:1-31.

Courtemanche, C., and Carden, A. (2008). "The Skinny on Big-Box Retailing: Wal-Mart, Warehouse Clubs, and Obesity." Working Paper, University of North Carolina at Greensboro.

Cowen, T. (1991). "Self-Constraint versus Self-Liberation," *Ethics*, 101:360-373.

Cuellar, S. (2003). "Do Food Stamps Cause an Over-Consumption of Food?," Working Paper, Sonoma State University.

Currie, J., Della Vigna, S., Moretti, E., and Pathania, V. (2010). "The Effect of Fast Food Restaurants on Obesity," *American Economic Journal: Economic Policy*, 2:32-63.

Cutler, D., and Glaeser, E. (2005). "What Explains Differences in Smoking, Drinking and Other Health-Related Behaviors?," *AEA Papers and Proceedings*, 95:238-242.

Cutler, D. M., Glaeser, E. L., and Rosen, A. B. (2007). "Is the US Population Behaving Healthier?," NBER Working Paper 13013.

Cutler, D. M., Glaeser, E. L., and Shapiro, J. M. (2003). "Why Have Americans Become More Obese?," *Journal of Economic Perspectives*, 17:93-118.

Czart, V., Pacula, R. L., Chaloupka, F. J., and Wechsler, H. (2001). "The Impact of Prices and Control Policies on Cigarette Smoking among College Students," *Contemporary Economic Policy*, 19:135-149.

Dasgupta, P., and Maskin, E. (2005). "Uncertainty and Hyperbolic Discounting," *American Economic Review*, 95:1290-1299.

Dave, D., and Kaestner, R. (2002). "Alcohol Taxes and Labor Market Outcomes," *Journal of Health Economics*, 21:357-371.

Dave, D., and Saffer, H. (2008). "Alcohol Demand and Risk Preference," *Journal of Economic Psychology*, 29:810-831.

De Walque, D. (2007). "Does Education Affect Smoking Behaviors? Evidence Using the Vietnam Draft as an Instrument for College Education," *Journal of Health Economics*, 26:877-895.

Deb, P., Gallo, W. T., Ayyagari, P., Fletcher, J. M., and Sindelar, J. L. (2009). "Job Loss: Eat, Drink and Try to Be Merry?," NBER Working Paper 15122.

DeCicca, P., Kenkel, D., and Mathios, A. (2000). "Racial Difference in the Determinants of Smoking Onset," *Journal of Risk and Uncertainty*, 21:311-340.

——. (2002). "Putting Out the Fires: Will Higher Taxes Reduce the Onset of Youth Smoking?," *Journal of Political Economy*, 110:144-169.

——. (2008). "Cigarette Taxes and the Transition from Youth to Adult Smoking: Smoking Initiation, Cessation, and Participation," *Journal of Health Economics*, 27:904-917.

DeCicca, P., Kenkel, D., Mathios, A., Shin, Y., and Lim, J. (2008). "Youth Smoking, Cigarette Prices, and Anti-Smoking Sentiment," *Health Economics*, 17:733-749.

DeCicca, P., and McLeod, L. (2008). "Cigarette Taxes and Older Adult Smoking: Evidence from Recent Large Tax Increases," *Journal of Health Economics*, 27:918-929.

Decker, S. L., and Schwartz, A. E. (2000). "Cigarettes and Alcohol: Substitutes or Complements?," NBER Working Paper 7535.

Dee, T. S. (1999). "State Alcohol Policies, Teen Drinking and Traffic Fatalities," *Journal of Public Economics*, 72:289-315.

——. (2001). "The Effects of Minimum Legal Drinking Ages on Teen Childbearing," *Journal of Human Resources*, 36:823-838.

Dee, T. S., and Evans, W. N. {2003). "Teen Drinking and Educational Attainment: Evidence from Two-Sample Instrumental Variables Estimates," *Journal of Labor Economics*, 21:178-209.

Delaney, L., Harmon, C., and Wall, P. (2008). "Behavioral Economics and Drinking Behavior: Preliminary Results from an Irish College Study," *Economic Inquiry*, 46:29-36.

Della Vigna, S., and Malmendier, U. (2006). "Paying Not to Go to the Gym," *American Economic Review*, 96:694-719.

DeSimone, J. (2007). "Fraternity Membership and Binge Drinking," *Journal of Health Economics*, 26:950-967.

——. (2009). "Fraternity Membership and Drinking Behavior," *Economic Inquiry*, 47:337-350.

DeSimone, J. S. (2010). "Binge Drinking and Risky Sex among College Students," NBER Working Paper 15953.

DeSimone, J., and Wolaver, A. (2005). "Drinking and Academic Performance in High School," NBER Working Paper 11035.

Diamond, P., and Koszegi, B. (2003). "Quasi-Hyperbolic Discounting and Retirement," *Journal of Public Economics*, 87: 1839-1872.

Diamond, P., and Vartiainen, H., eds. (2007). *Behavioral Economics and Its Applications*, Princeton, NJ: Princeton University Press.

DiNardo, J., and Lemieux, T. (2001). "Alcohol, Marijuana, and American Youth: The Unintended Effects of Government Regulation," *Journal of Health Economics*, 20:991-1010 .

Dockner, E. J., and Feichtinger, G. (1993). "Cyclical Consumption Patterns and Rational Addiction," *American Economic Review*, 83:256-263.

Dolan, P., Peasgood, T., and White, M. (2008). "Do We Really Know What Makes Us Happy? A Review of the Economic Literature on the Factors Associated with Subjective Well-Being," *Journal of Economic Psychology*, 29:94-122.

Du, S., Mroz, T. A., Zhai, F., and Popkin, B. M. (2004). "Rapid Income Growth Adversely Affects Diet in China-Particularly for the Poor," *Social Science and Medicine*, 59:1505-1515.

Eberstadt, M. {2003). "The Child-Fat Problem," *Policy Review*, February and March: 3-19.

Eid, J., Overman, H. G., Puga, D., and Turner, M. A. (2008). "Fat City: Questioning the Relationship between Urban Sprawl and Obesity," *Journal of Urban Economics*, 63:385-404.

Eisenberg, D., and Okeke, E. (2009). "Too Cold for a Jog? Weather, Exercise, and Socioeconomic Status," *B. E. Journal of Economic Analysis and Policy*, 9:1-30.

Eisenberg, D., and Rowe, B. (2009). "The Effect of Smoking in Young Adulthood on Smoking Later in Life: Evidence Based on the Vietnam Era Draft Lottery," *Forum for Health Economics and Policy*, 12:1-32.

Eisenhauer, J. G., and Ventura, L. (2006). "The Prevalence of Hyperbolic Discounting: Some European Evidence," *Applied Economics*, 38:1223-1234.

Emery, S., White, M. M., and Pierce, J. P. (2001). "Does Cigarette Price Influence Adolescent Experimentation?," *Journal of Health Economics*, 20:261-270.

Epstein, R. A. (2006). "Behavioral Economics: Human Errors and Market Corrections," *University of Chicago Law Review*, 73:111-132.

Evans, W. N., and Farrelly, M. C. (1998). "The Compensating Behavior of Smokers: Taxes, Tar, and Nicotine," *RAND Journal of Economics*, 29:578-595.

Farrell, S., Manning, W. G., and Finch, M.D. (2003). "Alcohol Dependence and the Price of Alcoholic Beverages," *Journal of Health Economics*, 22:117-147.

Farrelly, M. C., Bray, J. W., Pechacek, T., and Woollery, T. (2001). "Response by Adults to Increases in Cigarette Prices by Sociodemographic Characteristics," *Southern Economic Journal*, 68:156-165.

Farrelly, M. C., Nimsch, C. T., Hyland, A., and Cummings, M. (2004). "The Effects of Higher Cigarette Prices on Tar and Nicotine Consumption in a Cohort of Adult Smokers," *Health Economics*, 13:49-58.

Fehr, E. (2002). "The Economics of Impatience," *Nature*, 415:269-272.

Fenn, A. J., Antonovitz, F., and Schroeter, J. R. (2001). "Cigarettes and Addiction Information: New Evidence in Support of the Rational Addiction Model," *Economics Letters*, 72:39-45.

Ferguson, B.S. (2000). "Interpreting the Rational Addiction Model," *Addiction*, 9:587-598.

Fernandez-Villaverde, J., and Mukherji, A. (2002). "Can We Really Observe Hyperbolic

Discounting?," Working Paper, University of Pennsylvania.

Fertig, A. R., and Watson, T. (2009). "Minimum Drinking Age Laws and Infant Health Outcomes," *Journal of Health Economics*, 28:737-747.

Finkelstein, E. A., Ruhm, C. J., and Kosa, K. M. (2005). "Economic Causes and Consequences of Obesity," *Annual Review of Public Health*, 26:239-257.

Fishburn, P. C., and Rubinstein, A. (1982). "Time Preference," *International Economic Review*, 23:677-694.

Fletcher, J. M., Deb, P., and Sindelar, J. L. (2009). "Tobacco Use, Taxation and Self Control in Adolescence," NBER Working Paper 15130.

Fraker, T. M., Martini, A. P., and Ohls, J. C. (1995). "The Effect of Food Stamp Cashout on Food Expenditures: An Assessment of the Findings from Four Demonstrations," *Journal of Human Resources*, 30:633-649.

Frank, M. W. (2008). "Media Substitution in Advertising: A Spirited Case Study," *International Journal of Industrial Organization*, 26:308-326.

Frederick, S. (2006). "Valuing Future Life and Future Lives: A Framework for Understanding Discounting," *Journal of Economic Psychology*, 27:667-680.

Frederick, S., Loewenstein, G., and O'Donoghue, T. (2002). "Time Discounting and Time Preference: A Critical Review," *Journal of Economic Literature*, 40:351-401.

French, M. T., and Zarkin, G. A. (1995). "Is Moderate Alcohol Use Related to Wages? Evidence from Four Worksites," *Journal of Health Economics*, 14:319-344.

Frieden, T. R., Dietz, W., and Collins, J. (2010). "Reducing Childhood Obesity through Policy Change: Acting Now to Prevent Obesity," *Health Affairs*, 29:357-363.

Fudenberg, D. (2006). "Advancing beyond *Advances in Behavioral Economics*," *Journal of Economic Literature*, 44:694-711.

Fudenberg, D., and Levine, D. K. (2006). "A Dual-Self Model of Impulse Control," *American Economic Review*, 96:1449-1476.

Gallet, C. A. (2003). "Advertising and Restrictions in the Cigarette Industry: Evidence of State-by-State Variation," *Contemporary Economic Policy*, 21:338-348.

——. (2007). "The Demand for Alcohol: A Meta-Analysis of Elasticities," *Australian Journal of Agricultural and Resource Economics*, 51:121-135.

Gandal, N., and Shabelansky, A. (2010). "Obesity and Price Sensitivity at the Supermarket," *Forum for Health Economics and Policy*, 2:1-19.

Garcia Villar, J. G., and Quintana-Domeque, C. (2009). "Income and Body Mass Index in Europe," *Economics and Human Biology*, 7:73-83.

Gil, A. I., and Molina, J. A. (2007). "Human Development and Alcohol Abuse in Adolescence," *Applied Economics*, 39:1315-1323.

Gilpatric, S.M. (2009). "Present-Biased Preferences and Rebate Redemption," *Journal of Economic Behavior and Organization*, 67:735-754.

Glaeser, E. L. (2006). "Paternalism and Psychology," *University of Chicago Law Review*, 73:133-156.

Glazer, J., and Weiss, A. M. (2007). "A Model of Dysfunctional Urges and Addiction with an Application to Cigarette Smoking," *B. E. Journal of Economic Analysis and Policy*, 7: 1-20.

Goel, R. K. (2009). "Cigarette Advertising and U.S. Cigarette Demand: A Policy Assessment," *Journal of Policy Modeling*, 31:351-357.

Goel, R. K., and Nelson, M.A. (2006). "The Effectiveness of Anti-Smoking Legislation: A Review," *Journal of Economic Surveys*, 20:325-355.

Goldfarb, R. S., Leonard, T. C., and Suranovic, S. (2006). "Modeling Alternative Motives for Dieting," *Eastern Economic Journal*, 32:115-131.

Grignon, M. (2009). "An Empirical Investigation of Heterogeneity in Time Preferences and Smoking Behaviors," *Journal of Socio-Economics*, 38:739-751.

Grimard, F., and Parent, D. (2007). "Education and Smoking: Were Vietnam War Draft Avoiders Also More Likely to Avoid Smoking?," *Journal of Health Economics*, 26:896-926.

Grossman, M., Kaestner, R., and Markowitz, S. (2005). "An Investigation of the Effects of Alcohol Policies on Youth STDs," *AEA Papers and Proceedings*, 95:263-266.

Grossman, M., and Markowitz, S. (2005). "I Did What Last Night?! Adolescent Risky Sexual Behaviors and Substance Use," *Eastern Economic Journal*, 31:383-405.

Gruber, J. (2001). "Youth Smoking in the 1990's: Why Did It Rise and What Are the Long-Run Implications?," *AEA Papers and Proceedings*, 91:85-90.

Gruber, J., and Frakes, M. (2006). "Does Falling Smoking Lead to Rising Obesity?," *Journal of Health Economics*, 25:183-197.

Gruber, J., and Koszegi, B. (2001). "Is Addiction 'Rational'? Theory and Evidence," *Quarterly Journal of Economics*, 116:1261-1303.

——. (2004). "Tax Incidence When Individuals Are Time-Inconsistent: The Case of Cigarette Excise Taxes," *Journal of Public Economics*, 88:1959-1987.

Gruber, J., and Mullainathan, S. (2002). "Do Cigarette Taxes Make Smokers Happier?," NBER Working Paper 8872.

——. (2005). "Do Cigarette Taxes Make Smokers Happier?," *Advances in Economic Analysis and Policy*, 5:1-43.

Grunberg, N. E. (1992). "Cigarette Smoking and Body Weight: A Personal Journey through a Complex Field," *Health Psychology*, 11:26-31.

Gul, F., and Pesendorfer, W. (2001). "Temptation and Self-Control," *Econometrica*, 69:1403-1435.

——. (2007). "Harmful Addiction," *Review of Economic Studies*, 74:147-172.

——. (2008). "The Case for Mindless Economics," in A. Caplan and A. Shotter, eds., The *Foundations of Positive and Normative Economics*, New York: Oxford University Press.

Guthrie, J. F., Lin, B., and Frazao, E. (2002). "Role of Food Prepared Away from Home in the American Diet, 1977-78 versus 1994-96: Changes and Consequences," *Journal of Nutrition Education and Behavior*, 34:140-150.

Hammar, H., and Carlsson, F. (2005). "Smokers' Expectations to Quit Smoking," *Health Economics*, 14:257-267.

Hammar, H., and Johansson-Stenman, O (2004). "The Value of Risk-Free Cigarettes: Do Smokers Underestimate the Risk?," *Health Economics*, 13:59-71.

Hammitt, J. K., and Graham, J. D. (1999). "Willingness to Pay for Health Protection: Inadequate Sensitivity to Probability?," *Journal of Risk and Uncertainty*, 8:33-62.

Hansen, A. C. (2006). "Do Declining Discount Rates Lead to Time Inconsistent Economic Advice?," *Ecological Economics*, 60: 138-144.

Harrison, G. W. (2005). "Book Review: *Advances in Behavioral Economics,*" *Journal of Economic Psychology*, 26:793-795.

——. (2008a). "Neuroeconomics: A Critical Reconsideration," *Economics and Philosophy*, 24:303-344.

——. (2008b). "Neuroeconomics: A Rejoinder," *Economics and Philosophy*, 24:533-544.

Heckman, J. J., Flyer, F., and Loughlin, C. (2008). "An Assessment of Causal Inference in Smoking Initiation Research and a Framework for Future Research," *Economic Inquiry*, 46:37-44.

Heidhues, P., and Koszegi, B. (2009). "Futile Attempts at Self-Control," *Journal of the European Economic Association*, 7:423-434.

Heien, D. M. (1996). "Do Drinkers Earn Less?," *Southern Economic Journal*, 63:60-68.

Herbst, C. M., and Tekin, E. (2011). "Child Care Subsidies and Childhood Obesity," *Review of Economics of the Household*. 9:349-378.

Hersch, J. (2000). "Gender, Income Levels, and the Demand for Cigarettes," *Journal of*

Risk and Uncertainty, 21:263-282.

——. (2005). "Smoking Restrictions as a Self-Control Mechanism," *Journal of Risk and Uncertainty*, 31:5-21.

Hersch, J., Del Rossi, A. F., and Viscusi, W. K. (2004). "Voter Preferences and State Regulation of Smoking," *Economic Inquiry*, 42:455-468.

Hsieh, C., Yen, L., Liu, J., and Lin, C. J. (1996). "Smoking, Health Knowledge, and Anti-Smoking Campaigns: An Empirical Study in Taiwan," *Journal of Health Economics*, 15:87-104.

Ida, T., and Goto, R. (2009). "Interdependency among Addictive Behaviours and Time/ Risk Preferences: Discrete Choice Model Analysis of Smoking, Drinking, and Gambling," *Journal of Economic Psychology*, 30:608-621.

Iwasaki, N., Tremblay, C. H., and Tremblay, V. J. (2006). "Advertising Restrictions and Cigarette Smoking: Evidence from Myopic and Rational Addiction Models," *Contemporary Economic Policy*, 24:370-381.

Jain, A. (2010). "Temptations in Cyberspace: New Battlefields in Childhood Obesity," *Health Affairs*, 29:425-429.

Jain, S. (2009). "Self-Control and Optimal Goals: A Theoretical Analysis," *Marketing Science*, 28:1027-1045.

Jamison, J. C. (2008). "Well-Being and Neuroeconomics," *Economics and Philosophy*, 24:407-418.

Jehiel, P., and Lilico, A. (2010). "Smoking Today and Stopping Tomorrow: A Limited Foresight Perspective," *Cesifo Studies*, 56:141-164.

Johnson, E., Mcinnes, M. M., and Shinogle, J. A. (2006). "What Is the Economic Cost of Overweight Children?," *Eastern Economic*]ourna- 32:171-187.

Jolls, C., and Sunstein, C. R. (2006). "Debiasing through Law," *Journal of Legal Studies*, 35:199-241.

Jolls, C., Sunstein, C. R., and Thaler, R. (1998a). "A Behavioral Approach to Law and Economics," *Stanford Law Review*, 50:1471-1550.

——. (1998b). "Theories and Tropes: A Reply to Posner and Kelman," *Stanford Law Review*, 50: 1593-1608.

Kaestner, R. (2000). "A Note on the Effect of Minimum Drinking Age Laws on Youth Alcohol Consumption," *Contemporary Economic Policy*, 18:315-325.

Kan, K. (2007). "Cigarette Smoking and Self-Control," *Journal of Health Economics*, 26:61-81.

Kan, K., and Tsai, W. (2004). "Obesity and Risk Knowledge," *Journal of Health Economics*, 23:907-934.

Kaushal, N. (2007). "Do Food Stamps Cause Obesity? Evidence from Immigrant Experience," *Journal of Health Economics*, 26:968-991.

Keeler, T. E., Marciniak, M., and Hu, T. (1999). "Rational Addiction and Smoking Cessation: An Empirical Study," *Journal of Socio-Economics*, 28:633-643.

Keng, S., and Huffman, W. E. (2010). "Binge Drinking and Labor Market Success: A Longitudinal Study on Young People," *Journal of Population Economics*, 23:303-322.

Kenkel, D. S. (2005). "Are Alcohol and Tax Hikes Fully Passed Through to Prices? Evidence from Alaska," *AEA Papers and Proceedings*, 95:273-277.

Kenkel, D., and Wang, P. (1998). "Are Alcoholics in Bad Jobs?," NBER Working Paper 6401.

Kersh, R., and Morone, J. A. (2005). "Obesity, Courts, and the New Politics of Public Health," *Journal of Health Politics, Policy and Law*, 30:839-868.

Khwaja, A., Silverman, D., and Sloan, F. (2007). "Time Preference, Time Discounting, and Smoking Decisions," *Journal of Health Economics*, 26:927-949.

Khwaja, A., Silverman, D., Sloan, F., and Wang, Y. (2009). "Are Mature Smokers Misinformed?," *Journal of Health Economics*, 28:385-397.

Khwaja, A., Sloan, F., and Chung, S. (2006). "Learning about Individual Risk and the Decision to Smoke," *International Journal of Industrial Organization*, 24:683-699.

Khwaja, A., Sloan, F., and Salm, M. (2006). "Evidence on Preferences and Subjective Beliefs of Risk Takers: The Case of Smoking," *International Journal of Industrial Organization*, 24:667-682.

Klesges, R. C., and Shumaker, S. A. (1992). "Understanding the Relations between Smoking and Body Weight and Their Importance to Smoking Cessation and Relapse," *Health Psychology*, 11:1-3.

Klick, J,, and Stratmann, T. (2006). "Subsidizing Addiction: Do State Health Insurance Mandates Increase Alcohol Consumption?," *Journal of Legal Studies*, 35:175-198.

Koch, S. F., and McGeary, A. (2005). "The Effect of Youth Alcohol Initiation on High School Completion," *Economic Inquiry*, 43:750-765.

Koch, S. F., and Ribar, D. C. (2001). "A Siblings Analysis of the Effects of Alcohol Consumption Onset on Educational Attainment," *Contemporary Economic Policy*, 19:162-174.

Komlos, J., and Baur, M. (2004). "From the Tallest to (One of) the Fattest: The Enigmatic

Fate of the American Population in the 20th Century," *Economics and Human Biology*, 2:57-74.

Komlos, J., Smith, P. K., and Bogin, B. (2004). "Obesity and the Rate of Time Preference: Is There a Connection?," *Journal of Biosocial Science*, 36:209-219.

Korobkin, R. B., and Ulen, T. S. (2000). "Law and Behavioral Science: Removing the Rationality Assumption from Law and Economics," *California Law Review*, 88:1051-1144.

Kostova, D., Ross, H., Blecher, E., and Markowitz, S. (2010). "Prices and Cigarette Demand: Evidence from Youth Tobacco Use in Developing Countries," NBER Working Paper 15781.

LaCour, L., and Milhoj, A. (2009). "The Sale of Alcohol in Denmark: Recent Developments and Dependencies on Prices/Taxes," *Applied Economics*, 41:1089-1103.

Laibson, D. (2001). "A Cue Theory of Consumption," *Quarterly Journal of Economics*, 116:81-119.

Laixuthai, A., and Chaloupka, F. J. (1994). "Youth Alcohol Use and Public Policy," *Contemporary Policy Issues*, 11:69-81.

Lakdawalla, D., and Philipson, T. (2009). "The Growth of Obesity and Technological Change: A Theoretical and Empirical Examination," *Economics and Human Biology*, 7:283-293.

Lance, P.M., Akin, J. S., Dow, W. H., and Loh, C. (2004). "Is Cigarette Smoking in Poorer Nations Highly Sensitive to Price? Evidence from Russia and China," *Journal of Health Economics*, 23: 173-189.

Laux, F. L. (2000). "Addiction as a Market Failure: Using Rational Addiction Results to Justify Tobacco Regulation," *Journal of Health Economics*, 19:421-437.

Leonard, T. C., Goldfarb, R. S., and Suranovic, S. M. (2000). "New on Paternalism and Public Policy," *Economics and Philosophy*, 16:323-33 1.

Levine, D. K. (2009). "Is Behavioral Economics Doomed? The Ordinary versus the Extraordinary," Working Paper, Washington University at St. Louis.

Levy, A. (2002). "Rational Eating: Can It Lead to Overweightness or Underweightness?," *Journal of Health Economics*, 21:887-899.

Liang, L., and Huang, J. (2008). "Go Out or Stay In? The Effects of Zero Tolerance Laws on Alcohol Use and Drinking and Driving Patterns among College Students," *Health Economics*, 17:1261-1275.

Loewenstein, G. (1996). "Out of Control: Visceral Influences on Behavior," *Organizational Behavior and Human Decision Processes*, 65:272-292.

Loewenstein, G., and O'Donoghue, T. (2006). "'We Can Do This the Easy Way or the Hard Way': Negative Emotions, Self-Regulation, and the Law." *University of Chicago Law Review*, 73:183-206.

Loewenstein, G., O'Donoghue, T., and Rabin, M. (2003). "Projection Bias in Predicting Future Utility," *Quarterly Journal of Economics*, 118:1209-1248.

Loewenstein, G., and Prelec, D. (1991). "Negative Time Preference," *AEA Papers and Proceedings*, 81:347-352.

——. (1992). "Anomalies in Intertemporal Choice: Evidence and an Interpretation," *Quarterly Journal of Economics*, 107:573-597.

Loewenstein, G., and Rabin, M., eds. (2003). *Advances in Behavioral Economics*, Princeton, NJ: Princeton University Press.

Loewenstein, G., and Thaler, R. H. (1989). "Intertemporal Choice," *Journal of Economic Perspectives*, 3:181-193.

Ludbrook, A. (2009). "Minimum Pricing of Alcohol," *Health Economics*, 18:1357-1360.

Lundborg, P. (2006). "Having the Wrong Friends," *Journal of Health Economics*, 25:214-233.

Lundborg, P., and Andersson, H. (2008). "Gender, Risk Perceptions, and Smoking Behavior," *Journal of Health Economics*, 27: 1299-1311.

MacDonald, Z., and Shields, M.A. (2001). "The Impact of Alcohol Consumption on Occupational Attainment in England," *Economica*, 68:427-453.

MacInnis, B., and Rausser, G. (2005). "Does Food Processing Contribute to Childhood Obesity Disparities?," *American Journal of Agricultural Economics*, 87:1154-1158.

Mair, J. S., Pierce, M. W., and Teret, S. P. (2005). "The Use of Zoning to Restrict Fast Food Outlets: A Potential Strategy to Combat Obesity," Working Paper, Center for Law and the Public's Health at Johns Hopkins and Georgetown Universities.

Manzini, P., and Mariotti, M. (2006). "A Vague Theory of Choice over Time," *Advances in Theoretical Economics*, 6:1-27.

Markowitz, S., Kaestner, R., and Grossman, M. (2005). "An Investigation of the Effects of Alcohol Consumption and Alcohol Policies on Youth Risky Sexual Behaviors," *AEA Papers and Proceedings*, 95:263-266.

McCabe, K. A. (2008). "Neuroeconomics and the Economic Sciences," *Economics and Philosophy*, 24:345-368.

McClure, S.M., Ericson, K. M., Laibson, D. I., Loewenstein, G., and Cohen, J.D. (2007). "Time Discounting for Primary Rewards," *Journal of Neuroscience*, 27:5796-5804.

McClure, S.M., Laibson, D. I., Loewenstein, G., and Cohen, J. D. (2004). "Separate Neural Systems Value Immediate and Delayed Monetary Rewards," *Science*, 306:503-507.

McClure, S. M., Li, J., Tomlin, D., Cypert, K. S., Montague, M., and Montague, P. R. (2004). "Neural Correlates of Behavioral Preference for Culturally Familiar Drinks," *Neuron*, 44:379-387.

McFadden, D. (1999). "Rationality for Economists?," *Journal of Risk and Uncertainty*, 19:73-105.

Mehta, N. K., and Chang, V. W. (2009). "Mortality Attributable to Obesity among Middle-Aged Adults in the United States," *Demography*, 46:851-872.

Michaud, P. C., Soest, A. H. O., and Andreyeva, T. (2007). "Cross-County Variations in Obesity Patterns among Older Americans and Europeans," *Forum for Health Economics and Policy*, 10:1-30.

Miljkovic, D., Nganje, W., and de Chastenet, H. (2008). "Economic Factors Affecting the Increase in Obesity in the United States: Differential Response to Price," *Food Policy*, 33:48-60.

Millimet, D. L., Tchernis, R., and Husain, M. (2010). "School Nutrition Programs and the Incidence of Childhood Obesity," *Journal of Human Resources*, 45:640-654.

Miron, J. A., and Tetelbaum, E. (2009). "Does the Minimum Legal Drinking Age Save Lives?," *Economic Inquiry*, 47:3 17-336.

Mischel, W., Shoda, Y., and Rodriguez, M. L. (1989). "Delay of Gratification in Children," *Science*, 244:933-938.

Mitchell, G. (2002). "Why Law and Economics' Perfect Rationality Should Not Be Traded for Behavioral Law and Economics" Equal Incompetence," *Georgetown Law Journal*, 91:67-167.

——. (2005). "Libertarian Paternalism Is an Oxymoron," *Northwestern University Law Review*, 99:1245-1277.

Moore, M. J., and Cook, P. J. (1995). "Habit and Heterogeneity in the Youthful Demand for Alcohol," NBER Working Paper 5152.

Morris, S., and Gravelle, H. (2008). "GP Supply and Obesity." *Journal of Health Economics*, 27: 1357-1367.

Mullahy, J., and Sindelar, J. L. (1993). "Alcoholism, Work, and Income," *Journal of Labor*

Economics, 11:494-520.

Naurath, N., and Jones, J. M. (2007). "Smoking Rates around the World–How Do Americans Compare?," Gallup, http://www.gallup.com/poll/28432/smoking-ratesaround-world-how-americans-compare.aspx.

Nayga, R. M., Jr. (2001). "Effect of Schooling on Obesity: Is Health Knowledge a Moderating Factor?," *Education Economics*, 9:129-137.

Nelson, J.P. (1999). "Broadcast Advertising and U.S. Demand for Alcoholic Beverages," *Southern Economic Journal*, 65:774-790.

——. (2005). "Beer Advertising and Marketing Update: Structure, Conduct, and Social Costs," *Review of In dustrial Organization*, 26:269-306.

——. (2006a). "Alcohol Advertising in Magazines: Do Beer, Wine, and Spirit Ads Target Youth?," *Contemporary Economic Policy*, 24:357-369.

——. (2006b). "Cigarette Advertising Regulation: A Meta-Analysis," *International Review of Law and Economics*, 26:195-226.

——. (2008a). "Reply to Siegel et al.: Alcohol Advertising in Magazines and Disproportionate Exposure," *Contemporary Economic Policy*, 26:493-504.

——. (2008b). "How Similar Are Youth and Adult Alcohol Behaviors? Panel Results for Excise Taxes and Outlet Density," *Atlantic Economic Journal*, 36:89-104.

Ng, Y. (2003). "From Preference to Happiness: Towards a More Complete Welfare Economics," *Social Choice and Welfare*, 20:307-350.

Nonnemaker, J., Finkelstein, E., Engelen, M., Hoerger, T., and Farrelly, M. (2009). "Have Efforts to Reduce Smoking Really Contributed to the Obesity Epidemic?," *Economic Inquiry*, 47:366-376.

Noor, J. (2009). "Hyperbolic Discounting and the Standard Model: Eliciting Discount Functions," *Journal of Economic Theory*, 144:2077-2083.

O'Donoghue, T., and Rabin, M. (1999a). "Doing It Now or Later," *American Economic Review*, 89:103-124.

——. (1999b). "Addiction and Self-Control," in J. Elster, ed., *Addiction: Entries and Exits*, New York: Russell Sage Foundation Press.

——. (2000). "The Economics of Immediate Gratification," *Journal of Behavioral Decision Making*, 13:233-250.

——. (2001a). "Choice and Procrastination," *Quarterly Journal of Economics*, 116: 121-160.

——. (2001b). "Self Awareness and Self Control," in R. Baumeister, G. Loewenstein, and

D. Read, eds., *Now or Later: Economic and Psychological Perspective on Intertemporal Choice*, New York: Russell Sage Foundation Press.

——. (2002). "Addiction and Present-Biased Preferences," Working Paper, Cornell University.

——. (2003). "Studying Optimal Paternalism, Illustrated by a Model of Sin Taxes," *AEA Papers and Proceedings*, 93:186-191.

——. (2006). "Optimal Sin Taxes," *Journal of Public Economics*, 90:1825-1849.

Ohsfeldt, R. L., Boyle, R. G., and Capilouto, E. (1997). "Effects of Tobacco Excise Taxes on the Use of Smokeless Tobacco Products in the USA," *Health Economics Letters*, 6:525-531.

Orphanides, A., and Zervos, D. (1995). "Rational Addiction with Learning and Regret," *Journal of Political Economy*, 103:739-758.

——. (1998). "Myopia and Addictive Behaviour," *Economic Journal*, 108:75-91.

Oswald, A. J., and Powdthavee, N. (2007). "Obesity, Unhappiness, and the Challenge of Affluence: Theory and Evidence," *Economic Journal*, 117:441-454.

Pacula, R. L. (1998). "Does Increasing the Beer Tax Reduce Marijuana Consumption?," *Journal of Health Economics*, 17:557-585.

Pattishall, E. G. (1992). "Smoking and Body Weight: Reactions and Perspectives," *Health Psychology*, 11:32-33.

Pesendorfer, W. (2006). "Behavioral Economics Comes of Age: A Review Essay on *Advances in Behavioral Economics*," *Journal of Economic Literature*, 44:712-721.

Peters, B. L. (2009). "The Drinkers' Bonus in the Military: Officers versus Enlisted Personnel," *Applied Economics*, 41:2211-2220.

Peters, B. L., and Stringham, E. (2006). "No Booze? You May Lose: Why Drinkers Earn More Money than Nondrinkers," *Journal of Labor Research*, 27:411-421.

Philipson, T. (2001). "The World-Wide Growth in Obesity: An Economic Research Agenda," *Health Economics*, 10:1-7.

Philipson, T., and Posner, R. (2003). "The Long-Run Growth in Obesity as a Function of Technological Change," *Perspectives in Biology and Medicine*, 46:87-108.

——. (2008). "Is the Obesity Epidemic a Public Health Problem? A Decade of Research on the Economics of Obesity," *Journal of Economic Literature*, 46:974-982.

Picone, G. A., Sloan, F., and Trogdon, J. G. (2004). "The Effect of the Tobacco Settlement and Smoking Bans on Alcohol Consumption," *Health Economics*, 13:1063-1080.

Pierani, P., and Tiezzi, S. (2009). "Addiction and Interaction between Alcohol and Tobacco

Consumption," *Empirical Economics*, 37:1-23.

Posner, R. A. (1998). "Rational Choice, Behavioral Economics, and the Law," *Stanford Law Review*, 50:1551-1575.

Powell, L. M., and Chaloupka, F. J. (2005). "Parents, Public Policy, and Youth Smoking," *Journal of Policy Analysis and Management*, 24:93-112.

Powell, L. M., Tauras, J. A., and Ross, H. (2005). "The Importance of Peer Effects, Cigarette Prices and Tobacco Control Policies for Youth Smoking Behavior," *Journal of Health Economics*, 24:950-968.

Powell, L. M., Williams, J., and Wechsler, H. (2004). "Study Habits and the Level of Alcohol Use among College Students," *Education Economics*, 12:135-149.

Propper, C. (2005). "Why Economics Is Good for Your Health: 2004 Royal Economics Society Public Lecture," *Health Economics*, 14:987-997.

Quiggin, J. (2001). "Does Rational Addiction Imply Irrational Non-Addiction?," Working Paper 411, Australian National University.

Rabin, M. (1998). "Psychology and Economics," *Journal of Economic Literature*, 36:11-46.

Rachlinski, J. J. (2003). "The Uncertain Psychological Case for Paternalism," *Northwestern University Law Review*, 97:1165-1225.

——. (2006). "Cognitive Errors, Individual Differences, and Paternalism," *University of Chicago Law Review*, 73:207-229.

Raptou, E., Mattas, K., and Katrakilidis, C. (2009). "Investigating Smoker's Profile: The Role of Psychosocial Characteristics and the Effectiveness of Tobacco Policy Tools," *American Journal of Economics and Sociology*, 68:603-638.

Rashad, I., and Grossman, M. (2004). "The Economics of Obesity," *The Public Interest*, Summer: 104-112.

Rashad, I., Grossman, M., and Chou, S. (2006). "The Super Size of America: An Economic Estimation of Body Mass Index and Obesity in Adults," *Eastern Economic Journal*, 32:133-148.

Rashad, I., and Kaestner, R. (2004). "Teenage Sex, Drugs and Alcohol Use: Problems Identifying the Cause of Risky Behaviors," *Journal of Health Economics*, 23:493-503.

Rasmusen, E. (2008a). "Some Common Confusions about Hyperbolic Discounting," Working Paper, Indiana University.

——. (2008b). "Internalities and Paternalism: Applying the Compensation Criterion to Multiple Selves across Time," Working Paper, Indiana University.

Read, D. (2006). "Which Side Are You On? The Ethics of Self-Command," *Journal of*

Economic Psychology, 27:681-693.

Rees, D. I., Argys, L. M., and Averett, S. L. (2001). "New Evidence on the Relationship between Substance Use and Adolescent Sexual Behavior," *Journal of Health Economics*, 20:835-845.

Renna, F. (2007). "The Economic Cost of Teen Drinking: Late Graduation and Lowered Earnings," *Health Economics*, 16:407-419.

——. (2008). "Teens' Alcohol Consumption and Schooling," *Economics of Education* Review, 27:69-78.

Richards, T. J., and Padilla, L. (2009). "Promotion and Fast Food Demand," *American Journal of Agricultural Economics*, 91:168-183.

Richards, T. J., Patterson, P.M., and Tegene, A. (2007). "Obesity and Nutrient Consumption: A Rational Addiction?," *Contemporary Economic Policy*, 25:309-324.

Rogeberg, O. (2004). "Taking Absurd Theories Seriously: Economics and the Case of Rational Addiction Theories," *Philosophy of Science*, 71:263-285.

Rojas, C., and Peterson, E. B. (2008). "Demand for Differentiated Products: Price and Advertising Evidence from the U.S. Beer Market," *International Journal of Industrial Organization*, 26:288-307.

Rosin, O. (2008). "The Economic Causes of Obesity: A Survey," *Journal of Economic Surveys*, 22:617-647.

Ross, H., Chaloupka, F. J., and Wakefield, M. (2006). "Youth Smoking Uptake Progress: Price and Public Policy Effects," *Eastern Economic Journal*, 32:355-367.

Rubinstein, A. (2001). "A Theorist's View of Experiments," *European Economic Review*, 45:615-628.

——. (2003). "'Economics and Psychology': The Case of Hyperbolic Discounting," *International Economic Review*, 44:1207-1216.

——. (2006). "Discussion of 'Behavioral Economics'," in R. Blundell, W. K. Newey, and T. Persson, eds., *Advances in Economic Theory*, Cambridge: Cambridge University Press.

——. (2008). "Comments on Neuroeconomics," *Economics and Philosophy*, 24:485-494.

Ruhm, C. J. (2007). "Current and Future Prevalence of Obesity and Severe Obesity in the United States," *Forum for Health Economics and Policy*, 10:1-26.

Sabia, J. J. (2010). "Wastin' Away in Margaritaville? New Evidence on the Academic Effects of Teenage Binge Drinking," *Contemporary Economic Policy*, 28:1-22.

Sacerdote, B. (2001). "Peer Effects with Random Assignment: Results for Dartmouth Roommates," *Quarterly Journal of Economics*, 116:681-704.

Saffer, H., and Chaloupka, F. (2000). "The Effect of Tobacco Advertising Bans on Tobacco Consumption," *Journal of Health Economics*, 19:1117-1137.

Saffer, H., and Dave, D. (2002). "Alcohol Consumption and Alcohol Advertising Bans," *Applied Economics*, 34:1325-1334.

——. (2005). "Mental Illness and the Demand for Alcohol, Cocaine, and Cigarettes," *Economic Inquiry*, 43:229-246.

——. (2006). "Alcohol Advertising and Alcohol Consumption by Adolescents," *Health Economics*, 15:617-637.

Sandy, R., Liu, F., Ottensmann, J., Tchernis, R., Wilson, J., and Ford, O. T. (2009). "Studying the Child Obesity Epidemic with Natural Experiments," NBER Working Paper 14989.

Scharff, R. L. (2009). "Obesity and Hyperbolic Discounting: Evidence," *Journal of Consumer Policy*, 32:3-21.

Schelling, T. C. (1984). "Self-Command in Practice, in Policy, and in a Theory of Rational Choice," *AEA Papers and Proceedings*, 74:1-11.

Schmeiser, M. D. (2009). "Expanding Wallets and Waistlines: The Impact of Family Income on the BMI of Women and Men Eligible for the Earned Income Tax Credit," *Health Economics*, 18:1277-1294.

Schroeter, C., Lusk, J., and Tyner, W. (2008). "Determining the Impact of Food Price and Income Changes on Body Weight," *Journal of Health Economics*, 27:45-68.

Schulman, T. (2010). "Menu Labeling: Knowledge for a Healthier America," *Harvard Journal on Legislation*, 47:587-610.

Sen, B. (2002). "Does Alcohol-Use Increase the Risk of Sexual Intercourse among Adolescents? Evidence from the NLSY97," *Journal of Health Economics*, 21:1085-1093.

——. (2003). "Can Beer Taxes Affect Teen Pregnancy? Evidence Based on Teen Abortion Rates and Birth Rates," *Southern Economic Journal*, 70:328-343.

Sen, B., Mennemeyer, S., and Gary, L. C. (2009). "The Relationship between Neighborhood Quality and Obesity among Children," NBER Working Paper 14985.

Shapiro, J. M. (2005). "Is There a Daily Discount Rate? Evidence from the Food Stamp Nutrition Cycle," *Journal of Public Economics*, 89:303-325.

Showalter, M. H. (1999). "Firm Behavior in a Market with Addiction: The Case of Cigarettes," *Journal of Health Economics*, 18:409-427.

Siegel, M., King, C., Ostroff, J., Ross, C., Dixon, K., and Jernigan, D. H. (2008).

"Comment–Alcohol Advertising in Magazines and Youth Readership: Are Youths Disproportionately Exposed?," *Contemporary Economic Policy*, 26:482-492.

Skog, O. (1999). "Hyperbolic Discounting, Willpower, and Addiction," in J. Elster, ed., *Addiction: Entries and Exits*, New York: Russell Sage Foundation Press.

Sloan, F. A., Smith, V. K., and Taylor, D. H., Jr. (2002). "Information, Addiction, and 'Bad Choices': Lessons from a Century of Cigarettes," *Economics Letters*, 77:147-155.

Slovic, P. (1998). "Do Adolescent Smokers Know the Risks?," *Duke Law Journal*, 47:1133-1138.

——. (2000a). "What Does It Mean to Know a Cumulative Risk? Adolescents' Perceptions of Short-Term and Long-Term Consequences of Smoking," *Journal of Behavioral Decision Making*, 13:259-266.

——. (2000b). "Rejoinder: The Perils of Viscusi's Analyses of Smoking Risk Perceptions," *Journal of Behavioral Decision Making*, 13:273-276.

Smith, P. K., Bogin, B., and Bishai, D. (2005). "Are Time Preference and Body Mass Index Associated? Evidence from the National Longitudinal Survey of Youth," *Economics and Human Biology*, 3:259-270.

Smith, T. G., Stoddard, C., and Barnes, M. G. (2009). "Why the Poor Get Fat: Weight Gain and Economic Insecurity," *Forum for Health Economics and Policy*, 12:1-29.

Soman, D., Ainslie, G., Frederick, S., Li, X., Lynch, J., Moreau, P., Mitchell, A., Read, D., Sawyer, A., Trope, Y., Wertenbroch, K., and Zauberman, G. (2005). "The Psychology of Intertemporal Discounting: Why Are Distant Events Valued Differently from Proximal Ones?," *Marketing Letters*, 16:347-360.

Sopher, B., and Sheth, A. (2005). "A Deeper Look at Hyperbolic Discounting," *Theory and Decision*, 60:219-255.

Spiegler, R. (2008). "Comments on the Potential Significance of Neuroeconomics for Economic Theory," *Economics and Philosophy*, 24:515-521.

Stehr, M. (2005). "Cigarette Tax Avoidance and Evasion," *Journal of Health Economics*, 24:277-297.

——. (2007). "The Effect of Cigarette Taxes on Smoking among Men and Women," *Health Economics*, 16:1333-1343.

Sunstein, C. R. (1986). "Legal Interference with Private Preferences," *University of Chicago Law Review*, 53:1129-1174.

Sunstein, C. R., and Thaler, R. H. (2003). "Libertarian Paternalism Is Not an Oxymoron," *University of Chicago Law Review*, 70:1159-1202.

Thaler, R. H., and Sunstein, C. R. (2003). "Libertarian Paternalism," *AEA Papers and Proceedings*, 93:175-179.

Tauras, J. A. (2005a). "Can Public Policy Deter Smoking Escalation among Young Adults?," *Journal of Policy Analysis and Management*, 24:771-784.

——. (2005b). "An Empirical Analysis of Adult Cigarette Demand," *Eastern Economic Journal*, 31:361-375.

——. (2006). "Smoke-Free Laws, Cigarette Prices, and Adult Cigarette Demand," *Economic Inquiry*, 44:333-342.

Tauras, J., Powell, L., Chaloupka, F., and Ross, H. (2007). "The Demand for Smokeless Tobacco among Male High School Students in the United States: The Impact of Taxes, Prices and Policies," *Applied Economics*, 39:31-41.

Tekin, E., Mocan, N., and Liang, L. (2009). "Do Adolescents with Emotional or Behavioral Problems Respond to Cigarette Prices?," *Southern Economic Journal*, 76:67-85.

Thaler, R. H., and Benartzi, S. (2004). "Save More Tomorrow: Using Behavioral Economics to Increase Employee Saving," *Journal of Political Economy*, 112: S164-S187.

Thaler, R. H., and Shefrin, H. M. (1981). "An Economic Theory of Self-Control," *Journal of Political Economy*, 89:392-406.

Thies, C. F., and Register, C. A. (1993). "Decriminalization of Marijuana and the Demand for Alcohol, Marijuana, and Cocaine," *Social Science Journal*, 30:385-399.

Townsend, J., Roderick, P., and Cooper, J. (1994). "Cigarette Smoking by Socioeconomic Group, Sex, and Age: Effects of Price, Income, and Health Publicity," *British Medical Journal*, 309:923-927.

Van Ours, J. C. (2004). "A Pint a Day Raises a Man's Pay, But Smoking Blows That Gain Away," *Journal of Health Economics*, 23:863-886.

Variyam, J. N., and Cawley, J. (2006). "Nutrition Labels and Obesity," NBER Working Paper 11956.

Ver Ploeg, M., and Ralston, K. (2008). "Food Stamps and Obesity: What Do We Know?," United States Department of Agriculture, Economic Information Bulletin Number 34.

Viscusi, W. K. (1990). "Do Smokers Underestimate Risks?," *Journal of Political Economy*, 98:1253-1269.

——. (1991). "Age Variations in Risk Perceptions and Smoking Decisions," *Review of*

Economics and Statistics, 53:577-588.

——. (1998). "Constructive Cigarette Regulation," *Duke Law Journal*, 47:1095-1131.

——. (2000). "Comment: The Perils of Qualitative Smoking Risk Measure," *Journal of Behavioral Decision Making*, 13:267-271.

Viscusi, W. K., and Hakes, J. K. (2008). "Risk Beliefs and Smoking Behavior," *Economic Inquiry*, 46:45-59.

Viscusi, W. K., and Hersch, J. (2008). "The Mortality Cost to Smokers," *Journal of Health Economics*, 27:45-59.

Wagenaar, A. C., and Toomey, T. I. (2002). "Effects of Minimum Drinking Age Laws: Review and Analyses of the Literature from 1960 to 2000," *Journal of Studies on Alcohol*, Supp. 14:206-225.

Wallinga, D. (2010). "Agricultural Policy and Childhood Obesity: A Food Systems and Public Health Commentary," *Health Affairs*, 29:405-410.

Wan, J. (2006). "Cigarette Tax Revenues and Tobacco Control in Japan," *Applied Economics*, 38:1663-1675.

Wang, R. (2007). "The Optimal Consumption and the Quitting of Harmful Addictive Goods," *B. E. Journal of Economic Analysis and Policy*, 7:1-36.

Warner, J. T., and Pleeter, S. (2001). "The Personal Discount Rate: Evidence from Military Downsizing programs," *American Economic Review*, 91:33-53.

Warner, K. E. (1990). "Tobacco Taxation as Health Policy in the Third World," *American Journal of Public Health*, 80:529-531.

Weimer, D. L., Vining, A. R., and Thomas, R. K. (2009). "Cost-Benefit Analysis Involving Addictive Goods: Contingent Valuation to Estimate Willingness-to-Pay for Smoking Cessation," *Health Economics*, 18:181-202.

Wertenbroch, K. (1998). "Consumption Self-Control by Rationing Purchase Quantities of Virtue and Vice," *Marketing Science*, 17:317-337.

Whitman, G. (2006). "Against the New Paternalism," *Policy Analysis*, February: 1-16.

Williams, J., Chaloupka, F. J., and Wechsler, H. (2005). "Are There Differential Effects of Price and Policy on College Students" Drinking Intensity?," *Contemporary Economic Policy*, 23:78-90.

Williams, J., Pacula, R. L., Chaloupka, F. J., and Wechsler, H. (2004). "Alcohol and Marijuana Use among College Students: Economic Complements or Substitutes?," *Health Economics*, 13:825-843.

Williams, J., Powell, L. M., and Wechsler, H. (2003). "Does Alcohol Consumption

Reduce Human Capital Accumulation? Evidence from the College Alcohol Study," *Applied Economics*, 35:1227-1239.

Winkler, R. (2006). "Does 'Better' Discounting Lead to 'Worse' Outcomes in Long-Run Decisions? The Dilemma of Hyperbolic Discounting," *Ecological Economics*, 57:573-582.

Winter, H. (2005). *Trade-Offs: An Introduction to Economic Reasoning and Social Issues*, Chicago: University of Chicago Press.

——. (2008). *The Economics of Crime: An Introduction to Rational Crime Analysis*, London: Routledge.

Wolaver, A. (2002). "Effects of Heavy Drinking in College on Study Effort, Grade Point Average, and Major Choice," *Contemporary Economic Policy*, 20:415-428.

Wong, W. (2008). "How Much Time-Inconsistency Is There and Does It Matter? Evidence on Self-Awareness, Size, and Effects," *Journal of Economic Behavior and Organization*, 68:645-656.

Young, D. J., and Bielinska, A. (2002). "Alcohol Taxes and Beverage Prices," *National Tax Journal*, 55:57-73.

Yuengert, A. M. (2006). "Model Selection and Multiple Research Goals: The Case of Rational Addiction," *Journal of Economic Methodology*, 13:77-96.

Zamir, E. (1998). "The Efficiency of Paternalism," *Virginia Law Review*, 84:229-286.

Zarkin, G. A., French, M. T., Mroz, T., and Bray, J. W. (1998). "Alcohol Use and Wages: New Results from the National Household Survey on Drug Abuse," *Journal of Health Economics*, 17:53-68.

訳者あとがき

世の中は行動経済学ばやりで、最近多くの本が出版されている。その中にあって、また一つ、行動経済学の本を新たに出版する意義はどこにあるのだろう。訳者として考える本書の強みは、三点である。

まず一つは、分かりやすさである。タバコ・酒・肥満という身近な話題をウィットに富んだ語り口で、明快に説明している。著者のウィンター氏はオハイオ大学教授で、著書の一冊は邦訳され、『人でなしの経済理論―トレードオフの経済学』(1)というタイトルがついている。(面識はないが)かなり自由闊達な人物らしい。実際、本書は面白いのだ！

二つ目に、内容と構成がよく練られていて、読者に自然に多岐にわたる問題を考えさせる工夫がある点である。プロスペクト理論やらヒューリスティック、フレーミングといった妙なカタカナ語を順に説明するような無粋なことはしない。本書のテーマはただ一つ、「時間的非整合性」のみ。この一つだけで、性格の違う三つの「やりすぎ」を快刀乱麻、次々にさばいていく。

訳注（1）二〇〇九年にバジリコ株式会社から山形浩生訳で出版されている。

「やりすぎ」の中でも喫煙は、百害あって一利なし。ちょっとやるのもダメなのだ。しかも、タバコは「吸ってもいいが吐いてはならぬ」と言ったという大原總一郎の逸話が示すように[2]、他人にも迷惑が及ぶ。しかし、酒は飲みすぎなければ体によい。適度な飲酒はむしろ体によいのだ[3]。さらに、度を過ぎなければよいものの最たるものは食事であり、そこで肥満が取り上げられる。検討の際には、時男、甘太、聡美という三人の人物が登場する。この配役の妙から（詳しくは読んでのお楽しみ！）、読者は話の展開に引き込まれてしまうだろう。

そして最後の三つ目は、政策や、さらには（福祉）国家のあり方まで話を展開している点である。単に人間の行動は必ずしも合理的でないというだけであれば、当たり前のことにすぎない。そこから政策のあり方、（福祉）国家のあり方まで、無理なく展開していく巧みな語り口は、多くの人を納得させるのではないだろうか。経済学者は、伝統的には市場と国家を対峙させて国家の役割を考えてきたわけだが、行動経済学を通じて、家族とその機能を肩代わりする福祉国家を再発見した、というのは大げさか。

この訳書のなりたちを述べておこう。訳者は大阪大学大学院医学系研究科にある医療経済・経営学寄附講座の特任教授を二〇一六年から務めており、大学院生向けの講義「医療経済学総論」を担当するようになった。そこで健康・医療関係を題材とした行動経済学のよい本はないかとネットで探したところ、いくつかの著名な大学の医療経済学の講義でこの本が副読本となっているのを見つけた。これが訳者にとって、本書との最初の出会いである。読んでみて、まったく数式なしに前述のような豊富な内容を説明してしまう手腕に、感服した。早速、翌二〇一七年度の授業で使ってみたところ、受講生にも好評であった。そこで学生の理解を確かにし、またこのような面白い本を広く知ってもらうため、学生の協力を得て翻訳してはどうか、と思いついたわけである。

一つだけ残念なのは、原著の出版から少し時間がたっていることである。それでも、十分教育的な価値はあり、特に経済学について何ら予備知識なしに面白く読めるのは大きなメリットであると考えており、健康・医療問題に興味のある方に、広くお薦めしたい。現時点でみて新たな情報を加えたいところもあるが、最小限の修正にとどめていることをお断りしておきたい。

本書ができ上がるまでには、多数の方のお世話になった。翻訳に当たっては二〇一七年度前期の「医療経済学総論」受講生から協力者を募り、また、本寄付講座招へい研究員の木田菜々

訳注（2）大原總一郎は、昭和の実業家（倉敷紡績社長）であり、引用は、井上太郎『大原總一郎―へこたれない理想主義者』中公文庫 一九九八年 p.299 による。

訳注（3）最近これに対して、全く飲まないことが健康によいと主張する論文が有力誌（Lancet, vol.392 2018年）に掲載された。今後の議論に注視する必要がある。

美氏（第一、二章）にも手伝って頂き、下訳を作成してもらった。協力してくれた当時修士課程の学生は、安里舞子（第二章）、和田直子（第三章）、中島一成（第四章）、潘麒宇（第五章）、増田裕香（第五、六章）の諸氏である。ここに記して感謝申し上げる。なお、以上の方々による下訳は、訳者が見直してかなり修正したので、最終的な訳文については訳者が全面的に責任を負うものとしている。また、この訳文はその後の講義で使われて練られたものでもあるので、これまでの受講生の方々にも感謝申し上げる。

そのほかにも、芦田登代（東京大学社会科学研究所）と井内正敏（消費者政策学会副会長）の両氏には、草稿を読んで頂きさまざまな改善点を指摘して頂いた。本講座の秘書を務めた内藤朱美、高塚典子の両氏には、さまざまな細かい作業をお手伝い頂いた。また、大阪大学出版会の栗原佐智子氏には、本書を出版する意義を理解して頂き、企画段階から全面的にサポートして頂いた。これらの方々に厚く御礼を申し上げたい。

二〇一九年一一月

木枯らしの吹き始めた大阪大学吹田キャンパスにて

河越　正明

ま

ら

や

わ

た

な

は

索 引

あ

か

さ

著者

ハロルド・ウィンター（Harold Winter）

オハイオ大学（オハイオ州アセンズ）経済学教授。著書に、*Trade-Offs: An Introduction to Economic Reasoning and Social Issues,* 2nd ed., University of Chicago Press (2013), *The Economics of Crime: An Introduction to Rational Crime Analysis,* 2nd ed., Routledge (2019) などがある。

訳者

河越 正明（かわごえ・まさあき）

日本大学経済学部教授、大阪大学大学院医学系研究科医療経済・経営学寄附講座特任教授。専門は、日本経済、医療経済、マクロ経済。1987年東京大学経済学部、1994年London School of Economics and Political Science (MSc.)、2017年大阪大学（博士（国際公共政策））。1987年経済企画庁に入庁し、2018年3月に内閣府を退職するまでに政策統括官（経済財政運営担当）付参事官（総括担当）、経済社会総合研究所総括政策研究官のほか、経済協力開発機構（OECD）経済局エコノミスト、（公社）日本経済研究センター主任研究員、（公財）連合総合生活開発研究所主任研究員などを歴任。2018年4月より現職。景気循環学会理事。著書に、『医療と経済』大阪大学出版会（共編著、2016年）、『グローバル化の進展とマクロ経済』慧文社（共編著、2011年）がある。

やりすぎの経済学—中毒・不摂生と社会政策—

2020年1月6日　初版第1刷

著　者　ハロルド・ウィンター
訳　者　河越正明
装　幀　遠藤正二郎
発行所　大阪大学出版会
代表者　三成賢次
〒565-0871
大阪府吹田市山田丘2-7　大阪大学ウエストフロント
電話：06-6877-1614（代表）　FAX: 06-6877-1617
URL　http://www.osaka-up.or.jp/

本文組版　キヅキブックス
印刷・製本　株式会社シナノ

ISBN 978-4-87259-616-8 C0033